三遊亭円朝と民衆世界

須田 努 *Suda Tsutomu*

有志舎

はしがき

本書の目的は、三遊亭円朝の生涯と彼の創作噺を解析し、さらに、文明開化期における民衆世界の様相を考察することにある。天保一〇年（一八三九）、江戸に生まれた円朝は文明開化期に芸人として全盛を迎え、明治三三年（一九〇〇）に死去した天才噺家である。彼は、ペリー来航・安政の大地震・幕末維新の内乱・西南戦争・憲法発布・日清戦争といった日本近代史上の重大な出来事を経験したことになる。円朝にかぎらず、天保生まれの人びとは、彼と近似した体験をもったわけである。本書では、徳川慶喜・吉田松陰・福沢諭吉ではなく、円朝を天保生まれの〝代表〟として時代の中に位置づけ、彼の個人史を叙述していく。

民衆世界の様相を考察するために、大衆芸能を素材にしたことに違和感はないであろう。少々時代はさかのぼるが、式亭三馬の『浮世床』には、

江戸の咄家はどれも上手だぜへ、夢羅久が咄すのは真の咄だぜのう
そうさ、林屋（林屋正蔵）がおもしれへよ
三笑亭可楽の落語を聞く、例の能弁よく人情に通じており

といった話が出てくる。噺家は江戸庶民への娯楽の提供者であった。そして、寄席は、天保改革による風俗統制で一時的に衰退するが、その後増加し、明治七年（一八七四）には二二一席となっていた。寄席は、東京のほとんどの町内にあったわけである。巡査の初任給が四円、蕎麦が一杯一銭から一銭五厘であった頃、寄席の木戸銭は二銭五厘程度、寄席には立ち食い蕎麦二杯分ほどで入れた。狂言芝居（歌舞伎）は高価であったが、寄席とそ

こに登場する噺家は、江戸・東京庶民の身近な存在であった。

それでは、数多くいる天保生まれの噺家の中で、なぜ円朝を選んだのか、ということが問題となる。史料的制約と個人史との関係については本文で触れるが、ここでは、円朝は文明開化という時代を自覚的に生きた人物であり、主体という概念で解析するにたる人物であった、ということを指摘しておきたい。「怪談牡丹燈籠」「真景累ケ淵」「死神」「文七元結」など、現代でも高座でかけられる著名な噺は円朝の創作であった。本文でも触れるが、円朝は時代と社会を読み込んだ噺を数多く創作していた、ということも肝要となる。民衆世界を考察する媒体として、円朝を取り上げる意味はあるといえよう。

大衆芸能の場に生きた噺家・円朝を時代の中に位置づけ、彼の人生を復元し、彼が創作し、客（民衆）の喝采を得た噺を解析することにより、当時の民衆の心性を理解することは可能であろう。とはいえ、文芸や国文学の専門家ではないし、落語研究家でもない歴史学徒のわたしが、円朝を研究して行くことは難儀であった。倉田喜弘他編『円朝全集』全一五巻（岩波書店、二〇一二～一六年）には、約七〇もの噺が活字化され掲載されている。このすべてを細かく解析することは物理的・能力的に不可能であり、あえて著名な作品に限定して解析した。第一部第一章が序論の意味をもっているので、「はしがき」は以上、ごく簡単な記述とした。次に、本書の構成を紹介しておきたい。

第一部「歴史学の素材としての三遊亭円朝」の第一章では、本書を叙述する上での方法論の開示を行った。個人史を叙述する意味、「現代歴史学」において民衆史研究をおこなうこと、主体という問題、そして、円朝の存在意義、といったことを論じた。第二章では、円朝を幕末から文明開化期という時代の中に位置づけ、彼の人生を復元した。この天才噺家は何を考え、いかに行動したのか。そして、当時の民衆は彼をどう認識したのであろうか、ということを問題にした。

第二部「文明開化という状況と民衆芸能」の第一章は文明開化という状況（構造）における、明治政府による寄席統制の問題を整理し、第二章では文明開化期の寄席の様相をまとめた。その際、民衆は娘義太夫や講談師・噺家をどう評価していたのか、という視点を生かした。そして、文明開化の中に円朝を置き、彼が自分たち噺家を「教導師」と位置づけていたことの意味を考察した。

第三部「作品解析」では、「真景累ケ淵」「怪談牡丹燈籠」「塩原多助一代記」「文七元結」を物語の進行に従い解析した。ここでは、暴力・忠義・孝行・粋をキーワードとした。とくに暴力という切り口は、従来の国文学・演芸論を中心とした円朝研究ではまったく意識されなかったものである。

第四部は「記憶の近代」とした。テーマに従い、円朝の創作噺複数をとりあげ解析した。テーマは「暴力の記憶」「江戸　町の記憶」「差別の記憶」「北関東の記憶」となった。このように記憶をキーワードとしたことには意味がある。また、差別といったテーマも従来の円朝研究にはまったくなかった視点である。

本書は基本的に書き下ろしであるが、先行発表したものとして以下の諸論文・著書がある。なお、作品解析では『円朝全集』全一五巻（岩波書店）をテキストとして使用した（本文中では『円朝全集』○巻とした）。なお、本文中の表記は、わかりやすく改めてある。

「三遊亭圓朝の時代」『歴史評論』六九四、二〇〇八年。
「文明開化と大衆文化の間隙」深谷克己編『東アジアの政治文化と近代』有志舎、二〇〇八年。
「織り込まれる伝統と開化」久留島浩・趙景達編『国民国家の比較史』有志舎、二〇一〇年。
『三遊亭円朝と江戸落語』吉川弘文館、二〇一五年。

三遊亭円朝と民衆世界

《目次》

第一部

歴史学の素材としての三遊亭円朝

第一章　個人史・言語論的転回・主体

第一節　個人史を叙述するということ

「もうとっくに死んじゃった織田信長のことがなぜ、本になっているの」
「信長のまわりにいた人や、本人がいろいろとしゃべったからだよ」

これは、織田信長の伝記を読み終わった幼少のわたし（須田）と、父とのたわいもない会話である。信長の「まわりにいた人」は嘘をつかないのか、「本人」が自分のことを「しゃべる」なんて恥ずかしいことだ、とわたしは要領を得ない思いでいた。

といった記述の内容が事実なのかどうか知っているのは、わたし「本人」と死んだ父しかいない。一方、歴史学徒となったこの「わたし」という人物は、幼い頃ころから歴史に興味があったのか、という解釈が成り立つ。さらに、民衆史を専門とする「わたし」が織田信長の伝記を読んだということを、あえてここで語る意図は何か、という問題設定も可能となる。そして、この問題群を解決するには、この「わたし」が生きた時代の特性を把握した上で、彼の言動、痕跡を丹念にトレースし、それを社会というコンテキストの中に位置づけ解釈する必要が出てくる。さらに、それをもとに、納得できる（許容される）範囲での推論を行う。個人史を叙述するということは、そういうことである。事例が私事であったことはご海容いただきたい。また、以下のカルロ・ギンズブルグの名句も個人史のあり方を示唆している。

テクストの内部を、テクストを産み出した者の意図にさからって掘り下げていくことによって統制されていない声を出現させることができるのだ。[*1]

「歴史を逆撫でする」ためには、ひとは証拠を逆撫でしながら、それをつくりだした者たちの意図にさからって、読むすべを学ばなければならない。[*2]

わたしは日本近世・近代史を中心として、民衆史をおもな研究領域としてきたが、本書ではじめて、個人史という領域に踏み込んだ。成田龍一は「そもそも民衆史研究には個人史への志向が強く見られる」と語った。[*3]また、青木美智男・安丸良夫・深谷克己といった民衆史の先達が個人史を手がけている。制度や政治・外交ではなく、人をテーマとする民衆史が歴史の中における個人に視点を合わせることは自然であるが、アプローチの方法は難儀である。民衆は自己を語らない。社会的範疇としては民衆となるが、個人史としての対象は、史料という制約がある以上、それを書く事が出来たか、もしくは、そこに登場する（できる）、いわば限られた人物とならざるをえない。研究者はそれを自覚しつつ、そこから何を読み込み、視点を広げていくかが問われていく。

深谷克己は「歴史上の個人を研究することがすなわち「個人史」の研究なのではない」として、「ある個人の生誕から死没に至る一生、人生そのものが、時代のなかにおかれて、どの部分も切り離しえないひとまとまりの生涯として全体的にとらえられ叙述されるところにある」と論じ、[*4]個人の生誕から死没に至る一生を全体として、一定の時代の中に位置づけ、その個人が生きた時代そのものを見ると述べている。[*5]青木美智男は個人史の対象として小林一茶を選んだ。一茶の句には大道芸人や職人など、その日暮らしの裏長屋にうごめく無力な生活者たちや、貧しい農民、奉公人、穢多・非人が読み込まれており、そこから「文化・文政期ならではの時代性を読み取ることができる」という。[*6] 青木は『小林一茶』[*7]を叙述するにあたり、一茶に関する概要に触れ、さらに他の俳諧師との比較を行うという正攻法から一茶の句を紹介しその背景を解説し、一茶を「時代を詠んだ俳諧師」と位置づけた。もちろん、二万一二〇〇点もあるという一茶の句を、網羅的に掲示したわけではない。青木の歴史観によって、一茶が生きた時代（文化・文政期）の社会、世俗を表象するであろう句が選択されているわけである。
安丸良夫は出口なおを通じて「日本の民衆の生の様式の底にかくされている心の秘密と可能性とがかたられているということになるはずである」として、

出口なおは、天保七年（一八三六）に生まれ、大正七年（一九一八）に死んだ。それは、幕藩体制の動揺・解体から明治維新をへて、日本の近代社会が成立し、さらに、いったん確立した体制の動揺と矛盾が、誰の目にもはっきりと見えるようになるまでの長い期間にわたっている。

と述べた。[*8]
深谷・青木・安丸ともに、ある一定の個人の生き様を伝えるだけではなく、その個人を通じて、その個人が生きた時代をその個人の視点で切り取り、われわれに明示した。そうすることにより、制度史・政治史や社会経済史の方法論では不可能な民衆世界を描けるわけである。民衆史を専門とするわたしは、この先達たちの研究から直接影響を受けてきたが、さらに、歴史学における言語論的転回を意識した史料解釈をも加味したい。

第二節　言語論的転回以降の民衆史研究

何を今更、あるいはまたか、とウンザリされるかも知れない。一方で、「もはや、ポスト言語論的転回の段階である」とも言われている。また、リン・ハントは〝Cultural Turn〟という概念を提起しているが[*9]、その背景と内実は言語論的転回のそれとさほどの違いを見出すことは出来ない。「戦後歴史学」の末期に歴史学徒として歩き始め、その崩壊に直面し、言語論的転回を受け止めて実証研究を行ってきたわたしは、そうやすやすと〝流行〟には乗れそうもない。またグローバルヒストリーにはパラダイムを転換させていくほどの魅力を感じていない。本書では、三遊亭円朝の伝記や彼の作品を素材として、円朝の個人史および、文明開化期の民衆世界の様相を叙述していく。そのためにはやはり歴史学における言語論的転回（以下、ターン）の問題には触れておく必要があろう。わたしはこれまで「言語論的転回にどう向き合うか」としてターンの整理と自己がそれにどう関わっていったかを語り[*10]、また、民衆の行動様態や集合心性などを理解するための実証研究を行う際にもターンの問題に触れてきた[*11]。ここではそれを繰り返すことは避け、伝記や文芸作品等を歴史史料として用いる実証研究のあり方に限定して、その意味を述べておきたい。

成田龍一は、中里介山『大菩薩峠』を史料（素材）として「脱・植民地主義の観点からの読みを提示」し、「デモクラシー／モダニズム／ナショナリズム／ファシズムのそれぞれの概念の再定義とその複雑な関連を物語の中に読み取」り、ジェンダーやセクシュアリティの観点から解読した。そして、中里介山がこの膨大な小説を執筆した時代――デモクラシーからファシズムへと傾斜していく時期――を解析して、「「民衆」の世界」を読み解いていった。[*12] 成田の視点の多くは介山がこの長編小説を執筆していた時代像の解明に向かっている。『大菩薩峠』には、物語の舞台である幕末・明治維新の歴史像が投影されているが、介山は明治一八年（一八八五）生まれであり、現実の幕末・明治維新を体験できたわけではない。この小説で描かれた幕末・明治維新とはフィクションなのであるが、介山と同じ時代に生きた人びとにとって、それは共有できた歴史像といえる。成田には、はた迷惑な話かもしれないが、わたしの問題関心はその点にあった。本書『三遊亭円朝と民衆世界』ではそういった視点を意識している。

わたしも、青木の研究やターン以降の民衆史研究（ナタリー・Z・デービス、カルロ・ギンズブルク、[*13] 成田龍一）に導かれながら、フィクションの世界である落語作品・浄瑠璃・歌舞伎作品などのメディアを歴史研究の素材として、民衆の集合心性の様相を考察してきた。[*14] 当たり前であるが、政治史・制度史に関連する史料から民衆の心性を解明することは不可能である。民衆（史料を残さない人びと）の歴史を浮かび上がらせ、その心性に迫るには、彼らの〝声〟が反映された多用な史料（それがフィクションであろうとも）を用いるべきであろう。その際に、自覚し注意すべきことがある。まず、研究史・および他の諸史料によって、当該時期の政治・社会的背景(枠組み)を把握することと、フィクションの作成者の意図を読み抜くことである。フィクションであるメディア（浄瑠璃・歌舞伎・落語）は江戸時代の民衆にとって最もポピュラーな娯楽であり、時代に応じて新たな趣向や新機軸を取り入れ、観客にうける作品を提供していた。現在、テレビなどのマス・メデイアや、インターネットのｗｅｂサイトに、現在のわたしたちの社会が投影されているように、これらのメディアには江戸時代に生きた人びとの集合心性が表象されている――メディア論や社会学の領域では自明のこととされている――。ただし、ジュディス・バトラーが論じたように、表象という行為・表現では、それに代表されない事象が排除されている、ということを認識する必要がある。[*15]

歴史学研究会は「史料の力、歴史家をかこむ磁場」という特集を組んだ。[*16]その中で、藤野裕子は近代日本の下層社会を描いたルポルタージュを利用して、男性労働者の能動的な生活文化を明らかにして来た従来の研究手法を批判し、記録が残らない階層・性別などを排除しているとして、史料読解における想像力の重視を喚起した。[*17]その後『都市と暴動の民衆史』を刊行し「書き手によって構成された表象」としてルポルタージュを史料として用い、下層民衆の日常的な諸実践を描き出した。[*18]わたしは、史料読解における想像力の問題とともに、歴史叙述を行う際に、納得できる（許容される）範囲での推論を行うべきと考えている。なかなか難しいことではあるが。

第三節　主体という問題

個人史を叙述する上で、主体という難儀な概念を用いることからは逃げることはできない。歴史学の領域において、この主体という言葉には様々な想いが込められ、もしくは無意識・無頓着に、さらには恣意的に使用されている。「客体としてのあり方を主体的に選択した」という発言に遭遇すると、発言者は何をどこまで理解し、何を意図しているのだろうと釈然としない違和感を抱いてしまう。民衆史を専門とするわたしは、これまで主体という問題に関して発言をしてきた。荷が勝つ作業であるが、この機会に日本の学問領域における主体理解の変遷を整理し、自己の立場を明確にしておきたい。

哲学者の小林敏明は、主体という概念を日本の近代思想史の中に位置づけ、Subjekt（sujet, subject）の由来とそれが主体として翻訳されていく経緯を懇切に解説している。[*19]残念ながら、わたしにはこの問題を精察する能力はない。以下、小林に導かれながら、主体という言葉の誕生を追ってみたい。

「哲学」の黎明期、西周→井上哲次郎→西田幾多郎というラインで、Subjekt（sujet,subject）＝主体という訳語が定着し、三木清において、マルクス、ハイデッガーの影響から「主体客体の統一」が行われたという。現代に繋がる主体理解として重要な論点といえる。以下、三木の主体論に関しては、わたしなりに簡単に整理しておきたい。三木が一九三一年に執筆した『歴史哲学』[*20]を確認すると、彼は Subjekt の訳語として主体という語彙を使用しつつ、以下のように述べていたことがわかる。

蓋し人間が自然との区別に於て歴史と結び付けられるとき、自然から区別されて人間は一般に主体として理解されているのである。歴史は主体的なものとしての人間によって作られたものであり、従って歴史的なものの根柢には我々自身の根柢にはたらきかけるものと同一のものがはたらいている。

三木は、歴史意識・史観という概念を論じる場面で主体という語彙に言及し、人間そのものを主体として位置づけたのである。ただし『社会科学概論』[*21]（一九三二年）の中では、

文化科学の先験的前提たる人間は我々のいう「主体」の意味のものでなければならぬ。

と述べているように、彼は主体を人間一般に普遍化させているわけではなく、精神的・知的営為を必然とする「文化科学の先験的」な自覚をもった存在（個人）を主体と認識しているのである。わたしたちが抱くような主体の印象は三木によって創出されたと言ってよい。

三木が『社会科学概論』で言及している『ドイツ・イデオロギー』「人間の現実的解放の諸条件」では、デカルト的主体、神と人との関係が完全に否定されている。[*22]デカルトが『省察』の中で、無限の実体（神）・有限の実体（私）とを対置して、神の存在こそ諸個人を創造した全治・全能な実体としたように、諸個人とは神に従

属する存在である、というテーゼはヨーロッパ・キリスト教文明圏においては自明のことであった。しかし、多神教の日本において主体という訳語が生まれた時点で、本来含意すべきそのテーゼは、限りなく希釈化されるか、欠落させられていた。そして、マルクス主義と実存主義に出逢うことによって、いわば日本型（非西洋型）ともいうべき主体理解が、三木によって自覚的に行われたのである。

宗教性が希薄な日本という風土の中で、訳出された主体という語彙、さらにそこに込められた知識人の知性・内面は、マルクス主義の主体理解と親和性が高かったわけである。そして、戦後、知識人たちのマルクス主義への傾斜を背景として、主体＝従属という認識は消え去っていく。ヴィクター・コシュマンは、一九五〇年代の日本における民主主義と主体をめぐる言説構造を詳細に分析し「能動的な主体性をめぐる論争へと展開していった」と述べているが[*23]、その萌芽は三木の主体理解にあったのである。

一九四八年、梅本克己は「主体性と階級性」の中で、

主体性の問題は、階級的利害の対立と搾取者に対する本能的な憎悪に出発するマルクス主義の科学的原則が全面的に承認せられた上で、この階級的個人と歴史との内面的なつながりの自覚の領域に提出される。

と論じ「現在の歴史の主体」は「プロレタリアートである」と規定した[*24]。この梅本の議論の後（一九五〇年代）、「戦後歴史学」という学問体系が形成される。このディシプリンは、マルクス主義歴史学のみならず実証的歴史学をも包み込むものであり、温度差はあるものの、歴史の主体としての民衆、歴史は発展する、という二つの歴史認識は共有できていた。先に触れた、梅本の言説は、そのような方向性に直接繋がるものではないが、戦後、主体理解がマルクス主義の強い影響の下、学問分野を超えて議論され構築されていったことの証左にはなる。

一九五五年、歴史学研究会は「歴史と民族をめぐって」を大会テーマとした。これは黎明期の「戦後歴史学」

が掲げた「民族の問題」を受けたものであった。一九五二年の「独立」後も日米安全保障条約により居続ける在日米軍という現実にいかに対抗するか、という意識は「民族」という問題に行き着いたが、その背景にはコミンフォルム「論評」以降の日本共産党の政治活動と、スターリンの言語学論文をどう理解するか、という政治的問題も関係していた。[*25] この歴史学研究会の企画の中で、ロシア史研究者の鳥山成人は、「変革における主体的条件」を重視したいと述べていた。[*26] のち、日本のマルクス主義者や「戦後歴史学」の中から「変革主体」という言葉が創出され、多用されていくが、その素地をここに見出すことができる。そして、五〇年代後半からの学生達の政治運動の中、マルクス主義の影響下であることを自明のものとして、主体という言葉が語られていく。

安保改正を二年後に控えた一九五八年、全学連は革命路線をめぐる対立から日本共産党と完全に訣別した。一九五九年、安保改定阻止国民会議が結成され、ブントに掌握された全学連はこれに参加する。共産主義者同盟理論機関紙『共産主義』に掲載された「時評」等に主体という語彙は多く登場する。そしてその概念・用法は政治的に一元化されていく。主体とは共産主義革命を目指す存在であり、具体的には「革命的労働者・学生・インテリゲンチャ」、「革命的中核」「前衛的組織」と措定される一方、否定されるべき存在として「スターリン主義者」「日和見主義者」が対置された。主体・主体性を規定するもっとも重要な要因は「革命的」「前衛的」という姿勢であり、機関紙『共産主義』紙上では何をもって「革命的」「前衛的」とするかという議論が繰り広げられていた。

一九五九年一一月二七日、安保反対闘争に結集した一〇万人もの人びとが国会議事堂を囲む中、全学連は国会に突入した。新聞各紙はこの行為を批判、社会党・日本共産党も過激になる全学連を非難した。そして、全学連は安保改定阻止国民会議と別れ、個別に行動するようになる。一九六〇年六月一九日、新安保条約が自然成立し、安保闘争も終息、ブントも瓦解してしまう。

一九六八年から七〇年前半にかけて全共闘運動が全国の大学を席巻した。同時期、フランス・アメリカなど先進国においても、学生達による政治運動が活発化していた。これらの政治的背景には、既存の前衛政党（共産党）の影響力の低下があった。当時、先進資本主義国の学生たちは、組織の一員としてしか自己の価値を見いだせない社会状況を「疎外」として認識した。日本においては高度経済成長が続き、一九六八年にはＧＮＰがアメリカに次ぎ世界二位となった。学生の社会的意義は、エリートから「企業戦士」の卵へと変容し、大学とは企業に就職するための通過点としての意味を帯びるようになり、大学では管理教育が強められていった。全共闘運動は、次第に過激になり、大学の管理と大学教授の権威を批判、否定し、大学解体を叫び、バリケードによる大学封鎖を行いつつ、大学当局とは集団交渉を実行した。結集した学生たちの中にはゲバ棒とヘルメットで武装した者も多くいた。

先述したように、六〇年代、「革命」への運動はブントにより一元化され、主体・主体性をめぐる議論は政治的言説構造の下に単線化されていた。これに対して、七〇年代における全共闘運動は多様な組織（セクト）の結集体であり「革命」の方向性やその有るべき姿をめぐり熾烈な闘争が始まり、政治的言説構造の下にあった主体理解は、当然ながら、各セクトにより異なったものとなり、主体の氾濫という状況となっていった。ただし、その氾濫状況の中から普遍的な要素を切り取るならば、主体とは一定の政治・社会状況に自覚的であり、自己の信念に基づいて進歩的な実践活動を展開する諸個人、ということになる。現在に至るまでの主体理解のもっとも先鋭的なあり方（恣意的な理解も含め）は、ここに起因すると考えられる。

一九六〇年代後半、「戦後歴史学」の中で人民闘争史が立ち上がった。羽仁五郎の革命情勢論に依拠して、一九世紀半ば（幕末維新期）は変革期と措定され、その時期の「人民」は変革主体と認識されていった。一方、六〇年代後半からの一〇年間、現代思想の場面では構造主義が日本に輸入された。そして「戦後歴史学」はこれを咀嚼し、一九七〇年代から八〇年代の研究動向の中で構造という語彙が頻繁に使用されるようになる。[*27] さらに、かかる状況と並行して、ポスト構造主義の潮流も入ってきた――現代思想の理解を原文ではなく翻訳に頼ってきたわたしにとって、構造主義とポスト構造主義とはほぼ同時期に流れ込んで来たような印象であった――。マルクス主義や実存主義は相対化され、マルクスやサルトルに頼ってきた主体概念は揺らぎ、「変革主体」という言葉は色あせていった。そして、全共闘運動・新左翼運動のセクト間対立が暴力をともなうものとなり、よど号ハイジャック事件・浅間山荘事件により、世間との乖離がすすむなか、「革命」「前衛」という言葉は死語となるか、ごく限られた政治的集団（セクト）内部のジャーゴンとなり、主体理解から落とされていった。ただし、一定の政治・社会状況に自覚的であり、自己の信念に基づいて進歩的な実践活動を展開する諸個人を主体として認識する、という印象は残っていた。

小林敏明は、構造主義が「これまで追ってきた主体（性）をも包摂する近代的な主体概念に致命的な打撃を与えた」として「主体はいつのまにかたんなる構造的産物におとしめられていった」とし、その様相を「構造主義ショック」と語った。小林の世代より一〇歳後進のわたしにとって、アンガージュマンとは忌避の対象でしかなく、アルチュセールの以下の著名な一節には違和感なく共鳴していった。

> イデオロギーは、われわれが呼びかけと呼び、警官（あるいは、警官でなくても）が毎日やっている、「おい、おまえ、そこのおまえだ！」といった、きわめてありふれた呼びかけのタイプにしたがって思い浮かべることができるようなあのきわめて明確な操作によって、諸個人のあいだから主体を「徴募」し（イデオロギーは彼らをすべて徴募する）、あるいは諸個人を主体に「変える」（イデオロギーは個人をすべて変える）

ように「作用し」、あるいは「機能する」ということを示唆しておきたい。このように、三木清以降、マルクス主義の影響下、消し去られた主体のネガティブな印象がアルチュセールの言説によって甦っていく。[*28]

さらに、フーコーは　主体は生の権力の規律化に従属する存在であり、主体化とは従属化のことであると明言し、「諸関係がいかにして主体＝臣下を創りだすことができるのかを問うべきである」[*29]と語った。こうして、主体＝従属という理解が復活した。神と切り離された形で。

一九六〇年代後半から八〇年代初頭にかけて出版された日本史関係の著書のタイトルの多くには構造という語が用いられていた。その時代、いかに構造という言葉が世間に流布していたか、ということを反映している。

かつて、佐々木潤之介が提起した世直し状況論は、一九七〇年代に絶大な影響力を持ったが、それに追随する実証研究は佐々木の概念の演繹へと動き「めばえたばかりのプロレタリアート的要素」探しへと流れ、状況（構造）の分析が先行し、世直しの主体であった百姓は歴史の舞台から下ろされてしまった。これは、江戸時代の民衆運動（百姓一揆・打ちこわし・騒動）の研究を志し、先行研究の整理を行う中で抱いた率直な感想であり、それがわたしの主体への関心の原点ともなった。そして、一九八〇年代後半、国民国家（批判）論が登場した。牧原憲夫が民衆を客分として捉え、国家の情景の一つとしてしまったように、[*30]国民国家（批判）論は主体を解体させてしまった。

以下は、わたしが二〇〇二年に上梓した『「悪党」の一九世紀』（青木書店）において「主体への視座」として述べた一文である。[*31]これは、民衆の〝水平方向の暴力〟の問題と向き合うなかで行き着いた理解であった。

わたしは、〝衆〟として立ち現れた人びとの意識・心性に迫りたいと思っている（中略）。人びとは語らない。

行動する。わたしは、彼らの実践行為を史料から読み抜くことで、彼らの意識と心性を考察してみた。その後、一九世紀を中心に民衆運動の実証研究を進める中で、わたしは人びとの実践行為といった側面から主体を描けないか、と考えている。一揆・打ちこわしに参加した百姓たちは、語らない・記さない、しかし行動した。彼らの行動の側面を史料から読み込むことはできないであろうか、主体をSubjectとしてではなくagentとしてとして理解できないかと考えた。

アルチュセールとフーコーの主体理解に基盤をおきつつも、〝主体を解体されてたまるか〟という思いもあり[*32]、主体をSubjectとしてではなくagentとしてとして理解する、という立場は現在も続いている[*33]。ちなみに、三木も『社会科学概論』の中で、

主体とは行為するものであり、行為ということを離れて主体の概念はあり得ない。そして実践の概念はつねに主体の概念と結び付いているのである。

と述べていた。

ところで、アルチュセールの主体論に関しては、「警官」に呼びかけられる以前から存在している諸個人をいかに認識すればよいのか、という批判がある。構造主義・ポスト構造主義に関連するフランス現代思想の翻訳本が出版されていった一九八〇年、『漫画アクション』に、のち『AKIRA』で世界的に著名となる大友克洋が「気分はもう戦争」(原作　矢作俊彦)を連載していた。日本人の左翼学生崩れと、無職の右翼青年、もと会計士のアメリカ青年の三人が、中東・アジアの戦場を流れて行くという、ろくでもない話である。終盤で、右翼青年「ハチマキ」が自衛官(国家権力)からの中尉任官という〝呼びかけ〟を受けた際、

俺は好きこのんで戦争してるんだ、あんたらと一緒にしねーでくれ!　こう見えたって、昭和三十年の生ま

れだぜ！　人から言われて戦争なんか出来るかよ。やりてェときに、やりてェ場所でやって！　やめてェときにやめるんだよ。中尉なんかまっぴらごめんだ。

と語り拒絶する場面がある。「ハチマキ」は戦闘を経験し、戦争を意識していたために、自衛官の〝呼びかけ〟に〝振り向く〟ことができたわけである。イデオロギー・権力からの〝呼びかけ〟は無数に存在している。その中で、ある一定の〝呼びかけ〟に〝振り向く〟のは、諸個人がその〝呼びかけ〟を認識できたからであり、その行為は諸個人の自由意識に他ならない。アルチュセールが語った主体とは時間軸の中で連続した存在なのである。

　わたしは、日本近世・近代を領域として民衆史の実証研究を専門とするドメスチックな視点からなかなか抜け出せない。今さらではあるが、社会学を専門とする同僚との議論からジュディス・バトラー『権力の心的な生』*34を知った。バトラーは「いかなる個人も、まず服従化されるか、主体＝服従化を経ることなく主体になることはない」とし、アルチュセール、フーコーの主体論を解説し、

　（呼びかけによって　須田）創出された「主体」は、だからといって、同じ状態に固定されるわけではなく、さらなる創造のための契機になるからだ。

と論じた。主体を行為という側面から注視するならば、やはりそれを動的な存在として認識すべきであろう。創出された主体は「同じ状態に固定されるわけではない」のである。諸個人は無数の〝呼びかけ〟にさらされており、主体とはその中から無限に創造されていく可能性をもった存在であると理解できる。それに対して、諸個人は一定の経験の下、特定の政治関心を意識しているがゆえに、イデオロギー（権力）の無数の〝呼びかけ〟のうち、自己の問題意識と共鳴したものに応じるのである。わたしは、諸個人が〝振り向く〟その時点を主体の覚醒（イデオロギー的側面からは喚起）として位置づけたい。それは受動的な応対であるが〝振り向く〟主体はその時点

で立ち止まっているわけではない。その後も主体は変節しない限り、自己を再構築していく。その再構築という行為を転変と理解したい。

以上の主体をめぐる哲学的解釈にもなっていない気恥ずかしい作業の目的は、恣意的な主体理解を論詰することではない。主体理解の歴史的変遷を整理した上で、主体をagentとして認識し、さらに覚醒と転変という概念を取り入れることで、三遊亭円朝という存在を時代の中で浮かび上がらせることが出来るのではないかと考えたからに他ならない。

第四節　三遊亭円朝という存在

国文学研究の場において、円朝評価は一様に低く、まとまった研究は永井啓夫『新版三遊亭円朝』[*35]、『文学増刊　圓朝の世界』[*36]、高野実貴雄『三遊亭円朝と歌舞伎』[*37]、前田愛「三遊亭円朝」[*38]くらいしか存在していない。芸能（史）の領域では評論等を除くと、池田弥三郎が、円朝の生涯を江戸時代の「因循姑息」と明治の「文明開化」との対立・併存、そして「文明開化に妥協」したと論じている。[*39]文明開化論としてとてもわかりやすい二項対立の図式である。しかし、ここからは円朝の主体性は見えてこない。一方、近年では、宮信明の緻密な作品分析があり、わたしも多くを学んだ（本論で触れたい）。

中江兆民は晩年、『一年有半』のなかで同時代の非凡人として、講談師・松林伯円（一八五〇〜一九〇七）と三遊亭円朝を挙げている。明治一九〜二二年ころ、正岡子規は『筆まか勢』[*40]の中で、「寄席に遊ぶことしげく」

と語った。寄席とは、松山から東京に出て、意気軒昂な青年子規の「道楽心を満足」させる空間であった。夏目漱石は『三四郎』で三代目・柳家小さん（一八五七〜一九三〇）を絶賛した。

子規は、言文一致体運動を「無暗に主張する人」や、これの「尻馬に乗る人」を批判し、「今日の言文一致者流が形容詞に用ゆるむつかしき言葉をやめて俗語にて平たくいはれたし（円朝の話の筆記のやうに）」と語った。[*41] 批評家・青年子規の俎上に載るほど、円朝の噺（芸）は言文一致体運動に影響を及ぼしていた、と当時から思われていた。しかし、兆民・漱石らエリート達の評価を確認したとしても、文明開化の中における円朝や噺家・芸人たちの主体性を理解したことにはならない。

中江兆民・正岡子規がいかに評価しようと、俗世間の人である円朝、及び彼の創作噺は歴史学の分析対象とはされてこなかった。たしかに、円朝は福沢諭吉や石川啄木のような思索の〝巨人〟ではない。また、円朝は中江兆民や大杉栄のように国家権力に対抗・抵抗したわけではない。円朝を通じて、当該期の普遍的な意識形態の有様を理解したり、国家を相対化することは不可能である。しかし一方、俗世間の人（寄席芸人）としての円朝が民衆世界に至近な存在であったことは事実である。民衆史の素材として円朝ほどふさわしい人物はいないのであり、円朝を通じて民衆の集合心性の様相を描き出すことが可能かもしれない。とはいえ、円朝に関連する書簡の類は少ない、という現実に直面したわたしは気鬱になってしまった。主体（agent）としての円朝を復元する術は伝記だけなのかと。しかし、円朝は約七〇点もの噺を創作していた。そこに円朝の主体性（agency）を見出すことができるのではないか。文明開化期、円朝は名人としての名声をほしいままにした。つまり、客にうける噺を創り続けたということである。民衆に至近な距離にいた円朝だからこそ捉えることができた時代の〝におい〟と、〝衆〟としての客の心性が、彼の創作噺には投影されているのである（第三部）。わたしは、円朝を通じて文明開化期の民衆の心性を読み取ることができるのではないか、という期待をもった。円朝を文明開化という構造（状況）の中に立たせ、明治政府の〝呼びかけ〟に積極的に〝振り向いた〟人物として位置づけ、円朝の行動を追跡し、それを主体の覚醒・転換として理解したい。さらに、幕末から文明開化期に創作し続けた円朝の噺を分析することから、そこに人びと＝〝衆〟の幕末の記憶と文明開化への思い（民衆世界）を見出してみたい。

註

＊1　カルロ・ギンズブルグ、上村忠男訳『糸と痕跡』みすず書房、二〇〇八年。
＊2　カルロ・ギンズブルグ、上村忠男訳『歴史・レトリック・立証』みすず書房、二〇〇一年。
＊3　成田龍一「「評伝」の世界と「自伝」の領分」『歴史評論』七七七、二〇一五年。
＊4　深谷克己『八右衛門・兵助・伴助』朝日新聞社、一九七八年。
＊5　深谷克己『南部百姓命助の生涯』朝日新聞社、一九八三年、のち『南部百姓命助の生涯』岩波書店、二〇一六年。
＊6　青木美智男『一茶の時代』校倉書房、一九八八年。
＊7　青木美智男『小林一茶』岩波書店、二〇一三年。
＊8　安丸良夫『出口なお』朝日新聞社、一九八七年のち『出口なお』岩波書店、二〇一三年。
＊9　Lynn Hunt, *Writing History in the Global Era*, W W Norton & Co Inc, 2015.
＊10　須田努「イコンの崩壊から」『史潮』七三号、二〇一三年。
＊11　須田努「メディアを利用しての民衆史研究」アジア民衆史研究会・歴史問題研究所編『日韓民衆史研究の最前線』有志舎、二〇一五年。
＊12　成田龍一『「大菩薩峠」論』青土社、二〇〇六年。
＊13　ナタリー・Z・デーヴィス、成瀬駒男他訳『古文書の中のフィクション』平凡社、一九九〇年、ナタリー・Z・デーヴィス、成瀬駒男訳『帰ってきたマルタン・ゲール』平凡社、一九九三年、カルロ・ギンズブルグ、上村忠男訳『歴史・レトリック・

立証』、カルロ・ギンズブルグ、上村忠男訳『歴史を逆なでに読む』みすず書房、二〇〇三年。

＊14 須田努「三遊亭圓朝の時代」『歴史評論』六九四、二〇〇八年、「文明開化と大衆文化の間隙」深谷克己編『東アジアの政治文化と近代』有志舎、二〇〇九年、「織り込まれる伝統と開化」久留島浩・趙景達編『国民国家の比較史』有志舎、二〇一〇年、須田努「江戸時代中期　民衆の心性と社会文化の特質」趙景達・須田努編『比較史的にみた近世日本』東京堂出版、二〇一一年、「諦観の社会文化史」関東近世史研究会編『関東近世史研究論集』岩田書院、二〇一二年、「江戸時代におけるメディア・スタディーズ」『明治大学人文科学研究所紀要』第七二冊、二〇一三年。

＊15 ジュディス・バトラー『ジェンダー・トラブル』青土社、一九九九年。

＊16 『歴史学研究』九一二号〜九一四号、二〇一三年〜一四年。

＊17 藤野裕子「表象をつなぐ想像力」『歴史学研究』九一三、二〇一三年。

＊18 藤野裕子『都市と暴動の民衆史』有志舎、二〇一五年。

＊19 小林敏明『〈主体〉のゆくえ』講談社、二〇一〇年。

＊20 三木清『三木全集』第六巻、岩波書店、一九六七年。

＊21 同右。

＊22 K・マルクス／F・エンゲルス、花崎皋平訳『新版　ドイツ・イデオロギー』合同出版、一九九二年。

＊23 ヴィクター・コシュマン、葛西弘隆訳『戦後日本の民主主義革命と主体性』平凡社、二〇一一年。

＊24 梅本克己『唯物論と主体性』現代思想社、一九六一年。

＊25 須田努『イコンの崩壊まで』青木書店、二〇〇八年。

＊26 鳥山成人「一九五五年度大会への希望」『歴史学研究』一八一、一九五五年。

＊27 三村昌司「「主体」をめぐる日本近世近代移行期研究」『東京未来大学研究紀要』八、二〇一五年。

＊28 ルイ・アルチュセール、西川長夫他訳『再生産について』平凡社、二〇〇五年。これより古く、山本哲士他『アルチュセールの「イデオロギー」論』三交社、一九九三年があるが、本文では『再生産について』を用いた。

＊29 ミシェル・フーコー「十八世紀における健康政策」蓮實重彦他監修『ミシェル・フーコー思考集成Ⅵ』筑摩書房、二〇〇〇

年。いうまでもなく、フーコーの主体論は、彼の多くの著書に及んでいる。ここでは、廣瀬浩司他訳『ミシェル・フーコー講義集成〈一一〉主体の解釈学』筑摩書房、二〇〇四年、蓮實重彦他監修『ミシェル・フーコー思想集成IX』筑摩書房、二〇〇一年をあげておきたい。

＊30 牧原憲夫『客分と国民のあいだ』吉川弘文館、一九九八年、同『民権と憲法』岩波書店、二〇〇六年、これらの批判として須田努「織り込まれる伝統と開化」久留島浩・趙景達編『国民国家の比較史』有志舎、二〇一〇年がある。

＊31 須田努『「悪党」の一九世紀』青木書店、二〇〇二年。

＊32 註＊10に同じ。

＊33 須田努「自助と自浄の一九世紀」『人民の歴史学』一九七号、二〇一三年。

＊34 ジュディス・バトラー、佐藤嘉幸他訳『権力の心的な生』月曜社、二〇一二年。

＊35 永井啓夫『新版三遊亭円朝』青蛙房、一九九八年。

＊36 『文学増刊圓朝の世界』岩波書店、二〇〇〇年。

＊37 高野実貴雄『三遊亭円朝と歌舞伎』近代文芸社、二〇〇一年。

＊38 前田愛『近代日本の文学空間』平凡社、二〇〇四年。

＊39 池田弥三郎「〈解説〉口唱芸能と円朝の位置」『三遊亭円朝全集　第一巻』角川書店、一九七五年。

＊40 正岡子規『子規全集』第一〇巻、講談社、一九七五年。

＊41 同右。

第二章　天保生まれの三遊亭円朝　描かれた人生

第一節　家系と家族

出自と伝説のはじまり

本章では、小池章太郎他編『三遊亭円朝全集』第七巻（角川書店、一九七五年）に掲載されている「扇拍子」「三遊亭円朝の逸事」「故三遊亭円朝」「三遊亭円朝子の伝」「円朝異聞」など、円朝の事跡や言動を描いた伝記史料（以下、伝記）を用い円朝の生涯を復元していく。以下、これら伝記の概要を記しておく。[*1]

①「扇拍子」：筆者不明。明治三一年（一八九八）、芸人の訪問記事として『文芸倶楽部』に掲載された。

②「三遊亭円朝の逸事」：筆者は『やまと新聞』社長で劇作家の条野採菊である。円朝死没（明治三三年八月一一日）直後の八月一四日から一七日まで『やまと新聞』に連載された。

③「故円朝の遺言状と本葬」：筆者不明。明治三三年八月一九日『やまと新聞』に掲載された。

④「故三遊亭円朝」：筆者は嘯月生（もと『やまと新聞』記者）、明治三三年、『文芸倶楽部』九月号に円朝の追悼文として掲載された。

⑤『三遊亭円朝子の伝』：筆者は『やまと新聞』の関係者である、朗月散史（水沢敬次郎）。明治二二年（一八八九）に刊行された。

⑥「円朝遺聞」：筆者は鈴木古鶴（行三）。彼は円朝の信奉者で、円朝作品の収集を行い後世への継承に尽力した。昭和元年（一九二六）から刊行がはじまった、春陽堂版『円朝全集』全一三巻の校訂・編者でもある。

⑦「円朝雑感」：筆者は劇作家の岡鬼太郎、春陽堂版『円朝全集』のために書き下ろした。

これら七点の伝記のうち、②③④⑤の筆者は、円朝の創作噺の多くを連載した『やまと新聞』との関係が強い人物たちである。とくに②の条野採菊は円朝との関係が深い。[*2] また、⑥⑦は最初の円朝全集として刊行された春陽堂版『円朝全集』出版に携わった編者と評者である。つまり①以外の筆者たちは円朝に対して好意を寄せるか、もしくは尊敬の念を抱いている人物であり、彼らが著した伝記は円朝を顕彰するために記述された、と言える。円朝の生涯を復元するにあたり、この点を留意した。なお、とくに出典を明記していない場合はこれらからの引用となっている。

三遊亭円朝は、天保一〇年（一八三九）、江戸湯島切通に誕生した。高杉晋作も同年の生まれである。ちなみに、天保という時代全般に幅を広げると、近藤勇・井上馨・坂本龍馬・徳川慶喜・大隈重信・吉田松陰、そして福沢諭吉が該当する。天保生まれの彼らは、多感な青年期にペリー来航・尊王攘夷運動、幕末維新の動乱を経験し、暴力と芸能（学問も含む）によって世に出ていった。自己実現に暴力を選択した「志士」の多くは暴力の渦中で倒れていったが、生き残りたちは明治維新後、後発かつ劣位の国民国家、帝国日本のあらゆる分野のトップに立ちその地位を独占した。文明開化期、彼らは後進の「明治の青年」たちから、嫉みと揶揄とが入り交じった「天保の老人」として括られることになる。円朝の生涯を考える上で、彼もまた天保の生まれであったという事実は重大な意味を持つ。

天保期、幕藩体制を維持してきた政治理念である「仁政」イデオロギーは崩れ、「武威」は揺らぎ始めた。民衆の幕藩領主に対する恩頼感は低下、百姓一揆の作法は崩壊し、社会には暴力が広がり始めた。[*3] そして、幕藩領主の「お救い」機能が低下する中で、人びとは自助と自浄の海に投げ出されてしまった。[*4] とはいえ、幕藩体制の崩壊までには三〇年を要する、という時代に円朝は生まれ、幕末から明治を生きたことになる。

円朝の本名は出淵治郎吉（次郎吉）、幼少期には小円太との芸名も持っていた。混乱を避けるため、本書では生誕から一貫して三遊亭円朝と表記する。『三遊亭円朝子の伝』（以下、『伝』）は、この出淵氏の先祖に触れている。それをまとめると以下となる。

写真１　三遊亭円朝（旧版『円朝全集』第1，春陽堂，大正15年より）

出淵氏の先祖は中世、伊予国に居住した河野氏の「支族」であった。ここから出た仙波六郎盛行は「足利将軍家に附属」し、「観応年中軍功」により越後守に任ぜられ、伊予国伊予郡浮穴郡に所領を得て、出淵の庄に居住するようになる。盛行の子・七郎盛高の時に初めて出淵七郎を名乗る。天正年中、長宗我部の攻撃により一族は離散するが、その一流が前田備後守に出仕することとなる。「前田備後守の家に仕えしものは世々留守居役を勤め」た。この家系から円朝の祖父にあたる出淵大五郎が出るが、「妾腹」のため、本妻の嫉妬が甚だしく、害を加えられそうになったので、南葛飾郡新宿に落ち延びた。

円朝の本家が武家の出淵氏であったことは事実であり、「前田備後守」とは金沢藩の支藩・大聖寺藩の藩主を指すことから、円朝の祖父「出淵大五郎」は大聖寺藩士の出であったと確定できる。留守居役（江戸居住）とは、いわば江戸における藩外交の窓口で、情報収集の要にもなる藩の重職といえる。

鳥羽伏見の戦い後（慶応四年〈一八六八〉）、出淵本家は主君とともに、江戸を引き払い大聖寺へ戻ることとなる。真打ちとなり名前も売れてきた円朝は、本家の七代目・出淵幾之進のもとに別れの挨拶に訪れ、幾之進から形見として「冑の前立」を贈与される。

これら『伝』の情報を「大聖寺藩士由緒帳」[*5]（以下、「由緒帳」）で確認すると、円朝の先祖は、以下①から③の特徴をもつ出淵氏であることが明らかとなった。

①「由緒帳」には七名の出淵氏が書き上げられている。そのうち、伊予国伊予郡浮穴郡に所領をもち、仙波家に繋がる人物は、代々出淵十郎右衛門を名乗る一流である。[*6]

②出淵と称した初代は寛文三年（一六六三）、酒井忠清の仲介によって大聖寺二代目藩主・前田利明に召し出された。知行高二〇〇石で、役職は「江戸定番足軽御預」。

③明治維新の際の嫡男の名前は幾之進（七代目）である。

祖父大五郎は出淵家の長男であったが「妾腹」のため家督を継げず南葛飾郡新宿で帰農し、大五郎の異母弟（本妻の子）が出淵本家を相続し当主となった。「由緒帳」によると、この当主は六代目・出淵十郎右衛門ということになる。この十郎右衛門の役職は「江戸定番足軽」で江戸住まいであった。初代・二代・四代・五代・六代も同様に「江戸定番足軽」に就任している。出淵本家は代々「江戸定番足軽」を務める家系であった。

十郎右衛門家は代々江戸に居住していたという事実から、円朝の本家が留守居役であった、と誤認・誤記されたのであろう。この点にこだわってみたい。「江戸定番足軽」と留守居役とでは身分として大きな違いがある。円朝にまつわる伝説や〝神話〟は多く存在する。『伝』に見るこの語りも円朝伝説の一つといえる。

『伝』が刊行されたのは明治二四年（一八九一）であるが、その原話は明治二三年九月二七日から一一月二〇にかけて『読売新聞』に連載されていた「三遊亭円朝の履歴」である。[*7] 著者の朗月散史とは「永くやまと新聞社に居た水沢敬次郎といふ人」であった。[*8]『やまと新聞』には円朝の創作噺の多くが連載されていたことを勘案すると、円朝と『伝』の筆者朗月散史（水沢敬次郎）とは知り合いであった、と考えることが自然である。『伝』は、円朝の名声が確立し三遊派の再興も遂げ、木母寺に「三遊塚」を建立したことを記念して出版された。[*9] そして、円朝はこの出版にあたり「編輯者」として名を連ねていたのである。[*10] 円朝の几帳面な性格と、噺家の代表であるとの自己認識と責任を抱いていたことから考えると、彼が『読売新聞』に連載される前に原文をチェックしていた可能性は否定できない。この『伝』の内容は「円朝の先師や両親に対する孝養、創作による落語の改良、知名士との交流」が中心となっており、[*11] 教導職円朝のイメージを増幅するものとなっているのである。

先述したように、出淵本家七代目が江戸退去する際に、円朝は幾之進本人と面会している。本家の身分・役職が留守居なのか「江戸定番足軽」であったのか、円朝ほどの観察眼と洞察力をもった人物がその差違に気付かないはずはない。つまり、出淵本家が留守居であったという話は、『伝』の作者・朗月散士（水沢敬次郎）の誤記・誤認といったものではなく、円朝自身による、もしくは円朝も承知の上での〝作り話〟であったといえる。わたしは、それを円朝の主体的行為と位置づけ、以下その意味を考察したい。

教部省は明治五年（一八七二）に「三条の教則」を発令し、円朝を教導職に任命した。[*12] 円朝は積極的にこの立場を利用し、落語改良運動を展開、芸人たちの行動・意識を改革して、自分たちの社会的ステータスを高めようとした。そして、名声が確立した明治二〇年代、井上馨・山県有朋といった天保生まれの元勲に接近していった。彼は「芸人に珍しい人で、少しも幇間的な挙動はなく、人格が高く立派な大紳士であ」り、「行儀の良い人で、いつ見ても机の前に端座して書き物か書見をして」るような芸人であったという。また、言葉遣いに対しても厳格であり、芸人が好んで使う「でがす」「でげす」といった「下卑たことば」を高座でも用いず、弟子にも禁じていたという(『円朝遺聞』)。〝人格者〟というイメージを円朝自らも創り出していたのである。その一環として、自己の血縁(出淵本家)が武士であり、それも重職の留守居役を代々つとめる家であったという〝作り話〟を自覚的にうみ出したのであろう。これらの主体的行為はすべて自己実現のための伏線となっていく。多くの噺(物語)を創作し人気を博した円朝が、このような〝作り話〟をも創作したのである。つまり、円朝にはこの〝作り話〟が現実味をもって明治二〇年代の人びとに受け入れられるであろう、との思惑があったわけである。その主体的行為の前提には、文明開化期の人びとの中に、人格的に優れている円朝の家系は家格の高い武士に違いないという思い込み、換言すると、家格の高い武士の家系であるから、円朝のような〝人格者〟が出てもおかしくない、という共同幻想が形成されていたとも言い得る。

見あがりを意識した祖父・大五郎と「生まれたままの男」と父・長蔵

祖父出淵大五郎は南葛飾郡新宿で暮らし、長蔵という一子をもうけた(この長蔵が円朝の父となる)。大五郎は長蔵を武士へ「身上り」させることを企図、本家出淵十郎右衛門の婿養子とすることに成功する。十郎右衛門は、娘婿(将来の家督相続者)として迎えた長蔵に、武芸を身につけさせるため厳しく教育するが、一八歳になった長蔵はこれを嫌い出奔してしまう。彼は流浪した後、縁者をたより左官職人になり、すみを娶り、江戸湯島の根性院という寺の横町に居住することになる。

江戸時代は世襲の身分制社会であるがゆえに、身分上昇＝「身上り」、とくに武士への「身上り」願望は強いものがあった。深谷克己はこの事例を紹介し、「江戸は「身上り」の機会が他の都市とくらべてひときわ豊富であった」と論じている。[*13] 円朝の祖父も江戸で「身上り」のチャンスを掴んだのである。このほかにも、彼の時代（江戸時代後期）における「身上り」の著名な事例として滝沢馬琴をあげることができる。馬琴は、明和四年（一七六七）に旗本・松平信成家の用人・滝沢興義の五男として生まれ、養子先の家督を継ぎ、松平家の嫡孫の童小性となるが、粗暴な嫡孫に愛想をつかし出奔、その後、さまざま主家を替える渡り奉公の後、石川雅望に狂歌を学ぶなどし、寛政二年（一七九〇）、山東京伝に入門、また蔦屋重三郎の手代となる。寛政五年（一七九三）、二七歳で履物商伊勢屋の婿養子となるが、義母の死後、下駄屋を廃業、作家業に先年し、原稿料で生活を立てる。文化四年（一八〇七）『椿説弓張月』を出版、同一一年には長編『南総里見八犬伝』を発表し（天保一三年〈一八四二〉完結）、作家としての富と名声を確立する。『曲亭馬琴日記』を読むと、馬琴の創作への意欲とともに、身分意識が強烈であったことや、孫を士分へと「身上り」させるために、蓄財した金銭を持筒同心の株を買い取るために使っていることなどがわかる。[*14]

馬琴と大五郎には、武士身分から離脱した理由に共通点がある。馬琴は童小姓としてついた嫡孫の横暴により浪人し、大五郎は「妾腹」のため帰農している。つまり、彼らの武士身分離脱は、自己に責任のない――馬琴の性格では、嫡孫の横暴に耐えつつ、忠義を図るという選択肢は考えられない――、外的な環境に要因していたわけである。少なくとも、両者はそう意識したであろう。馬琴と大五郎は、孫・息子の意志を無視して士分への「身上り」を企図して行動している。つまり、「身上り」とは個人ではなく、家の問題なのである。長蔵が婿養子として出淵本家に入ったとはいえ、出淵本家の相続権を獲得するのは将来のこととなる。正式な相続権を得るまでには、さまざまな試練をくぐらなければならないのである。その後も、長蔵は困窮すると出淵十郎右衛門のところに無心に行っていたようであるが、愛想を尽かされ縁を切られてしまう。さらに長蔵は左官職人をも辞めてしまい、「念をおこし」二代目・三遊亭円生の門に入り、橘家円太郎として真打となり、天保一〇年（一八三九）頃には弟子も抱えるようになる。「故三遊亭円朝」（以下「故」）には以下のような記述がある。

　この円太郎は生まれたままの男にて、真卒笑うべき話ども多かりけり。この男の胤に円朝の生まれたるは、鳶が鷹を産みたるなりと人は言いけり。

ここにある「生まれたままの男」という表現に悪意は見られない。芸人の多くがそうであったように、円朝の父円太郎も放蕩な人物であり、そのことは隠すまでもない事実であった。母すみは長蔵と結婚する以前、深川富吉町の糸商人藤屋七兵衛に嫁いでいた。藤屋七兵衛家は火災によって身代が傾き、七兵衛も病死してしまう。すみは、やむなく、七兵衛との子徳太郎をつれて、寺町である谷中三崎あたりに借家し、寺々の賃仕事をして生計をたてていたが、その後、長蔵と再婚することになる。

　このすみには徳太郎という連れ子がいた。徳太郎は南泉寺（臨済宗）の小僧となり、玄正との僧名を得る。一六歳になった玄正は、京都の東福寺（臨済宗）で修行を行い、数年後、南泉寺に戻り役僧となっている。円朝はこの兄からさまざまな影響を受けて育っていく。円朝の創作噺「闇夜の梅」[15]に登場する谷中長安寺の玄道という僧侶は、兄玄正がモデルであったとされる。[16]

第二節　円朝の幕末

幕末の寄席と円朝の初高座

文化・文政期、江戸の人びとに広く読まれた式亭三馬の滑稽本には「江戸の咄家はどれも上手だぜへ、夢羅久《むらく》が咄すのは真の咄だぜのう」「そうさ、林屋（林屋正蔵）がおもしれへよ」[*17]、「三笑亭可楽の落語を聞く、例の能弁よく人情に通じており」[*18]といった記載があり、噺家人気の様相を垣間見ることができる。その後、天保の改革で奢侈は禁じられ、庶民の消費生活にも様々な規制がかけられ、文政末期、一二五軒もあった江戸の寄席は市中の一五カ所と、寺社境内九カ所に限定されてしまった。[*19]天保の改革が失敗に終わると、寄席の経営は「勝手次第」となる。幕末の江戸には、両国橋の東西、浅草寺・神田明神など寺社の境内の他、市中に多くの寄席が復活し、昼は講釈、夜は義太夫節や落語がかけられた。木戸銭は講釈・落語の場合、三六文から四八文であった。[*20]

このような寄席環境の下、弘化二年（一八四五）、父円太郎は七歳の息子を噺家にすべく日本橋本銀町一丁目の寄席「土手倉」に小円太という名前で出演させた。これが円朝の初高座である。

嘉永六年（一八五三）六月三日、アメリカ東インド艦隊司令長官ペリーが四隻の軍艦（蒸気船）を率いて江戸湾に入り、同年七月一八日にはロシア海軍提督プチャーチンが軍艦四隻を率いて長崎に来航した。両者は日本に開国を要求、「癸丑以来」の危機が始まる。同時代の日記である『藤岡屋日記』には[*21]、ペリー来航に関する膨大な情報が集められている。嘉永六年当時、ペリー来航とそれに関連する多くの狂歌が読まれ、献策書も作られるなど、この事件は当時の江戸の人びとにとって重大な関心事となった。ところが、円朝の伝記には、ペリー来航による政治・社会の混乱などに関する記載はいっさい載っていない。たとえば「三遊亭円朝の逸事」筆者の条野採菊は天保三年（一八三二）生まれであり、円朝と同じように青年期にペリー来航を経験していた。彼ら円朝の伝記著者たちは、芸能や文学への興味はあっても政治・社会情勢に対する意識・関心は希薄であった、とも言える。しかし一方、後述するように、彼らは安政の大地震や上野戦争については言及しているのである。また、円朝もこれらの事件に関して創作噺の中で多くの分量をさいて叙述している（第四部）。ペリー来航は政治史上の重大事件であるが、文明開化期の東京の人びとの記憶からは薄れていったのである。

　ペリー来航より少々遡る嘉永二年（一八四九）、一一歳になった円朝は、下谷池之端茅町の寺子屋に通っていた。おそらく兄玄正の示唆であろう。ところが父円太郎は、円朝を自分の師匠である二代目・三遊亭円生に入門させてしまう。円朝は円生の居宅がある四谷に住み込み修行を始めている。その頃、円太郎は長期の地方巡業に出ており、音沙汰なく生活費すらも送金していなかった。父親不在のため、一家は噺家として修行中の円朝の微々たる稼ぎで生活していた。円朝は二つ目に昇進するが、三度の食事にも困るような状態であったという。

　厳格な兄玄正は円朝を噺家にすることに否定的であり、母と相談して円朝の修行をやめさせ、下谷池之端仲町にある紙商の奉公に出してしまう。円朝は二年ほど奉公を続けたが、病となってしまい結局、暇乞いし実家にもどっている。その直後、円朝は再び寄席に出ることになる。これは席亭からの誘いとされているが、おそらく円太郎が動いたのであろう。またこの時期、円朝は当時名声をほこっていた浮世絵師・歌川国芳に入門している。ところが円朝はここでも病気となってしまい、修行はいとも簡単に終わっている。国芳への入門の経験がのち円朝の芝居噺の演出（後述）に繋がっていくと解釈されているが、それも出来すぎた伝説であろう。ちなみに円朝の同門には後「血みどろ絵」で有名になる月岡芳年がいたが、両者の関係を具体化できる史料は存在しない。

この頃、円太郎は妾をもち別居してしまう。芸人の放蕩を絵に描いたような父であり、母すみの苦労は続く。一方、誠実な玄正は順調にキャリアを積み、南泉寺を出て長安寺（谷中）の住職となり、母と円朝を引き取り養育することになる。円朝は長安寺で噺の稽古をし、ここから寄席に出勤している。玄正は芸にうちこむ円朝に、噺の稽古と坐禅の修行とを密着させるよう指南していく。伝記の中で、兄玄正は自己に厳しく修行し、栄達していく人物として描かれる。勤勉な兄と放蕩の父、というわかりやすい二項対立の図式であるが、二人は決して対立しているわけではなく、それぞれの立場・やり方で円朝を理解し支援していく、と語らえる。伝記において、円朝は噺家の途を志して以降、つねに家族に支えられていた、ということが強調されているのである。

三遊派再興を決意

初代・三遊亭円生（一七六八〜一八三八）を始祖とする三遊派は江戸時代後期、古今亭志ん生（初代）・金原亭馬生（初代）・司馬竜生（初代）などを輩出し盛大であった。三遊亭円生（初代）が編纂した『東都噺者師弟系図』（天保七年〈一八三六〉刊行）には、三遊亭ゆかりの噺家が書き上げられる。その総勢は二一三人にものぼる（故人も含む）。ところが、円朝が入門し、修行に励んでいた幕末の三遊派は低迷していた。弘化五年（一八四八）刊行の二代目・烏亭扇橋編纂『落語家奇奴部類』には、二代目・三遊亭円生の弟子は一〇人であったと記されている。さらに、彼が老体となった安政期、彼の弟子は円朝・円太郎・円蔵の三名だけとなっていた。この事実は、幕末における三遊派低迷の責任の一端は二代目・円生にあることを示している。

安政二年（一八五五）、一七歳になった円朝は浅草の金竜寺にある初代・円生の墓に参り、三遊派を再興することを祈願した、とされる。おそらく事実であろう。そして、三遊派で今までだれも用いたことのない名を欲し、兄玄正と師円生の了解の下、円朝と改名している。そして、後年（明治五年〈一八七二〉）、弟子に三代目・円生を襲名させている。以上の事実から、円朝本人が円生の名跡を継承することを意図的に避けたのではなかろうか、という推論が成り立つ。噺家が新しい名を欲し、それを大きく育てる（有名にする）ということは、自負と顕示の現れである。円朝の場合には、後述するように、師匠二代目・円生との確執があったため、その名跡を襲名しなかったとも言えるが、三遊派の体たらくの責任は二代目・円生にあると円朝が意識し、負の印象が付いた円生という名跡を継ぐことを避けた、との解釈も成り立つ。伝記は、師匠円生と円朝との関係悪化については触れているが、三代目・円生への名跡継承に関する経緯などには言及していない。伝記筆者たちが、忠孝・忠義を看板とした教導職円朝が師匠円生を批判し、死後も赦していなかった、との印象をもたれないように配慮したのであろうか。

「故」に、円朝は稽古・修行だけではなく「名人上手と言われたる者も声価を得るまでにはさまざまの策をめぐらしたるものなり」とある。たとえば、「よき客」を得たいと思っている時に、その客がよく出入りしている仲の町の引手茶屋の前で、

急に腹痛が差し込みまして難儀をいたしまする。はなはだ申しかねましたが、薬を飲みまする間、暫時お店先を拝借いたしとう存じまする。

として、翌日、菓子折を持参して礼を述べ、「よき客」が入る引手茶屋に「取り入ったる」ことなどをしていたと言うのである。円朝は周到に準備し、売り出すための戦略を実行していた。

そのような若い頃の円朝は河竹黙阿弥（一八一六〜九三）・笠亭仙果（一八〇四〜六八）・条野採菊（一八三二〜一九〇二）・落合芳幾（一八三三〜一九〇四）らと会を開き、聴衆から題を貰い、三題噺を即興で創り語って

いた（以下、この会合を便宜的に三題噺の会とする）。仙果は二世柳亭種彦とも称したように劇作家、採菊は『やまと新聞』社長で劇作家、芳幾は歌川国芳門下の浮世絵師であり（円朝と一時的に同門）、文明開化期、新聞に錦絵を書き始める。「故」には「画工芳幾は国芳の門人にて、円朝の朋友なり」とある。この三題噺の会は、江戸の粋（意気）や洒落を体現するグループであり、円朝よりも二〇歳も年長の黙阿弥がリーダーであった、と考えられる。国文学者の高野実貴雄は、円朝の創作噺と歌舞伎の関係を論じ、とくに黙阿弥の影響を強調している。[*22]なお、伝記「三遊亭円朝の逸事」を著した条野採菊とはこの頃からのつきあいであった。

円朝に大きな転機が訪れる。弟子が入門して来たのである。円朝が外神田広小路の「川芳」という寄席に出演していた時、最初の志願者が訪れる。若い円朝は、三遊派の栄える端緒にもなるとして大いに喜び、最初の弟子に円三を名乗らせている——弟子の本名は豊次郎といい、もと神田の鮨屋の職人であった——。さらにまた一人弟子が入門。円朝はこの弟子には小勇との芸名をつける。自宅が手狭となったので、母すみを玄正の居る長安寺に置き、円朝は弟子二人とともに、下谷池之端七軒町の裏長屋へと引っ越している。男所帯なので、円朝が、手拭いをかむり、赤い襷き掛けで朝から食事の用意などをしていた、というエピソードが残っている。弟子が入門したとはいえ、円朝の噺はまだまだ下手で、早稲田（場末）の素人寄席に出演する程度であった。このような日々、円朝は安政の大地震に遭遇する。

大地震は、安政二年（一八五五）一〇月二日夜四つ時（午後一〇時頃）に発生した。『藤岡屋日記』には、安政の大地震の関しても多くの情報を集積している。以下はその一部である。[*23]

雷鳴之如きドロドロと響も等敷、夥敷地震ひ出ス、是ハ如何ニと衆人驚く間もなく、大地震見る〳〵家蔵の震動する事、宛も浪の打来る如く、其上、土蔵・高塀或ハ御大名方・御旗本、并町家共、器物・道具の崩破る丶音、千万之雷頭上ニ落懸るが如く（中略）、八方ゟ之出火、凡四十二口有之を見受（中略）、凡江戸中の土蔵に一ケ所として満足なるハなく、

このように、江戸では、武家屋敷から町人の長屋まで大半が倒壊、火事も起こり大混乱となった。町方だけでも、死者約四〇〇〇人、潰家約一五〇〇〇軒とあり[*24]、とくに下町の被害が甚大であった。地球物理学者で「歴史地震研究」も行っている石橋克彦は、安政の大地震に関して詳しく論じている[*25]。この大地震はマグニチュード八・四「日本史上まれにみる」「連発巨大地震」であった。江戸直下型で、短期周期の振動により土蔵の被害が甚大であった。山の手台地や、下町でも日本橋・京橋・銀座などの地盤の良いところはまだよかったが、根津から不忍池周辺、江戸川上水沿いの早稲田方面、牛米・市ヶ谷・四谷・赤坂・麻布などの窪地では震度五以上であったとされる。当時、母すみと玄正が暮らしていた長安寺は谷中台地の上（現在の谷中霊園の西側）にあったが本堂は倒壊した。幸運なことに母・兄は無事であった。円朝が弟子たちと居住していた下谷池之端七軒町は、まさに「根津から不忍池周辺」の低地であり、裏長屋は潰れている。円朝は早稲田の素人寄席に出演した帰りに大地震に遭遇したとある。早稲田も震度五以上の地域であった。つまり、円朝と彼の大切な人びとは、現代の地球物理学者が検証した甚大な被害を蒙った場所（下町）にいたわけである。しかし、円朝がとくべつなわけではなく、江戸の住民すべてが円朝と同様な経験をしたのである。

幕府は翌日から、諸商人の施行を奨励しつつ、浅草広小路・上野山下火除など五カ所にお救い小屋を建て、救済活動を開始した。『藤岡屋日記』には「窮民共ニは、市中五ケ所の御救小屋迄建被下置候ハ、いと難有聖代と、万民こぞつて歓びをなし侍る」とある[*26]。一九世紀、とくに天保期、幕藩体制の政治理念の一つであった「仁政」イデオロギーは崩れ、天保の飢饉の際、幕藩領主の「お救い」は機能しなかったことから人びとは自助の海に投

げ出されていった。とはいえ幕府は安政の大地震に迅速に対応し、「お救い」を展開した（できた）。この大災害の場所が、上州や甲州ではなく「将軍の膝元」江戸であったということがその背景にある。江戸の人びとにとって、幕府は頼もしい存在に見えたであろう。ただし、「御救小屋」五カ所（東叡山火除地、浅草広小路、深川海辺大工町・八幡神社、幸橋御門内）において「窮民共為御救」を実際に実行したのは家持層たちであった。彼らは自分も被災したにもかかわらず、金銭のみならず、白米・醤油・味噌・薩摩芋・沢庵など食糧を供出していた。幕府の「お救い」、民間の自助が働いている一方、「悪党共抜身ニて歩行という噂」も流れていたように[*27]、確実に治安は悪化していた。

明治一九年（一八八六）、円朝が『やまと新聞』に連載した「蝦夷錦古郷の家土産」（第四部）には安政大地震のことが以下のように出てくる。

世界には天変地異といふことは度々あるますが、其中でも安政の大地震は一通りナラン大変で御座いました（中略）。どうも地震は陰気なもので（中略）、実に地震は能くないもので、安政の大地震、これは実に気が転倒いたします訳で、

この噺の「まくら」の多くは安政の大地震によって占められている。歌舞伎役者三代目・中村仲蔵（一八〇九〜八六）も自叙伝『手前味噌』の中で安政の大地震の経験について触れている[*28]。文明開化期にいたっても、安政の大地震は、東京の人びとすべてにとって共通の経験、記憶として生きていたのである。

ところで、翌安政三年には、地震の復興で江戸は銭廻りが良くなったとされ、円朝は中入り前に出演できるようになった——寄席では、最後の噺家（トリ）がもっとも重要とされ、中入り前は次席とされている——。さらに、寄席の給金も上がり、七軒町表店に自宅を構え、母すみと父円太郎と同居し、円朝の給金で暮らせるように

なっている。この頃、父円太郎の放蕩もようやく落ち着いてきている。

安政五年（一八五三）、二〇歳になった円朝は、両親を七軒町表店に残し、弟子と浅草茅町の関口という小間物屋の裏店に引っ越ししている。この関口は、「怪談牡丹燈籠」（第三章）に出てくる栗橋の関口屋のモデルとも言われている。[*29]

師匠円生との確執

円朝はいまだに、「よい席」・「一流」の寄席で真を打つことができない。苦心した彼は、高座の後ろに噺に合わせた道具を飾り、宮神楽、算盤などを置き、波の音などの効果音を入れた芝居仕立ての噺（芝居噺）を始める。すると評判が上がり、客がよく入るようになった。

この頃、江戸でコレラが大流行した（安政五年）。当時、以下のような噂がまことしやかに語られたとされる。[*30]

コレラは浦賀へ来た黒船が置いていった魔法で、異人が海岸へ来て何か洗ったが、その時のアブクが魚の腹に入って、それを食べた人から発症した。黒船にコレラ患者がいて、その死体を捨てたところから伝染した。

ここにある、アブクとは石鹸のことであろう。当時、江戸の庶民は今までに経験したこともない疫病コレラを、異人・黒船と結びつけて認識していた、ということである。安政のコレラ大流行は、長崎に入港したアメリカ海軍戦艦ミシシッピー号の水兵が発症して、これが日本全土に広まったものであった。異人・黒船といった江戸の庶民の連想は正しかったといえる。しかし、円朝の創作噺や伝記では、コレラに関連した記述を見つけることはできなかった。

安政六年（一八五九）、二一歳になった円朝は師匠円生を「中入り前」に頼み、「よい席」で真を打てるようになった。永井啓夫はこの「よい席」を下谷にあった「吹き抜」としている。[*31]

ところがこの頃から、円朝と円生との関係が悪化していく。円朝がその日の演目に合わせ、芝居噺の準備をしていると、彼の出番の前に出演した円生は、円朝と同じ演目を先に高座にかけてしまう、ということがたびたび起こる——寄席では、同一の演目を高座にかけることを、慣習として禁物している——。円生の行為は、人気の出てきた若い弟子を師匠が嫉妬のあまりいじめる、という陰湿なものであった。円朝は師匠の叱咤激励である、と自分を納得させ、自分にしかできない創作噺へと行き着く。『伝』には、かつて歌川国芳の門で学んだ浮世絵の技術を生かし、芝居噺で使用する道具、背後の絵など（大道具）をも「自ら書き割りを描くなど、一心不乱になり」とある。一方「故」には、三題噺の会のメンバーでもあり「円朝の朋友」であった落合芳幾に「幽霊が出ている」ような絵を描いて貰っていたとある。円朝は師匠との関係が悪化している状況下、誰にも真似のできないよう創作噺・芝居噺の領域に入っていったと言うのである。三遊派の復興を企図し、ようやく「微々たる真打ち」（『伝』）になった円朝にとって、それは不退転の覚悟であったに違いない。先述したように、円朝は国芳のところに入門したとはいえ、病となり「業充分ならざる」早い段階で撤退しているのであり（『伝』）、寄席の高座で使うほどの絵を自分で描けたとは思えない。芝居噺に使用する大道具は「故」にあるように、幾芳が描いていたということが事実であろう。

いずれにしても、師匠との関係悪化という逆境の中で、怪談噺の傑作＝「真景累ケ淵」や「怪談牡丹燈籠」が生まれたのである。

三遊派凋落の事実に目を向けると、師匠円生による〝いじめ〟のごとき行為は事実であったといえる。円生は明らかに、器量の小さい人物であり、三遊派の〝頭目〟として伝統ある芸能集団を盛大にすることなど不可能であった。おそらく、円生本人もそれを自覚していたのであろう。ゆえに、自己の能力を上回り、存在意義までも脅かそうとしている弟子円朝に悪意を向けたのである。このようなことはどこの組織にもありうることであり、師との人格的関係が濃厚となりやすい芸能や学問の世界では起こりやすい現象であり、それだけにわかりやすい。

文明開化期、「落語家中の親玉」名人と謳われた円朝は三遊派を再興させた。これは自他共に認める事実であった。伝記著者は、それをより鮮明に後世に残すため、師匠円生の陰湿な行為を強調して語ったのである。円朝は、連日師匠の〝いじめ〟にあっても、それに潰されるのではなく、耐えつつ自己の芸を磨いたというのである。まるで、塩原多助ではないか（第三部第三章）、文明開化期、教導職として忠孝・勤勉を説いた円朝には好都合な物語といえよう。

幕末期、円朝は源太という任客が営む門前仲町の寄席に出演するようになる。円朝が師匠との関係で苦悶していることを知った父円太郎は、この寄席で中入前をつとめることになる。この親子共演が評判になり、客が多く入ったとされている。

ここで、円朝と江戸の人びとを取り巻く政治的環境を確認しておこう。桜田門外の変後、幕府（老中安藤信正・久世広周ら）は権威回復と、朝幕関係の融和（公武合体）を目的に、孝明天皇の妹和宮と将軍徳川家茂との結婚（和宮降嫁）を企図する。孝明天皇は、岩倉具視の判断もありこの策に傾斜、文久元年（一八六一）、和宮降嫁が実現、和宮一行の大行列は中山道から江戸に向かい、一一月、板橋宿から江戸に入る。一方、幕府が和宮を人質にとったとの風聞が生まれ、尊王攘夷派は安藤信正暗殺の計画を進めていた。翌文久二年正月、宇都宮の豪農・医師・村役人らを母胎とする尊王攘夷派が安藤信正を襲撃する（坂下門外の変）。このように、この頃、尊王攘夷運動の担い手はいわゆる草莽へと拡大されていく。

また一方、安政期から外国人を殺傷するテロ事件（異人斬り）も多く発生している。文久二年（一八六二）八月、生麦事件が発生、イギリスの軍艦が江戸湾に来航し威圧をかけ、フランスも陸兵を横浜に集結する。幕府は、大名・旗本に戦争準備を命じ、江戸市中の女・子供・老人に対して避難勧告を出している。生麦事件をきっかけに、列強との戦争危険がせまっていたのである。その後、幕府が賠償金を支払ったことにより江戸・横浜での戦闘は回避できたわけであるが、幕末の政局はさらに不安定となっていく。同時に、江戸の治安も悪化していった。文久期には、横浜開港以降続いていた物価上昇がさらに加速、江戸市中では、不穏な空気が醸成され、多くの人びとが困窮している時に、異国人と交易して利を得ている商人には「天誅」を加える、という張紙が日本橋をはじめ各地に貼り出された。文久三年一〇月、一〇人もの商人が殺害されている。江戸は騒然としてきたのである。

ところが、これらの政治事件も伝記にはまったく出てこない。円朝も創作噺の中でそれらに触れていない。伝記を見る限り円朝の日常（芸と家族との日々）は変わっていない。そして、師匠円生とのトラブルは続いていた。円朝には小勇という「放蕩者」の弟子がいた。彼は、円生に媚びへつらうようになり、そのあげく円生の弟子になり、円太との芸名まで貰ってしまう。さらに、円太はなんと、芝居噺をはじめ、真打となってしまうのである。これを知った円朝は、下谷広小路の寄席三橋亭へ客として円太の噺を聴きに行く。高座から円朝師弟を見つけた円太は、彼らが寄席を荒らしに来たと騒ぎ立てた――噺家（同業者）が客席から他人の高座を観るということはタブーとされていた――。円朝の人気をねたんでいた円生は激怒、円朝に土下座させ、円生・円太をはじめ前座・下足番にまで謝罪させ、詫証文までとったのである。この事件がきっかけとなり、円朝は師匠円生と絶縁している。

師匠円生と兄玄正の死

ところがその後、円生は病となり、三人の娘もいて生活に困窮するようになる。円生を助ける弟子は一人もいないという事態となり、「糊口の道に差し支え」る状態となっていた（『伝』）。これを聞いた円朝は、円生のもとを頻繁に見舞い、金銭の援助も行っている。

文久元年（一八六一）、円朝二三歳、さらに人気は上昇、彼は浅草中代地の表店に転居することになる。またこの頃、兄玄正は僧位を進め、永泉と改名、小石川の是照院へ転住していく。そのため、円朝は両親を中代地へ引き取り、親子三人と弟子数人と暮らし始める。

翌文久二年正月、少々病気が好転した円生が、礼を述べに円朝宅を訪問、師弟の関係も修復へ向かうかと思われたが、円生は帰宅後再度発病し危篤状態となり、同年他界、菩提寺である下谷池之端の大正寺に葬られた。

病となり、弟子から見放された円生を金銭的にも援助していたということは、おそらく事実であろう。この場面で『伝』は、かつて師弟絶縁のきっかけとなった騒動の中心人物・円太の所業に触れ、円太は師匠円生の見舞いや支援を行わず、葬儀の際にも来なかったと述べている。この叙述によって、義理と人情に篤く忠義の人、円朝という印象は増幅する。

臨終の際、円生は、

本葬はわが門派の盛大となりし時を待ち、三月二十一日は元祖の忌日なるをもて、この日にこれを行いて、

と円朝に頼んだと言う（『伝』）。少なくとも、狭い了見を持った円生という人物が、死に際に「わが門派」＝三遊派の将来を心配しているとは思えない。いかにもできすぎた物語と言えよう。惣領弟子として円朝が師匠の葬儀を主催する意味は大きい。人格的に問題があるとはいえ、円生は伝統ある三遊派の頭目なのであるから。次世

代の三遊派を率いていくことを自覚している円朝は、彼を反面教師として自らを律していたと言えるが、先述したように、売り出すことにかけて円朝は戦略を立て、用意周到な準備を怠らないのである。その行為は円朝の理解者たちの眼には、利己的かつ不純な立身出世ではなく、三遊派を率いる頭目としての責務として映ったであろう。おそらく「わが門派の盛大となりし時を待ち」円生の本葬を実行することは、円生ではなく円朝のおもわくであったに違いない。それはあまりにも政治的であるが、それを臨終の円生に語らせる、という手法によって、その生臭さは軽減している。円生の本葬は、慶応元年（一八六五）三月二一日に実行されている。もちろん円朝主催で。それは、後述するように「一流」とされた両国垢離場で真打ちとなり「弟子もその人数を増すに至」った（『伝』）、という事実をふまえてのことであった。

この年、円朝が敬慕していた兄玄正（永泉）が発病し、看護もむなしく永眠している。これは、本当の意味で悲しむべき不幸であるが伝記はこの事実に関して詳述していない。

一流の寄席で真打となる

元治元年（一八六四）三月、天狗党が筑波山に挙兵した。円朝は「蝦夷錦古郷の家土産」の中で、この天狗党の乱について多くの分量を当てている。円朝は「是は今更申さんでも、皆様御案内で御坐いますから」とし、また、

是が彼の時分の戦争の初めで、私共は江戸に居て其話しを聞ても、余りよい心持は致しませんで御坐いました。

と語っている。円朝は江戸から遠く離れた常陸・下野での騒乱の有り様を心配していた、というのである。先に

触れた中村仲蔵の自伝『手前味噌』にも「天狗党、筑波山に拠る」という記載が出てくる。江戸市中は天狗党の乱の直接の影響を受けていないが、「仁政」「武威」の崩壊とともに、社会全体が暴力によって覆われ始めたということに対する人びとの不安が「蝦夷錦古郷の家土産」では表現されている（第四部第三章）。

元治元年七月、禁門の変が発生、幕府は長州藩征討を命じると同時に、江戸の長州藩上・中屋敷を破却している。これは、江戸中の火消人足七〇〇〇人を集めて打ちこわした、という大規模な事態であった。また、幕府と長州藩との戦争は、物価騰貴に拍車をかけ、庶民の困窮は深まっている。しかし、円朝の周囲からは、この様子も伺い知ることはできない。

この元治元年という年は、円朝にとっても忘れられない年となる。二六歳になった円朝は、「一流」といわれる両国垢離場の昼席で、念願の真打ちとなるのである。当時、昼席を打つ寄席は少なく、両国でも林屋・山二亭・垢離場の三軒のみであった。垢離場は五〇〇人も入る「一流」の寄席で、円朝は慶応三年（一八六七）までの四年間、真打として昼席に出演し続けた。当時、出演する噺家の名前を看板に記して門口に掲げたので、真打ちを大看板とも称した。この時期「垢離場」には大看板が四人いたとある。すなわち、橘家円太郎（父）・船遊亭扇三郎・入船亭米蔵、そして円朝であった。

この頃、円朝よりも一五歳も年上で、四〇歳ほどの男が円朝の弟子となった。彼は円朝の家へ出入りしていた髪結いの手伝いであったが、落語好きがこうじて、円朝の弟子入りをした、という異色な人物であった。円朝は彼をかわいがり、三遊亭ぽん太として高座に上げた。全生庵には、円朝の墓石と並んで、ぽん太の墓石も建っている。弟子が増え、住居が狭くなったため、円朝一家・一門は、浅草裏門代地にあるもと札差の隠居所だった大きな屋敷に転居する。

上野戦争の経験

慶応二年（一八六六）、薩長同盟が結成され、討幕への動きは加速する。幕府は、第二次幕長戦争を起こすが、軍制改革を実行した長州藩に敗北してしまう。江戸ではこの戦争によって再び米価は高騰、同年五月二八日、品川から質屋・米屋・酒屋を襲撃する打ちこわしが発生する。この打ちこわしは、二九日には芝一帯に広がり、六七軒もの富家が襲撃される事態となった。そして、九月一七日頃からは、豪商から施行をうけた本所・深川の貧窮民が、亀戸天神・霊巌寺・回向院の境内において粥の炊き出しを始める。この貧民たちによる行動は江戸市中に拡大し、山の手地域にも波及、しだいに不穏な空気を帯びはじめ、日本橋の豪商が打ちこわされるという事態にまでなっている。しかし、五月の打ちこわしも、九月の騒ぎも、伝記や円朝の噺には登場しない。

慶応三年（一八六七）、薩摩藩は浪士・豪農・任侠など多様な人びとを集め、関東各地において幕府を挑発した。相楽総三が薩摩藩の支援をうけ、武州北西部の豪農たちを中心に浪士隊結結成、この系譜から出た武蔵入間郡の名主・竹内啓は、薩摩藩の支援の下、下野の豪農・百姓の若者を勧誘し、出流山（栃木県）に挙兵した。この中には国定忠治の息子国次もいたが、関東取締出役（渋谷鷲郎）を総大将とする幕府軍との戦闘にやぶれ、四〇名余りが佐野川原で処刑された。[*32]

北関東のこのような討幕運動と並行して、三田の薩摩藩邸に出入りする浪士たちが、江戸市中において強盗を行うなどの破壊活動を始めた。これに対して、幕府は薩摩藩邸攻撃を命令、鯖江藩・庄内藩などが薩摩藩邸を焼き討ちにし、浪士たちを殺害・捕縛していった。薩摩藩の暴力的な市中攪乱作戦によって強盗と殺人の渦中となった江戸は大混乱に陥った。繰り返し述べたように、伝記にはこのような政治事件はほとんど出てこないが、薩摩藩邸焼き討ちに関しては「このごろ世上なんとなく物騒がしく」とあり、円朝の周囲も「人心おのずから穏やかならず」という状況となってきたと記述されている。

慶応四年正月、鳥羽・伏見の戦いの後、諸大名は在所（領地）に帰国し始める。先述したように、円朝の本家である大聖寺藩家臣の出淵十郎右衛門家も藩主に従って帰国することになる。出淵本家当主が江戸を離れるということで、円朝はいとまごいに出淵本家の屋敷を訪ね、別れを惜しんでいる。

同年五月一四日、円朝が日本橋瀬戸物町の寄席伊勢本へと向かう途中、柳橋界隈にさしかかると、「官軍」によって道は封鎖されていた。しかたなく、円朝は寄席を休席して自宅にもどり、この様子を不信に思っている。そのような中、上野東叡山の方角から砲撃の音が響き、上野戦争が始まる。

一五日、上野戦争の中、円朝の弟子たちは一人も帰って来ない。円朝が心配していると、ぽん太が帰ってきた。以下は、『伝』にある上野戦争の様相である。

師匠円朝が休席したので、同門の仲間達とそろって寄席「伊勢本」を退席して浅草見附まで来たが、通行できないので、柳橋を回ったところ、ここも通行止となっていた。そこで、同門の三遊亭勢朝の家に泊めてもらった。今朝になって浅草見附の方をみると、刀・鎗・鉄砲で武装し、「軍人」のような人が大勢いて、「赤い毛」をかぶったりして「おもしろそう」なので、近寄ると、怖い顔で誰何されたので、自分は噺家で円朝の弟子であると答えると、「一人おとなしそうな人」が、彼は円朝の弟子で「ぽん太という愚かな者」なので、通行させても問題はないだろう、というので、どうにか帰ることができた。

この話を聞いた人たちは、よくあの厳重な通行止めをしている浅草見附を通ることができたものだ、「さすがはぽん太」だと関心したとある。薩長の軍勢が大挙して江戸に入ったのは慶応四年三月上旬、江戸城無血開城は四月一一日、上野戦争は五月一五日である。『伝』の内容が事実であったとすると、討幕軍の兵が江戸に入り、わずか二か月の間で、彼ら薩長の兵たちにも円朝一門は知られていた、ということになる。また、「赤い毛」＝赤熊をかぶっていたのは土佐藩指揮官とされているので、円朝一門を認識していたのは土佐藩士ということになる。『伝』の記述のこの場面に厳密性や事実を求める必要はなく、ようするに、討幕軍の〝田舎者〟にも円朝ファンがいたということを軽妙に語っているわけである。そして、文明開化期に至るも、討幕軍のヤクの毛のかぶり物は、戊辰戦争・討幕を象徴する記憶の塊となっていたということである。

上野戦争の渦中、円朝も「話の種」になるだろうと思い、父円太郎の止めるのも聞かず、浅草見附から柳橋の方へ戦争の様子を見に出かける。その途中、浅草見附の橋詰めに至ると、青竹で囲いをした中に、幕臣の「血汐に染まりたる生首」が晒してあるのを目撃する。彼はこれを「大いに話を利せし」と思った、と後日語ったとされる。このように、上野戦争は当初、下町の江戸庶民にとっては他人事であった。慶応四年五月一五日未明、「官軍」の攻撃から始まった戦闘の終結後、生き残った彰義隊士（旧幕臣）は、ちりぢりになって江戸市中に逃走、これを「官軍」が討伐していった。この頃から、庶民の生活にも戦闘の余波が及んでいく。『手前味噌』にも「上野の落人」「落武者」たちが江戸市中を逃げている様子が描かれ、もしこの戦争が長引いたならば「江戸市中も修羅の街と成り、夫こそ市民塗炭に苦しまんに」とある。円朝も「八景隅田川」「蝦夷錦古郷の家土産」の中で、上野戦争に言及している。とくに「八景隅田川」の叙述は具体的である（第四部第二章）。東京市民にとって上野戦争は、戊辰という時代を表象する共通した記憶となっていた。

第三節　文明開化を意識して

素噺転向と父・円太郎の死

明治元年（一八六八）、時代は「ご一新」＝明治維新となったが、庶民の日常は連続し、寄席の興行は続き、円朝も高座に出ている。この頃、円朝は父円太郎の知人であった茶船乗の親分・武蔵屋徳松のすすめで、代地（浅草旅籠町）へ移転、この徳松が席亭を務める浅草茅町の武蔵野という寄席の昼席に出ることになる。円朝が出たおかげで、この寄席は盛大になったという。代地には、仮名垣魯文・落合芳幾ら文人・画人が多く居住、彼らが円朝を贔屓にし、円朝はこれに刺激をうけて芸に精進していったとされる。

そして、「ご一新」＝新しい時代の到来を意識した円朝は、いままで精進してきた芝居噺をやめ、素噺に転向、弟子の円楽に三代目・円生を襲名させ、工夫をこらしてきた大道具一式を彼に譲っている。文明開化期、明治政府は寄席への統制を強化（第二部第一章）、その中で、円朝は文明開化という状況（構造）と、政府による国民教導という〝呼びかけ〟に〝振り向き〟、三遊派の統領として動き始める。

明治二・三年頃、円朝は柳橋の芸者であったお幸を妻に迎えている。彼女は、才女であったらしいが、弟子たちの評判は悪かった。円朝はお幸と結婚する以前に、河岸の「島金」という茶屋の娘と婚約をしたが、同時に御徒町の同朋衆倉岡元庵の娘、お里と深い関係となり、朝太郎という男子をもうけていた。円朝はお里・朝太郎を表に出せず、両親にも内緒で養育していたが、「島金」への遠慮から朝太郎だけを家に入れ、お里とは離別している。芸人の父円太郎は放蕩者であったとはいえ、ここまで円朝は父・母・兄に支えられてきた。しかし、円朝の家は妻帯の段階（スタート）から、複雑な様相を呈していた。円朝は息子・朝太郎の問題で苦悶していく。

明治四年（一八七一）、病であった父円太郎が亡くなる――菩提寺は初代・円生が眠る浅草の金竜寺とした――。円太郎の死に関して、伝記は皆一様に、あっさりとした記述となっている。円太郎が死没した明治四年（一八七一）頃、円朝はすでに「一流」の寄席で真打ちとなっている。父円太郎の粗野で放埒な個性は、教導職に就任し「人格が高く立派な大紳士」であり、芸人たちの野放図な生活を否定していた円朝にとって難儀なことであったのかも知れない。しかし、伝記の語りは一貫している。父円太郎は円朝を支援し、円朝は父母に孝行を尽くしたのである。円朝の創作噺の中で登場人物は忠孝の体現者として現れる（第三部）。創作者円朝も忠孝の担い手でなければ噺の真実味は失われてしまう、と伝記著者や円朝は認識していたといえる。

明治九年（一八七六）三八歳になった円朝は、塩原多助の物語創作のため、現地調査として上州・野州方面への長期旅行を実行する（第四部第四章）。またこの頃、円朝は政府高官や民間著名人に接近、陸奥宗光・渋沢栄一の贔屓を受け、陸奥の親・伊達千広の影響から、禅に関心を寄せている。千広が死去した後、槍術の名手であった高橋泥舟から禅とともに剣術の極意を授かり、明治一三年（一八八〇）には、舌を動かさず口を結んで話をできるか、という禅問答への答えを考える中から、「無舌の悟り」に至ったとされる。いままで円朝は、客に受けるか、噺を聞いているか、あくびをしていないか、といった客の反応を気にしていたが、これを克服したというのである。

「塩原多助一代記」の完成と母・すみの死

円朝が教導職に就任していたことはすでに述べてきた。政府は明治五年（一八七二）三月、教部省を設置、四月には「敬神愛国・天理人道・皇上奉戴」を旨とする「三条の教則」を出した。そしてこの教則を民衆へと伝導する役目として教導職が設置されたわけである。これらの政策は日本の伝統的君主観とは相容れない、一君万民型の天皇制を基軸とした国民国家創設という文脈で理解できる。翌年、円朝は教導職に就任し、自らを「教導師」と語っていた。円朝は教導職であることを自覚していたわけであるが、伝記や創作噺の内容を確認する限り、彼が「敬神愛国・皇上奉戴」を理解し積極的な言説を振りかざしていた、という事実は確認できない。ただし「天理人道」については、「塩原多助一代記」の中で、忠孝・律儀という伝統的徳目に置き換えて語っていた、と理解できるが、それを直接示す噺は、数多い創作噺の中で「塩原多助一代記」だけであったことも事実である。

政府の教導という〝呼びかけ〟に〝振り向き〟、円朝の主体は覚醒したとはいえ、その行動は政府が求めていた方向とはかならずしも合致しない。円朝が得意としたのは、勧善懲悪・因果応報という、通俗的な寓意であり、それは幕末から一貫していたのである。

明治一〇年（一八七七）、落語勧善義会の席で円朝は、桂文治らと申し合わせ、

落語家は賎業なれど教導師とも呼る、事なれば、是までの悪弊を一洗して五音の清濁や重言片言を正し（中略）、必ず一席の内に婦女子への教訓になる話を雑へる様に。

と語ったとされる。[*33] 円朝は芸人たちの社会的地位を上げるため、文明開化という状況（構造）を利用して、噺家・芸人の「悪弊」までも「一洗」しようとしていたのである。

明治一一年（一八七八）、ようやく「塩原多助一代記」が完成、大評判となる。この噺の位置づけは難しい（第三部第三章）また翌年には、円朝創作の「業平文治」が、春木座で歌舞伎興行される。江戸時代、大衆芸能の世界では歌舞伎が最高ランクで、いわゆる「千両役者」も生まれたが、落語に対する世間の評価や、噺家の社会的

ステータスは低いものであったが、その噺家・円朝の創作噺が歌舞伎で上演されたわけである。

明治一〇年代、円熟した円朝の絶頂期が到来する。しかし、そのさなかの明治一二年（一八七九）、円朝を愛し見守ってきた母すみが死没してしまう。

「珍芸」と円朝の矜持

明治一〇年代後半、松方デフレが到来する。時代は一気に不景気となり、東京には貧民窟が形成され、経済格差が拡がっていく。政府や啓蒙思想家が語った立身出世など、およそ実現できないという現実が露呈されていく。明治一五年（一八八二）、東京で再びコレラが発生している。

この頃、東京の寄席では「珍芸」というものがはやっていた。これに関しては矢野誠一が『三遊亭円朝の明治』の中で紹介している。[*34] 寄席四天王と呼ばれる噺家が登場し、一世を風靡した。明治一三年（一八八〇）、円朝の弟子となった三遊亭円遊がはじめた「ステテコ踊り」が発端とされている。彼は一席演じたあと、立ち上がり、着物を端折り股引姿になって、

よいよいよいやさ、向こう横丁のお稲荷さんに、惜しいけれども一銭あげて。

と歌い踊り出した。噺家が立ち上がり、歌い出したので客は熱狂したという。このような埒もない芸が流行り始める。三遊亭万橘は赤い手ぬぐいで頬被りをして「へらへらへったら、はらはらは……」と踊り、四代目・立川談志が「郭巨の釜掘り」を始め、四代目・橘家円太郎は「おばあさんあぶないよ」と叫びラッパを吹き始めた。松方デフレという暗い時代だからこそうけたギャグで、当時これを「珍芸」と称したわけであるが、その人気も二年ほどで、円遊以外の三人は忘れ去られていった。円朝はこのような風潮を「苦々しき事なり」と語っていた

とされる一方、[35]円朝一門で、円遊の人気を妬んだ者が円朝に「珍芸」の差し止めを願い出た際、円朝は次のように語ったと言われている（「三遊亭円朝の逸事」）。

いかに円遊でも生涯ステテコを踊っていられるものではない、売りだそうというには一拍子変わったことでもなけりゃあいけない、おめえがたも、ステテコヘラヘラの向こうを張って新物をはじめるに限る、わたしも若いうちはいやなまねもしてきたものさ。

これを聞いた円遊は一晩泣いたという。円遊は円朝のような創作噺ではなく、改作や一席物を得意とし、のち名人へと成長していく。

「怪談牡丹燈籠」の出版と元勲への接近

明治一七年（一八八四）、円朝創作の「怪談牡丹燈籠」が東京稗史出版会社から公刊され、円朝の人気はさらに高まる。同年七月『東京日日新聞』には『怪談牡丹燈籠』速記本出版の広告が出た。[36]「一三編読切」で定価は一編七銭五厘、全編八七銭であった。当時、寄席の木戸銭が三銭から三銭五厘程度であったことと比較すると、速記本『怪談牡丹燈籠』は高額であった。この速記本を購入でき、読んだ（読めた）のは、岡本綺堂のような〝中流〟以上の社会的階層に属する人びとであったろう。そして、それは円朝が出演した「一流」の寄席に通うことができた社会的階層とも合致するのである（第二部第二章）。

坪内逍遙は、出版された『怪談牡丹燈籠』を読んで感動し、二葉亭四迷が口語体小説『浮雲』執筆で苦心した際に、即座に『怪談牡丹燈籠』の速記本を参考にするように、と伝えたとされる。また、正岡子規は、明治一七年（一八八四）に執筆した『筆まか勢』の中で、「寄席に遊ぶことしげく」と語り、言文一致体運動を「無暗に主張する人」や、それの「尻馬に乗る人」を批判し、言文一致とは「円朝の噺の速記のやうであるべきだ」と語っていた。

明治一八年（一八八五）、速記本『塩原多助一代記』が出版された。全一八冊、一冊九銭五厘、全冊一円五〇銭であった。[*37]『怪談牡丹燈籠』よりもさらに高額に設定されている。

明治一九年（一八八六）、円朝、四四歳の時に「落語家中の親玉」との世間の評価が定着する。また同年、円朝は井上馨たちの北海道視察旅行に随行している。このことは『東京日日新聞』の記事にもなっていた。[*38]北海道視察旅行の目的は、開拓使官有物払い下げ事件後、北海道を政府直轄とするにあたって、海産業の様子と農民の状況を確認することにあった。[*39]この政府視察団一行は、井上馨・山県有朋（とその夫人）が中心となり、内務省・外務省・農商務省の官僚、実業家・新聞記者たちが参加した。文明開化期、元勲らは、お気に入りの芸人を私的な旅行に随行させていたが、これは公務である。

明治一六年（一八八三）、井上馨は家族との伊香保温泉旅行の際に、前橋の寄席に興行に来ていた柳亭燕枝を呼び「得意の落語」を演じさせていた。[*40]明治二〇年（一八八七）、山県有朋は大阪まで円朝を同行させている。[*41]蝦夷地視察の政府出張に円朝が参加している理由を史料から確認することはできないが、円朝が元勲と格別密接な関係をもっていたことは事実である。円朝はこの経験を生かし、後日北海道を登場させる噺（「蝦夷錦古郷家土産」「蝦夷訛」）を創作している（第四部第三章）。

明治初年まで、円朝の交友関係は、三題噺の会のメンバーのような文人・粋人を中心にしていたが、名声が上がるにつれ交友関係にも変化が出てきている。それは、本来彼の客である庶民との乖離がはじまっていたともいえる。

一方、伝記には、円朝は客を大切にしたという逸話がある。たとえば、円朝が弟子の一朝をつれて歩いていた時、二人連れの男とすれ違った。先方が「懐手をしたままホックリ」すると、円朝は「手を膝まで下げて丁寧に身を屈めて礼を」してから、その男が前座であったと教えられ「そうかえ、わたしは、またお客様だと思ったよ」と応じたという（『円朝遺聞』以下、『遺聞』）。

第四節　絶頂期から引退そして最期

三遊塚建立と円朝の引退

明治二〇年（一八八七）、「怪談牡丹燈籠」が、明治二二年には、「文七元結」が、ともに春木座で上演された。さらに、明治二四年、円朝は井上馨邸にやってきた明治天皇の前で塩原太助を演じている。明治二〇年代前半は円朝の絶頂期であった。明治二五年、「塩原多助一代記」が修身の教科書に掲載される。政府の近代化、国民教化の方針と、「塩原多助一代記」の物語が合致したわけである。

明治二〇年代、「怪談牡丹燈籠」や「文七元結」が歌舞伎上演されるなど、まさに落語と芝居の逆転現象が起こる。これを円朝は、落語・寄席改良運動の成果、三遊派の再興と受け止め、木母寺に巨大な「三遊塚」を建立する。文明開化という状況（構造）の下、政府の〝呼びかけ〟を利用した自己実現の結果であり、円朝主体の覚醒と位置づけられる。ところが、先述したように、現実の世界では、松方デフレのさなか、経済格差は拡大していた。貧困とは競争社会に敗れた証しであり、忠義や孝行、勤勉・節度といった徳目の実践では立身出世などできない、ということが露呈されていった。円朝の噺の現実味は急速に薄れていく。松方デフレの渦中にいる民衆客と向き合う中で円朝の主体は転変していく。

明治二〇年代、円朝の創作噺は新聞での発表が中心となる。噺家の泰斗として順調に進んできた明治二四年（一八九一）六月、円朝が江戸の寄席を引退するという事件が起こる。翌年、『やまと』新聞には以下のような記事が出た。[*42] 世間もこの事件を知ったということである。ただし、寄席（席亭）とのトラブルの原因に関しては触れていない。

三遊連の家元、円朝子は何やら心に染ぬ事ありとて、去年一月以来、寄席へ出る事を好まず、断然以来とも出席を思ひ止まる覚悟なりしに、本郷の若竹、茅場町の宮松、両国新石町の両立花等と大根川岸が只管出席を乞ひたるに。

円朝は、寄席の経営者である席亭が芸人に対して横暴である、ということをつね日頃憤慨していた。この話を聞いた井上馨が、円朝のために何軒かの寄席を買い取って、独自の寄席を持てばよいではないか、その費用は後援者が出せばよい、と持ちかけたと言う。円朝はそのつもりになり、弟子たちもこれに同意した。ところが、円遊と円太郎が酒に酔った勢いで立花家の席亭にこのことを漏らしてしまう。大人気の円朝一門が寄席から抜けてしまうと興行が成り立たないと意識した席亭たちは円朝一門の切り崩しを始める。孤立した円朝は、以後、東京の寄席には出演しないとの意志を固め、最後まで円朝にしたがった円雀とともに、上方に転居していく。以上が、伝記の記述からみた円朝寄席引退事件の顛末である。

少し視点を変えてみよう。社会学の古典的研究であるが、ハワード・S・ベッカーは、ミュージシャンの意識を素材として「全体社会の内部で、しかもそれとは独自に機能する」「下位文化」を分析する中で、ジャズ・ミュージシャンたちが、非ミュージシャンであるクライアントの要求、演奏への口出しに従うことは屈辱であり、自尊心を失うことであったと述べている。[*43] ミュージシャンの演奏は同じ「下位文化」に所属するミュージシャンでなければ理解できない、ということである。この研究の調査研究段階、ベッカー自身もプロのピアニストとして生計を立てていたのであり、この分析には説得力がある。名人としての自負と教導職としての矜持を持つ円朝もこれに近似した意識をもち、非噺家であり、営利優先の席亭を嫌悪していた可能性は高い。円朝の孤独な闘いが始まる。周囲の芸人はこの闘いについて行けなかったのであろう。とはいえ、円朝は席亭を避けても、同様に非噺家である元勲井上馨たちとの関係は継続している、という事実が残る。それは、三遊派の復興、噺家の地位向上といった円朝の自己実現にとって、元勲たちとの関係を保つことは有効である、という実利的な意味に過ぎないのであり、それは「より高い収入と名声とを手に入れる」ための手段であり、[*44] また自己の理想の芸へと近づくための、いわば方便であった、と理解できよう。

明治二五年（一八九二）、『東京新聞』は、当時の落語界の二大潮流である三遊派と柳派の動向を特集し、柳派の「親分株」春風亭柳枝は五厘（周旋業者）との関係を維持しつつ、強権的に弟子達を掌握した結果、寄席との関係は良好で「客受けも宜く、段々盛大に」なっていったが、

三遊派は恰も戦国時代に諸侯割拠の有様にて、円遊組、円生組、橘之助組、円右抔と幾組にも分かれ、銘々自分天狗の勢烈く、さすが首領の円朝も「モウまことに困りますよ」と持余して、円遊と円生の両人へ同派の取締りを任せ、自分は退隠する程の仕誼ゆえ。

との記事をのせた。[*45] ここに円朝と寄席とのトラブルの一端が出ている。円朝は五厘の寄席介入や噺家差配を排撃していたのである。しかし、肝心の三遊派内部で弟子たちが派閥を形成、それぞれ分派活動を展開し四分五裂の状況となっていたのである。『東京新聞』の記事からは、春風亭柳枝の現実主義と円朝の理想主義の二項対立だ

けではなく、そこには円朝と弟子たちの葛藤も垣間見ることができるのである。円朝は三遊派の再興を成し遂げたが、それは三遊派の弟子各人の栄達でもあった。松方デフレの時期、円朝が説教臭い「塩原多助一代記」を語り、現実との乖離が拡がっているその傍らで、円遊は「ステテコ踊り」で一世を風靡したのである。元勲に接近する師匠円朝と、客＝民衆の心を掴んでいく弟子・円遊たち、という構図である。それをもっともよく認識していたのは円朝であったろう。

先に触れたベッカーは、ジャズ・ミュージシャンたちが「聴衆を満足させなければならないということを痛感」しつつも、その聴衆（ジャズ・ファン）も所詮外部の非ミュージシャンであり、演奏の「障害物」でしかない、というインタビュー結果を紹介している。もしかすると、この時期円朝は、クライアントの席亭だけではなく、「珍芸」を歓迎する客（自己の芸を理解できない客）に不快感を持ち始めていたのかも知れない。そして、この頃の円朝の創作活動は文筆が中心となっていった。席亭を嫌悪し客を不快に思い、築き上げた三遊派の内紛、これら否定的な要素が出そろう中で円朝は寄席からの引退を考えていたのであろう。

ここまで見てくると、先に紹介した円朝に好意的である『やまと』新聞の記事に疑問が出てくる。三遊派の既存の寄席からの独立を円遊ら弟子達は歓迎していなかったのであろう。先にみたように、井上馨たち円朝贔屓の元勲・著名人が経済支援をして寄席を買い取ったとしても、それは円朝の席であって三遊派の席とは言えない。円遊たちはそこを見抜いていたのであろう。彼らは円朝の計画を意図的に席亭側にリークしたのであり、円朝の寄席引退事件は円遊ら弟子たちのクーデターであった、とは言い過ぎであろうか。なお、依田学海が著した『学海日誌』には「余、落話家にて懇意なりしは、円朝・柳枝及び円朝の弟子円遊なりき」との一文がある。[*46] 円遊は森鷗外の師とされる文芸評論家の学海に評価されていたわけであり、たしかな芸の持ち主であった。

明治二五年、円朝は大阪の「浪速座」に出演するようになる。しかし、このころから健康状態が優れず、その後、円朝は東京に戻っている。それを知った井上馨は、渋沢栄一ら贔屓筋に話をして、余生をすごせるように円朝に生活費援助を申し入れる。しかし、円朝はこれを断っている。元勲や著名人に接近した円朝であるが、進退はきれいで「江戸っ子」の姿を貫いたといえる。

発病から最期

明治三〇年（一八九七）、円朝は立花家の高座に出ている。しかし、

いえもういけません、円朝ももう昔の円朝ではありませんから、お恥ずかしゅうございます。

と語ったと言う。明治三二年九月、発病、円朝最後の高座は、彼が苦心して創作し、名声をえるきっかけとなった「怪談牡丹燈籠」であった。

円朝の病名について、永井啓夫は「脳症」としているが、史料には具体的な病名は記されていない。円朝の病床にはつねに、弟子の円楽がいたと言う。あるとき、円朝が夏蜜柑を食べたいと言い出したことがあり、円楽が駆け回って風呂敷一杯の夏蜜柑を買ってきて、砂糖をかけて円朝に食べさせると、円朝は「弟子というものはありがたいもんだね」と語ったという。問題は一人息子・朝太郎である。「遺聞」には以下のようにある。少々長いが引用してみたい。

朝太郎は学問好きでもあり、英語の教師もでき、牛込辺で塾を開いたほどの力をもっていながら、酒に身を持ち崩して放浪生活にはいってしまった。あるいは学問に凝り過ぎて変になったともいい、新しい思想を持っていたための不満から酒に走ったのだともいい、母との折り合いが悪かったので自暴になったのだとも

いうが、母親の大酒と祖父母がかわいがり過ぎて甘やかしたのも原因の一つになったのであろう。いずれにしても、酒に親しんでからは、どん底の生活をおくったらしく、円朝も朝太郎のためには、いたく心を傷めたらしい。

明治二〇年（一八八七）の新聞に朝太郎は「文芸修業の為め、近々英国へ留学する筈なりといふ」という記事が出た。[*47] また、明治三〇年（一八九七）、『時事新報』には朝太郎が大田区派出所の巡査によって拘引されたとの記事が出ている。[*48]

病床の円朝は朝太郎を枕元に呼び、弟子の円生・円楽を立ち会いとして「涙をぽろぽろ」落としながら、廃嫡の手続きを行った。不行跡の息子が「事件」を起こしたならば三遊派に迷惑がかかる、という判断である。臨終の場、円朝は三遊派を護ることを選択し、一人息子・朝太郎を切り捨てたのである。元勲に接近し、師円生の死に臨み政治的な駆け引きを行い、また芸人として栄達したとしても、円朝の人生は、三遊派を再興することにかけたものであり、私心は希薄であった。安政二年（一八五五）、金竜寺の初代・三遊亭円生の墓に三遊派再興を祈願し円朝の名を得て以降、彼は出淵治郎吉ではなく、三遊亭円朝として生きたのである。壮絶な人生であった。

次に、朝太郎に関連する伝記・新聞の情報を整理してみたい。朝太郎が「身を持ち崩し」どん底の生活をしており、臨終の場で円朝が朝太郎を廃嫡した、ということは事実である。先述したように、「遺聞」は朝太郎が「身を持ち崩し」た原因として三点の憶測をあげている。これを考えてみたい。

①母親の大酒と祖父母の甘やかし：朝太郎が「身を持ち崩し」た原因は義母と祖父母にあり、実父円朝にその責任がないかのごとき叙述となっている。円朝はあくまでも噺家の頭目として存在しているというもので、世帯主（男）の役割は仕事、家の外（世間）との関係性を維持することにあり、家の内（家庭）は、妻と隠居した父

母とが責任をもつ、という語り方である。

②学問に凝りすぎた：朝太郎が「学問好き」で英語の教師をしていたかどうか、確認しようもないが、円朝の一人息子が学問・文芸へ傾倒していた、という噂が出ていたことは事実であろう。少々時代は下るが、安岡正篤は青年時代（一九一〇年代）を回顧し「昔の学生は兎に角よく勉強した」として、第一高等学校では英語・ドイツ語の勉強（原書講読）を始めたが、それまで勉強してきた『論語』『日本外史』や忠君愛国といった内容との違いに驚き、「西洋の学問をして神経衰弱になる」友達もいた、と語っている。[*49] 日本の伝統的習俗や東洋的学知との差違が大きいがために煩悶する大正初期の青年、という語りであるが、文明開化期ではその傾向がさらに強かったのではなかろうか。しかし、この憶測はそこまで大仰なことではない、とも言える。たとえば、古典落語「明烏」には、勉強好き・読書好きの若旦那を心配したおやじが「毎日毎日、家に閉じこもって本ばかり読んでいる」と語ると、散歩から帰ってきた若旦那が「ちょっと本を読みすぎて頭が痛くなりましたので」と答える、という父子の会話がある。[*50]

文明開化期の民衆世界とは、経済的収入に直接結びつかないような学問に傾倒する青年を「身を持ち崩す」「神経衰弱」「頭が痛くなる」という印象で語ることを受け入れる状況であったといえる。

③「新しい思想」を持っていたから：この指摘は面白い。円朝の臨終の場面を語った内容であるから、時代背景は明治三〇年代前半となる。この頃、徳富蘇峰が主催した『国民之友』（明治二〇年〈一八八七〉刊行）や、『国民新聞』（明治二三年〈一八九〇〉発刊）が、社会主義の様相を紹介している。また、明治三二年（一八九九）には、横山源之助が『日本之下層社会』と『内地雑居後之日本』を著し、「労働問題の起りたるも、同盟罷工生じ」たと論じた。日清・日露戦間期（明治三〇年代前半）の資本主義の展開の中で、女工・坑夫の虐待、職工

の低賃金といったことが社会問題となり始めていた。こうした中で、明治三四年（一九〇一）、片山潜・安部磯雄・幸徳秋水らによって社会民主党が発足した。日清・日露戦間期、初期社会主義（明治社会主義）が勃興したわけである。しかし、先に触れたように、円朝の伝記著者たちは、芸能や文学への興味はあっても政治・社会情勢に対する意識・関心が希薄であり、このような、社会情勢や初期社会主義の様相を理解していたとは言いがたい。

ただし、社会主義の内容を知らなくても、松方デフレ以降、広がる経済格差の中で人びとの不満が醸成され、それを背景に反体制的な「思想」が生まれていそうだという〝空気〟を嗅いでいたのであろう。そして、朝太郎がこの「思想」に〝かぶれ〟、その結果「身を持ち崩し」たという憶測が生まれたのである。

大聖寺藩士の系譜をもち、噺家の頂点をきわめ、教導職を務め、元勲と交流をもち、天皇の前で落語を演じ、芸に真摯であり「人格が高く立派な大紳士」円朝の一人息子が放蕩者となるには、円朝家の複雑な家庭事情などではなく、学問に関心があり、また「新しい思想」に傾倒するという、それなりの理由（世間の納得）が必要なのである。また、円朝は「塩原多助一代記」において、「孝行」「忠義」「恩義」「実明」という近世的徳目・伝統的規範を「正直と勉強」という近代的語彙に転化させ、立身出世の「資本《もとで》」になると語った（第三部第三章）。そして、伝記も円朝の人生をそのように表象した。文明開化期の模範として生きた（とされた）円朝、その息子が「酒に身を持ち崩して放浪生活にはいってしまった」のである。この矛盾した現実を認識するための合理的な解釈（憶測）として①～③が提起されたのである。これらは共通して、朝太郎の行状に関して円朝の主体的責任はない、という記述となっている。また、②③は個人の強固な意志と真摯な姿勢を必要とする行為といえる。世間は朝太郎にも円朝の息子としての役割（物語）を期待していたのである。「遺聞」の朝太郎に関する記述は、おもいに行路病者として姓氏不詳の墓の下に、今も無縁の寂しい眠りを続けていることであろう。として終わっている。円朝は朝太郎を追放し、円朝の関係者は誰一人として、彼に救済の手をさしのべなかったのである。朝太郎は明治という近代における社会的落伍者として見捨てられたということも事実であった。

全生庵の墓

日清・日露戦間期、民衆世界は、生活の役にたたない学問や反体制的な思想に傾倒すると「身を持ち崩」す、という言説構造に取り囲まれていたのである。文明開化という状況（構造）の下、国民教化を企図する明治政府の〝呼びかけ〟に対して積極的に〝振り向いた〟円朝の主体は覚醒し立身出世を実現した。しかし、世間はどうか。徳富蘇峰が、

一国の精神となり、元気となり、運動力となり、政治上の重なる勢力となり、以て我邦の平和と、栄光と、降伏を無窮に発揚し、無極に維持する。

として期待した「田舎紳士[*51]」といったものは出現せず、都市では経済格差が拡がり貧民窟が形成された。日々の生活（日常）に生きる民衆にとって、生活に役に立たない学問や反体制的な思想などといったものは、あずかり知らぬことであった。そのような事象に関与できる青年はめぐまれた環境、経済状況の下にいるわけである。円朝個人は立身出世したとしても、生活の役にたたない学問や反政府的な思想に傾倒した円朝の息子は「身を持ち崩」して当然なのである。この言説には多くの民衆のルサンチマンを含んだ集合心性が隠されている。

明治三三年八月一一日午前二時、享年六二歳、天才噺家・三遊亭円朝は逝った。墓所は円朝が強く影響をうけた山岡鉄舟が創立した谷中の全生庵（臨済宗）にある。墓石には「三遊亭円朝無舌居士」とあり、向かって右に

「三遊亭」「先祖代々墓」があり、「初代円生・二代円生・三代円生・四代円生」と刻まれ、左には「ぽん太之墓」もある。

註

＊1　小島政二郎他監修『三遊亭円朝全集』第七巻、角川書店、一九七五年からの引用が中心となる。
＊2　倉田喜弘他編『円朝全集』別巻二（岩波書店、二〇一六年）には、円朝から採菊に宛てた書翰が掲載されている。
＊3　須田努『「悪党」の一九世紀』青木書店、二〇〇二年、『幕末の世直し』吉川弘文館、二〇一〇年。
＊4　須田努「自助と自浄の一九世紀」『人民の歴史学』一九七号、二〇一三年。
＊5　「大聖寺藩士由緒帳」（1）牧野隆信編集『加賀市史料』（二）、加賀市立図書館、一九八二年。
＊6　ただし、「大聖寺藩士由緒帳」には仙波越後守越智盛綱とある。
＊7　倉田喜弘校注『日本近代思想大系一八　芸能』岩波書店、一九八八年。
＊8　鈴木行三校訂編集『円朝全集』第一三巻、春陽堂、一九二八年。
＊9　「解説」小島政二郎他監修『三遊亭円朝全集』第七巻、角川書店、一九七五年。
＊10　註＊7に同じ。
＊11　同右。
＊12　山口和孝「訓導と教導職」『国際基督教大学学報』教育研究二四、一九八二年。
＊13　深谷克己『江戸時代の身分願望』吉川弘文館、二〇〇六年。
＊14　柴田光彦新訂増補『曲亭馬琴日記』全五巻、中央公論新社、二〇〇九年〜一〇年。
＊15　倉田喜弘他編『円朝全集』第一二巻、岩波書店、二〇一五年。
＊16　大西信行「解説」小島政二郎他監修『三遊亭円朝全集』第四巻、角川書店、一九七五年。
＊17　式亭三馬『浮世床　四十八癖』新潮日本古典集成、一九八二年。

＊18　式亭三馬『浮世風呂』岩波書店、一九五七年。
＊19　台東区史編纂専門委員会編『台東区史』通史編Ⅱ、二〇〇〇年。
＊20　喜多川守貞『近世風俗志（守貞漫稿）』（五）、岩波書店、二〇〇二年。
＊21　寛政五年（一七九三）、上州藤岡に生まれた須藤由蔵は、江戸神田御成道で古本屋を営み、政治情勢や江戸で発生した諸事情を記録した。文化元年（一八〇四）から明治元年（一八六八）までの詳細な記録となっている（『藤岡屋日記』全一五巻、三一書房、一九八七〜九五年）。
＊22　高野実貴雄『三遊亭円朝と歌舞伎』近代文芸社、二〇〇一年。
＊23　小池章太郎他編『近世庶民生活史料　藤岡屋日記』第一五巻、三一書房、一九九五年。
＊24　北島正元『東京百年史』第一巻、東京都、一九七九年。
＊25　石井克彦『大地動乱の時代』岩波書店、一九九四年。
＊26　註＊23に同じ。
＊27　同右。
＊28　中村仲蔵『手前味噌』北光書房、一九四四年。
＊29　永井啓夫『新判　三遊亭円朝』青蛙房、一九九八年。
＊30　篠田鉱造『幕末百話』岩波書店、一九九六年。
＊31　註＊29に同じ。ただし、その根拠は示されていない。
＊32　佐野市史編さん委員会『佐野市史　通史編下』一九七九年。
＊33　『東京さきがけ新聞』明治一〇年（一八七七）八月一七日（倉田喜弘編『明治の演芸』㈠、国立劇場調査養成部芸能調査室、一九八〇年）。
＊34　矢野誠一『三遊亭円朝の明治』文藝春秋社、一九九九年。
＊35　倉田喜弘編『明治の演芸』㈡、国立劇場調査養成部芸能調査室、一九八一年。
＊36　倉田喜弘編『明治の演芸』㈢、国立劇場調査養成部芸能調査室、一九八二年。

＊37　同右。
＊38　同右。
＊39　『世外井上公傳』第三巻、井上馨侯伝記編纂会、原書房、一九六八年。
＊40　註＊36に同じ。
＊41　倉田喜弘編『明治の演芸』㈣、国立劇場調査養成部芸能調査室、一九八三年。
＊42　倉田喜弘編『明治の演芸』㈤、国立劇場調査養成部芸能調査室、一九八四年。
＊43　ハワード・S・ベッカー、村上直之訳『アウトサイダーズ』新泉社、一九七八年。
＊44　同右。
＊45　倉田喜弘編『明治の演芸』㈥、国立劇場調査養成部芸能調査室、一九八四年。
＊46　学海日録研究会編纂『学海日録』第一一巻、岩波書店、一九九一年。
＊47　註＊41に同じ。
＊48　マイクロフィルム『時事新報』明治三〇年一月、日本マイクロ写真。
＊49　安岡正篤『活学としての東洋思想』ＰＨＰ文庫、二〇〇二年。
＊50　古今亭志ん朝「明烏」『東横落語会　古今亭志ん朝』第五集、小学館、二〇一〇年。
＊51　徳富蘇峰「隠密なる政治上の変遷　第二　田舎紳士」『国民之友』第一六号、明治二一年（一八八八）二月一七日。

第二部

文明開化という状況と民衆芸能

第一章

文明開化という状況（構造）とＡＩＥフィールドとしての寄席

第一節　民衆を点描とした国民国家論

脱アジア的な視線

二〇世紀末、西川長夫の国民国家論が「戦後歴史学」に大きな影響を与えた。[*1] 国民国家の暴力性をあばき、乗り越えるべき存在としての国民国家という視座には共感する。しかし、西川の国民国家論を歴史学の分析概念として使用する場合、大きな問題を含んでいる。大門正克は、西川国民国家論を予定調和的還元論であると批判した。[*2] わたしは民衆史・民衆思想史の立場から、西川国民国家論を四点にまとめ批判したい。

①国家装置（モジュール）論は静態的な機能論でしかない。

西川のモジュール論は、Ｌ・アルチュセールの国家イデオロギー諸装置（Appareils idéologiques d'État = AIE）を応用した議論である。アルチュセールはＡＩＥの内部における「反抗」「階級闘争」の要素を認め、ＡＩＥの動態的なあり方を提起した。[*3] しかし、西川国民国家論は静態的な機能論となっている。

②国民≠民衆への視点が欠落している。

①から導きだされる結論として、西川国民国家論にとって、国民≠民衆は編成される国家の一部（風景）としてしか描かれていない。

③植民地民衆への視座も欠如している。

西川は自己の国民国家論のなかで植民地の問題をうまく「処理できな」かったとして、『〈新〉植民地主義論』を著した。[*4] しかし、この著作によって、西川国民国家論にとっての植民地とは、宗主国（国民国家）に編成される存在でしかないことが強調されてしまった。西川は日帝支配をうけた朝鮮に関して言及するが、独立後に形成される国民国家化の可能性、その自生的・主体的動向への関心や、朝鮮民衆への視座はまったくない。ゆえに、西川の植民地論は日本・日本人論として回収されている。F・ファノンを引用するが、その意図は分かるが意味がわからない。

④脱亜の傾向が強い。

西川はフランス革命との対比として、日本の明治維新を評価する。それは③から派生する帰結として、国民国家に成功（入欧）した日本、アジアは編成される不幸な植民地という二項対立の構造となっている。

一九六〇年代、高度経済成長の時期、フランス研究者の桑原武夫が、明治維新を過大に評価し、結果として「近代化」論を後押しすることとなった。[*5] 一九九〇年代以降、フランス研究者の西川長夫の国民国家論が植民地近代化論を援護していると言えないだろうか。

西川の国民国家論に不在であった民衆像に迫るために、牧原憲夫が客分論を提起した。[*6] しかし牧原が国家を相対化しうる存在として描いた客分、その比喩としての「熊さん・八つぁん」という存在も、やはり固定的であり静態的であった。牧原客分論にも、強固な二項対立の構造が存在している。牧原がobjectとして描く民衆は、国民国家の点描でしかなかったのである。

国家・イデオロギー論に対する私見

以上のように、故人となった西川長夫を批判した責任上、[*7]アルチュセールの国家・イデオロギー論に関して自分なりの見解を述べておきたい。ここで問題とするのは娯楽の場としての劇場である。西川長夫はそれを国家装置＝モジュールとして静態的に認識し、アルチュセールは国家のイデオロギー装置（ＡＩＥ）として動態的に位置づけた。わたしは、日本の民衆がもっとも好んだ娯楽の場である寄席も国家のイデオロギー装置（ＡＩＥ）の一種と位置づけたい。また、国民国家を生権力的な規律や監視に依拠するもの、と規定するならば、[*8]国民国家は前近代までの伝統的かつ「非合理」な世界に生きる人びとを「市民的」価値基準を共有する存在＝国民へと換えていく必要があったわけであり、それこそが文明開化であったとも言い得る。

国民国家の形成期に発生した文化変容の問題に対する関心は、Ｂ・アンダーソン、リン・ハントの研究以降、重視され二〇年以上経過した。[*9]東アジアに目を向けると、民衆のナショナリズムが勃興していった中国・朝鮮・ベトナムにおける愛国啓蒙運動、[*10]日本では欧化に傾斜していく文明開化のもつ意味が大きいといえよう。[*11]明治国家は文明開化という状況（構造）を創り出し、客体である民衆の教導をはかり、彼らを国民化していった。しかし、国家と民衆とは直結できるものであろうか。

文明開化に関する先行研究を本論との問題関心から見渡すと、飛鳥井雅道[*12]・井上勲[*13]による概論、啓蒙思想（家）を中心としたひろたまさき、[*14]伝統社会の破壊と民衆の反発という文脈から理解した奥武則[*15]・牧原憲夫[*16]・杉山弘、[*17]近代文学論として前田愛、[*18]社会風俗という視点からの興津要、[*19]芸能（音楽会・歌舞伎）との関係から論じた倉田喜弘[20]、などの成果がある。

明治四年（一八七一）、明治政府は治安の安定を企図し、東京府下を対象に邏卒を設置、明治七年（一八七四）には内務省によって警察組織は一元的に管理され、邏卒は巡査と改名された[21]。警察は巡査駐在所制度によって、民衆の生活の中に浸透し、文明開化の生活様式などを強制的に植え付ける楔となっていった。そして、明治五年（一八七二）には違式詿違条例が発令され、警察はこの条例をテコとして、日常的な秩序維持に関わる軽微な犯罪＝「裸体・肌脱ぎ」などを取り締っていった。

福沢諭吉は『文明論之概略[22]』の中で、

独立を保つの法は文明の外に求むべからず。今の日本国人を文明に進るは、この国の独立を保たんがためのみ。故に、国の独立は目的なり、国民の文明はこの目的に達するの術なり。


と語った。このような発想は、明治政府・啓蒙思想家に共通する認識であり、国民国家のイデオロギーといえる。しかしながら、多くの庶民、たとえば長屋住まいの「熊さん」や「八つぁん」が、『文明論之概略』のような啓蒙書を読んでいたとは思えない。また、違式詿違条例と警察制度による文明の強要だけでは、反発のみが生まれてしまう。そこで、明治政府は、緩やかで分かりやすい教導を企図した。庶民の娯楽の場であった寄席を国民教導の空間として利用していったのである。

牧原が比喩として語った「熊さん」らの日常的な娯楽の場が寄席であった。一九世紀初頭（文化・文政期）以降、江戸には多くの寄席が存在し、天保改革の統制で一時的に衰退するも、その後増加し、明治七年（一八七四）の東京には二二一もの寄席が存在し、庶民芸能・娯楽の空間として栄えていた[23]。文明開化期、明治政府はこの寄席を民衆教導の空間として利用していったのである。

第二節　明治政府による寄席規制

文明開化期、明治政府は大衆芸能（演芸）をどのように認識していたのか。倉田喜弘は「国家に益なき遊芸」という慣用句が、明治政府によって使用されていたと述べている。[*24] しかしだからといって、演芸は〝捨て置かれた〟わけではなかった。「国家に益なき遊芸」であっても演芸は娯楽として民衆に密着したものであった。ゆえに、国民教導をすすめる明治政府はこれを利用すべく劇場・寄席等に介入、明治四年（一八七一）には、演劇は誤った歴史を伝えてはいけないとの指導を行った。このため、『仮名手本忠臣蔵』の上演が難しくなるなど、狂言・歌舞伎などが大きな打撃をうけた。[*25] 明治八年（一八七五）には、東京府知事・大久保一翁が寄席では勧善懲悪を旨とすべき、と発言した。[*26] また、明治九年（一八七六）には、見て来たような嘘を語ったとして講談師が警官に拘引される事件が発生した。[*27] 明治政府は寄席の経営者である席亭を課税対象とし、寄席の営業を免許制としつつ、興行に介入し、勧善懲悪を主題とした演目に限定させた。大日方純夫はこの動向を、政府の文明開化政策の一環をなす「解放」の側面をもつと同時に、他面、新たな秩序のもとに芸能が再編成されていく端緒となった、と論じた。[*28]

このように、国民国家の形成途上における文明開化という状況（構造）は、人びとをくくる枠組みとして機能していた。そして、その状況（構造）の細部にまで目を向けるならば、国民国家に包摂された人びとが、はたして客分でいられたのか、という素朴な疑問もわき上がる。[*29] 〝衆〟としての人びとを客分ではなく、主体（agent）として認識すべきであろう。その前に、人びとをとりまく状況（構造）を確認しておきたい。

文明開化期における明治政府による芸能統制に関する研究は、演劇・劇場統制の分野で進んだ。[*30] 倉田喜弘は明治期における芸能の諸問題を、寄席・落語に限定せず劇場・演劇まで含めて幅広く論じた。[*31] また、橋本今祐は明治期の芸能興行と国家統制、そして福島県の地域社会との関係をたんねんに考察している。[*32] これらの先駆的な先行研究に学びつつ、ここでは、文明開化期を中心に、円朝が生きていた時代（明治三三年〈一九〇〇〉まで）における明治政府による寄席統制の様相を、おもに東京府と警視庁による布達を紹介しつつ、変化を追いながら復元し、明治政府が大衆芸能の場である寄席をいかに認識していたのか、その統制の論理は何であったのかを考えたい。

明治三年「世話掛年寄共え口達」

明治三年（一八七〇）六月、東京府は布達として以下の取締を出した。[*33]

市中寄場之義、軍書・講談・昔噺等に限、浄瑠璃人形取交又は男女入交り物真似等いたし候儀不相成旨、去巳十月中及布告置候処、近来猥に相成候間、向後堅相守候様、年寄共厚心付可申事

明治三年　東京府布達

右を確認すると「去巳十月中」＝明治二年（一八六九）の段階ですでに布告が発令されていて、それは寄席での演目規制が中心であったことが分かる——残念ながら「去巳十月中」の布告がどのようなものであったのかは確認することはできなかった——。東京遷都（奠都）の五ヶ月後という早い段階で、政府（東京府）は民衆社会に介入し始めたわけである。東京市中での寄席においては、浄瑠璃人形を取り交えた演目や、男女が入り交じった物真似などが禁止された。しかし、とくに罰則規定もなく、また、明治二年・三年と同様の禁令が発せられて

いたことを見ると、明治初年段階で、この行政指導が厳密に守られていたかには疑問が残る。

明治五年　寄席免許制

明治五年（一八七二）、東京府は席亭に税を賦課することとし、寄席は鑑札による免許制とされ、税金が賦課されることとなった。[*34]

明治六年　「九月十三日達」

明治六年（一八七三）九月十三日、東京府知事大久保一翁は、以下のような寄席取締を発令した。[*35]

区々　戸長

府下寄セ席ニテ狂言ニ紛敷儀は、一切不相成旨、去壬申十月中、相達置候処（中略）、兼而及布告候通、不都合之儀無之様、区々限り屹度締方可取計事

九月　十三日

右及御達候也

東京府知事　大久保一翁

寄席において狂言（芝居）や、それと紛らわしい演目が禁じられた。それは、明治五年の税制・免許制とも関連したものであった。劇場に較べ、寄席に対する課税額は低かったため、東京府は狂言（芝居）を専門とする劇場との差異化を図ったのである。これ以降、寄席における演目規制・制限はより厳しくなっていく。

明治政府は、税制・免許制をテコとし、「寄席取締」を布達することによって寄席・席亭・寄席芸人を文明開化の方向性へと取り込み、メディア（新聞）と連携しつつ「無智無学なる下等人種の風俗を改良するの方便は一

にして足らずと雖も都会に在ては演劇講談落語人情話等を以て最も早手廻しとす」[*36]という発想から、「下等社会」＝民衆世界の教導に寄席を利用していった。

明治七年　巡査の介入

明治四年（一八七一）、明治政府は治安維持を企図、東京府下を対象に邏卒を設置した。明治七年（一八七四）には内務省によって警察組織は一元的に管理され、邏卒は巡査と改名された。巡査駐在所制度によって、警察権力は民衆の生活の中に浸透し、文明開化の生活様式などを強制的に植え付ける楔となっていく。

先述したように寄席における演目規制・制限の基底には、税制・免許制度がある。一方、寄席を巡査に監視させるということは、寄席という空間を利用し民衆世界を管理統制して、人びとを強制的に近代化・文明開化へと教導していくという国家意思の反映ともいえる。寄席は、ＡＩＥとして位置づけられていったのである。

明治九年　「乙第四号」「甲第百三号」

明治九年（一八七六）、東京府は三月、九月と寄席取締に関する布達を発令した。[*37]三月二八日の「乙第四号」では、東京府権知事・楠木正隆が「府下寄席ニ於テ演劇類似之所業」を禁止し、これに違犯した場合は興行を「差止メ」るとした。さらに「附」として以下が加えられた。

府下寄席ニ於テ、演劇類似之所業ハ不相成旨、度々相達置候処、近来心得違之者モ有之哉ニ相聞、不都合之儀ニ付、尚今般左之通リ相達置候間、於巡査モ一層注意候様御達置相成度、

三月二九日、東京府権知事・楠木正隆はこれを大警視・川路利良に伝え、翌日、川路は「巡査ニ於テモ注意方御

依頼之趣、致承知候」と返答している。また、九月二三日発令「甲第百三号」において、東京府は「寄セ席於て演劇ニ類似之所業不相成旨」を命じ、「為過怠金席主并芸人共各定額月税之三倍ヲ取立可申條」として、具体的に罰金額までも定めた。

このように、寄席取締の布達は、東京府（権知事）が発令し、その執行は警察が行う、という制度ができあがった。そして警視庁は、寄席規制（布達）を遵守させるために巡査に寄席を巡回させ、違反する寄席（席亭）を摘発させたのである。

明治一〇年「甲第六号」寄席取締規則制定

明治一〇年（一八七七）二月一〇日、大警視・川路利良は「甲第六号」「寄セ席取締規則更ニ右之通相定候條、此旨布達候事」として寄席取締規則を制定した。[*38] 以下はその一部である。

第一條　寄セ席ヲ営ム者ハ、其区戸長ノ奥印ヲ以テ、東京警視本署へ願出、鑑札ヲ受ク可シ

第三條　寄セ席ニ於テ猥褻ノ講談及ヒ、演劇類似ノ所作ヲナスベカラズ、又ハ燈火消シ客席ヲ暗黒ニスベカラズ

第四條　座席ヲ清潔ニシ及ヒ、空気流通ノ為メ窓牖ヲ適度ニ取設クベシ

第六條　夜分ハ午後第十二時限リ閉席スベシ

第十一條　総テ此規則ニ違背スル者ハ、鑑札取揚ケ、又取揚ケズ違式詿違罪ヲ以テ処分スベシ

この布達で注目すべきは、規則が体系化され、その発令主体が東京府知事から大警視へと替わったことにある。そして「演劇類似ノ所作」以外に「猥褻ノ講談」が禁止の対象となり、客席燈火を消して暗くすることも禁じら

れ、夜間の営業も一二時までと、より細かい規定が設けられた。また、客席の衛生面も問題とされた。違式詿違罪を適応させ、警察が直接寄席取締の布達を出し、違反者を処分することになったのである。

同年三月、東京府知事・楠本正隆、内務少輔・前島密（内務卿・大久保利通代理）、中警視・安藤則命（大警視代理）の三者の間でやり取りが行われ、「甲第六号」布達以降、東京の寄席は内務省と警察庁の管轄に置かれることが確認された。

明治一一年「附記、一　寄席規則改正」一回目改正

明治一一年（一八七八）、東京府権知事・楠本正隆と大警視・川路利良との協議により「寄席規則改正」が発令された。[*39] 第三條を確認しておきたい。

第三條　寄席ニ於テ猥褻之講談及ヒ演劇類似之所作又ハ燈火ヲ消シ客席ヲ暗黒ニスヘカラス

これは、前年の「甲第六号」第三條を踏襲し文言を整理したものであり、規制内容の変更や追加ではない。

明治一六年「甲第十八号」寄席取締規則　二回目改正

明治一六年（一八八三）、警視総監・樺山資紀によって、寄席取締規則の二回目の改正が行われた。[*40] 以下、特徴的な条目だけ紹介しておきたい。

明治十年二月第六号布達　寄席取締規制左之通改定ス

寄席取締規制

第一條　寄席営業ヲナサントスル者ハ、組合年行司加印ノ上、区ハ区長、郡ハ戸長ノ奥印ヲ受ケ、警視庁へ

願出、鑑札ヲ受ク可シ

（中略）

第六條　寄席ニ於テハ左ノ項目ノ外、演芸セシム可カラス

一、講談　一、落語　一、浄瑠璃　一、唄　一、音曲

一、写絵　一、手品　一、繰人形

（中略）

第十一條　警視庁ノ免許鑑札ヲ携帯セサル芸人ヲシテ演芸セシム可カラス

第十三條　夜間ハ十二時限リ閉席ス可シ

第十四條　此規則ニ違犯シタル者ハ違警罪ノ刑ニ処セラル可能シ

明治十六年十月二十日　警視総監　樺山資紀

警視庁が寄席の営業認可を行うことと明文化され、寄席にかけられる演目は八つに限定され、営業時間も夜間一二時までとされた。そして、第一條にあるように、寄席の営業統制、鑑札の管理はすべて警視庁が一元的に行うことになる。

明治二三年「警察令第十五号」寄席取締規則　三回目改正

明治期における寄席規制改正の三回目改正は、明治二三年（一八九〇）八月一五日、警視総監・田中光顕による以下の布達である。[*41]

警察令第十五号

明治十六年十月　甲第十八号布達　寄席取締規則左ノ通改正ス

明治二十三年八月十五日　　　　　　　警視総監　子爵　田中光顕

寄席取締規則

第一章通則

第一条　本則ニ於テ寄席ト称スルハ、開キ席ト否トヲ問ハス、芸人ノ演芸（講談・落語・浄瑠璃・唄・音曲・写絵・手品・操人形・幻灯）ヲ衆庶ノ聴聞、若クハ観覧ニ供スル公開ノ場所ヲ云フ

第二条　寄席ヲ建設セントスルモノハ、左ノ事項ヲ詳記シ、所轄警察署ヲ経テ警視庁ニ願出、免許ヲ受クヘシ、其改造変更ヲ要スルトキ亦同シ

（中略）

第六条　左ニ記載シタル事項ハ、其前日迄ニ所轄警察署ニ届出ヘシ、但、第二項ノ場合ニ於テハ、成規ノ届書写ヲ添フヘシ

一　演芸ノ種別（中略）、時間ヲ定メ、及之ヲ変更シ、又ハ休席ヲ為サントスルトキ

二　外国人ヲシテ演芸ヲ為サシムルトキ

第七条　猥褻其他風俗ニ害アル演芸ヲ為サシムヘカラス

（中略）

第十二条　演芸時間ハ、日出ヨリ午後第十一時迄ヲ限リトス

第十四条　警視庁ハ、臨時警察官吏ヲシテ監臨セシメ、本章ノ制限ニ触レ又ハ構造上危害ノ慮アリト認ムルトキハ、之ヲ停止スルコトアルヘシ

（中略）

第十六条　寄席ハ、左ノ制限ニ従ヒ構造スヘシ

（中略）

寄席

府下寄席の総数は二百四十三（明治廿一年十二月調）、其重なる席は左の如し。

「警察令第十五号」では、二回目改正（明治一六年）の内容が踏襲されつつ、条文がより詳細になっている。そして着目したい点は、第六条第二項に「外国人ヲシテ演芸ヲ為サシムルトキ」という規定が新たに加えられたことにある。なぜこの時期、とくに「外国人」が行う演芸に対する規制が加えられたのであろうか。以下、この問題を少々時代を遡って考察したい。

明治初年、「外国人」の演芸興行が例外的に行われていた。明治二年（一八六九）、アルベール・シャルル・ジブスケ（フランス公使館通訳官）が、ブイベという芸人による東京浅草での興行許可を求めたが、外務省は居留地以外での興行は厳禁である、としてこれを拒否した。明治政府のこのような対応は、明治四年（一八七一）フランス人・スリエ主催のサーカス団の来日によって変わる。スリエは東京府と交渉を行い、浅草寺境内での興行を許可される――この後も、スリエを巡り様々な問題が発生するが省略する――。ようするに、明治四年のスリエ興行以降「外国人が主体となる興行が次から次へと現れてくる」事態となったが[*42]、それは、空間と期間とを限定した一時的な興行であり、恒常的に彼らが寄席に出演するというものではなかった。

一方、明治二三年の「警察令第十五号」に、従来なかった「外国人ヲシテ演芸ヲ為サシムルトキ」という規制が入ったということは、この時期、寄席に定期的に出演する「外国人」芸人がいたと考えた方が自然であろう。

その芸人とは、快楽亭ブラック（ヘンリー・ジェームス・ブラック、一八五八〜一九二三）ではなかろうか。彼の父親は『日新真事誌』を刊行したジョン・レデイ・ブラック（一八二七〜八〇）であった。八歳で来日し、日本で育ったヘンリー・ジェームス・ブラックは、明治一一年（一八七八）、松林伯円に認められ芸人となり（芸名、英国人ブラック）、「外国人」らしくない流暢な日本語での講談で人気を博し、明治一〇年代後半、松林伯円一門として横浜・東京・大阪などの寄席に出演し客を集め、新聞紙上でもブラックの記事が散見されるようになる。明治二三年（一八九〇）には三遊亭円朝の支援を受け、落語家・快楽亭ブラックとして活動しはじめる。[*43]

明治二三年の「警察令第十五号」における「外国人」芸人に対する規制明文化の背景には、快楽亭ブラックの活躍があったとみて間違いない。文明開化・欧化と言いつつも、そこには均一化された日本社会の閉鎖性が見えている。〝目立った〟「外国人」は規制の対象となるのである。そういえば、彼の父ヘンリー・ジェームス・ブラックも政府が発令した新聞紙条例によりの弾圧を受け（明治八年〈一八七五〉）、太政官左院法制課の職を解雇された。あからさまな「外国人」排斥である。

寄席統制の中の三遊亭円朝

寄席を規制する法令・布達は発令されるたびに具体化され罰則も詳細になっていった。明治政府は「国家に益なき遊芸」を〝捨て置いた〟のではなく、積極的に干渉し統制していったのである。視点を変えると、この統制によって寄席という存在と、そこで演じられる芸とが明確化されたとも言える（第二章）。そして、これにより寄席に上がる芸人という主体は覚醒されていく。文明開化という状況（構造）の下、国民教導を企図する明治政府の〝呼びかけ〟に対して積極的に〝振り向いた〟噺家が三遊亭円朝であった。

明治政府による寄席取締規制が進む文明開化期、「落語家中の親玉」円朝は、明治政府によって寄席教導化の中心に置かれていった。明治一九年（一八八六）、円朝は「落語家頭取」であるとして、警察署に呼び出され「成るべく一席にて勧善懲悪の判然する話を為すべし」との説諭をうける。[*44] かつて江戸には、参勤交代による地方武士が多く居住し、また周辺農村から流入した多くの奉公人もいた。それ以上に文明開化期の東京には、軍人・役人・書生をもふくめ、地方から様々な人びとが多く移住して来た。さらに、松方デフレの時期には農村から貧民たちが押し寄せた。帝都東京の形成と拡大を背景に、大衆芸能の空間として隆盛を迎えた寄席は、国民教導の場（AIE）として位置づけられていく。

明治一九年（一八八六）一〇月二七日付『朝野新聞』に「三遊亭連はその頭領円朝より品行を乱すべからずとの諭あり」との記事が掲載された。[*45] 〝振り向いた〟円朝は、噺家芸人たちの「品行」を向上すべく行動しはじめたわけであるが、はたして、覚醒した円朝の主体はそこに留まったままであったのか。

明治六年（一八七三）の『日新真事誌』には、寄席で「男女相撲」などの「醜悪な見せ物」が興行されたとあり、明治八年（一八七五）の『東京日日新聞』には「淫風甚し」い内容が演じられていたとある。[*46] 寄席の照明は蝋燭であり、薄暗かった。[*47] 江戸後期を舞台にしたであろう古典落語「お化け長屋」にも、暗い寄席の客席の様子が描かれている。

暗い寄席での落語が、猥雑な演目、歌舞伎の真似や、客を驚かせるお化け屋敷さながらの手法をとっていた幕末期、二〇代の円朝も派手な衣装・道具と鳴り物仕立ての芝居噺で人気を博し、「累ケ淵後日の怪談」（安政六年〈一八五九〉完成）や「怪談牡丹燈籠」（文久元年〈一八六一〉完成）などの「怪談噺」を創作していた。しかし、文明開化の到来と明治五年（一八七二）、寄席統制が始まる時期と軌を一にして、円朝は芸風を一変、芝居噺をやめ、羽織と扇子のみによる素噺に転向し、また、時間を掛け現地取材旅行を敢行し「塩原多助一代記」を創り上げた。この新作は当初、怪談仕立てとされたが、人情噺・立身出世譚として完成をみたのであった。[*48]

明治一〇年（一八七七）、落語勧善義会の席で円朝は、桂文治らと申し合わせ、

落語家は賎業なれど教導師とも呼る、事なれば、是までの悪弊を一洗して五音の清濁や重言片言を正し（中略）、必ず一席の内に婦女子への教訓になる話を雑へる様にしたい。

と語ったという。[*49] 既述したように明治政府は、円朝を民衆教導の尖兵として掌握した。正式な教導職に就いていた円朝は、噺家を「教導師とも呼る、」と位置づけた。円朝のこのような行為は「文明開化に妥協」したとして、切り捨てられてきたのであるが、わたしはそのような立場を取らない。円朝は政府の〝呼びかけ〟に〝振り向き〟覚醒した時点で留まっていたわけではなく、文明開化という状況（構造）にあわせ自己の芸を変容させ、さらには噺家・芸人の「悪弊」までも「一洗」し、自己実現を図っていったのである。円朝という主体の転変である。ここまでは、政府（権力）と円朝（主体）との二元論である。そこに客＝民衆という要素を入れるとどうなるであろうか。

註

＊1　西川長夫『国境の越え方』筑摩書房、一九九二年、『地球時代の民族＝文化理論』新曜社、一九九五年、『国民国家論の射程』柏書房、一九九八年、『フランスの解体？』人文書院、一九九九年　など。
＊2　大門正克「「民衆」という主題」牧原憲夫編『〈私〉にとっての国民国家論』日本経済評論社、二〇〇三年。
＊3　ルイ・アルチュセール、西川長夫他訳『再生産について』平凡社、二〇〇五年。
＊4　西川長夫『〈新〉植民地主義論―グローバル化時代の植民地主義を問う』平凡社、二〇〇六年。

＊5　桑原武夫「近代化における先進と後進」（『朝日新聞』一九六七年一〇年所収）。のち、『桑原武夫全集』第六巻、朝日新聞社、一九六八年。

＊6　牧原憲夫『客分と国民のあいだ』吉川弘文館、一九九八年。

＊7　この原文は「織り込まれる伝統と開化」として、久留島浩・趙景達編『国民国家の比較史』（有志舎、二〇一〇年）に載せたものであり、西川の没年は二〇一〇年であった。

＊8　いうまでもなく、ミシェル・フーコーの生権力論に依拠している。膨大な著作があるが、田村俶訳『監獄の誕生』新潮社、一九七七年、蓮實重彦他監修『ミシェル・フーコー思考集成Ⅵ』筑摩書房、二〇〇〇年をあげておく。

＊9　ベネディクト・アンダーソン、白石隆他訳『想像の共同体』リブロポート、一九八七年。リン・ハント、西川長夫他訳『フランス革命と家族ロマンス』平凡社、一九九九年。

＊10　大学共同利用機関法人人間文化研究機構主催、アジア民衆史研究会共催「アジアにおける国民国家構想」（二〇〇七年　シンポジウム所収）。のち、久留島弘・趙景達編『アジアの国民国家構想』青木書店、二〇〇八年。

＊11　西川長夫・松宮秀治編『幕末・明治期の国民国家形成と文化変容』新曜社、一九九五年。

＊12　飛鳥井雅道『文明開化』岩波書店、一九八五年。

＊13　井上勲『文明開化』教育社、一九八六年。

＊14　ひろたまさき『文明開化と民衆意識』青木書店、一九八〇年。

＊15　奥武則『文明開化と民衆』新評論、一九九三年。

＊16　牧原憲夫「文明開化論」『岩波講座　日本通史』第一六巻、岩波書店、一九九四年。

＊17　杉山弘「コレラ騒動論」新井勝紘編『日本の時代史』二一、吉川弘文館、二〇〇四年。

＊18　前田愛『都市空間のなかの文学』筑摩書房、一九九二年、『近代読者の成立』岩波書店、一九九三年。

＊19　興津要『明治新聞事始め』大修館書店、一九九七年。

＊20　倉田喜弘『芸能の文明開化』平凡社、一九九九年。

＊21　詳細は大日方純夫『日本近代国家の成立と警察』校倉書房、一九九二年に依られたい。

＊22　福沢諭吉『文明論之概略』慶応義塾大学出版会、二〇〇九年。
＊23　『郵便報知新聞』明治七年（一八七四）九月三〇日（郵便報知新聞刊行会編『復刻版　郵便報知新聞』第4巻、柏書房、一九八九年）。
＊24　倉田喜弘『芸能の文明開化』平凡社、一九九九年。
＊25　同右。
＊26　同右。
＊27　『郵便報知新聞』明治九年（一八七六）一一月一八日（郵便報知新聞刊行会編『復刻版　郵便報知新聞』第7巻、柏書房、一九八九年）。
＊28　大日方純夫「芸能と権力」『歴史評論』四三九、一九八六年。
＊29　これは、牧原憲夫『客分と国民のあいだ』（吉川弘文館、一九九八年）の批判でもある。
＊30　倉田喜弘校注『日本近代思想大系一八　芸能』岩波書店、一九八八年。
＊31　倉田喜弘『芸能の文明開化』平凡社、一九九九年、『芝居小屋と寄席の近代』岩波書店、二〇〇六年。
＊32　橋本今祐『明治国家の芸能政策と地域社会』日本経済評論社、二〇一一年。
＊33　東京都編集『東京市史稿』市街編第五一、東京都、一九六一年。
＊34　東京都編集『東京市史稿』市街編第五三、東京都、一九六三年。
＊35　東京都編集『東京市史稿』市街編第五五、東京都、一九六四年。
＊36　『朝野新聞』明治一九年（一八八六）四月二日（東京大学法学部明治新聞雑誌文庫編『朝野新聞　縮刷版』23、ぺりかん社、一九八三年）。
＊37　東京都編集『東京市史稿』市街編第五八、東京都、一九六六年。
＊38　東京都編集『東京市史稿』市街編第五九、東京都、一九六七年。
＊39　東京都編集『東京市史稿』市街編第六〇、東京都、一九六九年。
＊40　東京都編集『東京市史稿』市街編第六七、東京都、一九七五年。

＊41　東京都編集『東京市史稿』市街編第八〇、東京都、一九八九年。
＊42　スリエを巡る諸問題にかんしては倉田喜弘『芸能の文明開化』（平凡社、一九九九年）を参照。
＊43　佐々木みよ子・森岡ハインツ『快楽亭ブラックの「ニッポン」』ＰＨＰ研究所、一九八六年、小島貞二『快楽亭ブラック伝』恒文社、一九九七年。
＊44　倉田喜弘編『明治の演芸』㈢、国立劇場調査養成部芸能調査室、一九八二年。
＊45　東京大学法学部明治新聞雑誌文庫編『朝野新聞　縮刷版』22、ぺりかん社、一九八三年
＊46　倉田喜弘編『明治の演芸』㈠、国立劇場調査養成部芸能調査室、一九八〇年。
＊47　岡本綺堂『風俗江戸東京物語』河出書房新社、二〇〇一年。
＊48　円朝が当初、怪談噺を創作しようとしていたことは小池章太郎・藤井宗哲「解題」『三遊亭円朝全集』第五巻、角川書店、一九七五年を参照されたい。
＊49　註＊46に同じ。

第二章　文明開化期の寄席と芸人

第二章では、文明開化期の寄席に出演した講談師・噺家・娘義太夫を中心に、同時期における寄席とは、噺家とはなんであったのか、ということを、客という要素を入れつつ、考えてみたい。

第一節　文明開化期の寄席

東京市内の寄席と客

倉田喜弘は、明治期、東京府内における寄席の数を明らかにしている。[*1] これによると寄席の数は、

明治一一年（一八七八）　三八〇席

明治四〇年（一九〇七）　四九三席

となっている。第一章第二節で述べたように、明治政府が布告により寄席を統制し始めるのは明治二年であるが、その頃の寄席の様相を明らかにする史料はほんとんどない。明治七年（一八七六）九月三〇日の『郵便報知新聞』[*2]には、東京府内の寄席の総数が二二一席であったとある。明治七年から一一年までの四年間に一六〇席も増加したことになる。また、寄席は東京府内各区内に「少なくとも三、四軒」あったとされる。[*3] これに対して、歌

舞伎などを興行できる劇場は、東京府内でわずかに八から一〇か所程度であった。[*4]

寄席の中には、伊勢本（瀬戸物町　日本橋区）・末広亭（人形町　日本橋区）・立花家（両国　日本橋区）・福本亭（両国　日本橋区）といった「一流」の席もあれば、場末の不景気な寄席も多く存在していた。客大入りのため二階席が落ちる〝事件〟が起こったり、[*5]天井が低く窓も少ないため換気が悪く、便所の臭気もはなはだしい寄席もあった。[*6]山の手の寄席は官吏・書生が多い一方、下町の寄席は商人・職人が多くを占めていたとされる。[*7]明治三〇年（一八九七）一〇月二四日の『時事新報』には「寄席の客筋は職人最も多し」との記載がある。[*8]

横山源之助『日本の下層社会』[*9]（明治三二年〈一八九九〉刊行）には、職人・人足・日雇等の「下等労働者」＝都市下層民の多くは本所（本所区）・深川（深川区）に居住していたとあり、職人の日当として、大工三八銭、左官三七銭九厘であったともある。また『内地雑居後之日本』[*10]（明治三二年刊行）を見ると「鉄工業もしくは紡績業の如き機械工業に従へる職工」として、彼らの日当平均は三〇から三五銭であった、とある。子供をもった職人・職工の家庭では、食費・家賃などの必要経費が嵩み、生きていくためには「女房」の内職が必要であった。当時、寄席の木戸銭は三銭から三銭五厘程度であった[*11]――明治一九年（一八八六）七月一三日『時事新報』には、木戸銭四円以上は高すぎるとある[*12]――。木戸銭は確かに廉価であるが、家族をもった職人・職工が頻繁に通える場所ではなかった。次の表1は、明治一八年（一八八五）一月の『読売新聞』に掲載されたものである。[*13]寄席は日本橋区・芝区・京橋区に多く集中していた。職人たち都市下層民が多く居住した本所区・深川区にも寄席はあるが、「一流」とされた寄席は日本橋区に集中していた。

下町の寄席の客は職人が中心であったことは事実であろう、ただしその内実は独身の職人ということになる。下町の寄席とはまさに落語にでてくる「独り者のきさんじ」たちの場であった。そして、日本橋区にある円朝が出演する「一流」の寄席に家族で通えたのは、岡本綺堂のような〝中流〟以上の社会的階層に属する人びとであった。

何度も述べたように、寄席の演目は政府によって規制をかけられ、明治一〇年には、講談・落語・浄瑠璃・唄・音曲・写絵・手品・繰人形と制限された。これらの演目ごとに専門の芸人がいたのである。文明開化期、寄席の花形は落語・講談と浄瑠璃の一種である義太夫であった。明治一二年（一八七九）、『郵便報知新聞』には東京の芸人の総数が記載されている。男女の内訳は以下である。[*14]

落語　男六五九人　女三〇人

講談　男三九九人　女〇人

義太夫　男五一人　女四二五人

このように、東京の寄席では、男の噺家・講談師が圧倒的に多かった。一方、義太夫は女性が中心であり、東京

表1　明示10年代，東京市の寄席

寄席名	当時の地名	現在の地名
白梅亭	筋違	浅草　吾妻橋東
立花亭	神田	千代田区　神田
伊勢本	瀬戸物町	日本橋　瀬戸物町
井上	木原店	日本橋
橘亭	両国	両国
福本亭	両国	両国
末広亭	人形町	人形町
大六亭	南伝馬町	南伝馬町
寿々亭	通り一丁目	日本橋
朝日	八丁堀	八丁堀
鶴仙	南鍋町	京橋
金沢	京橋	京橋
銀座亭	銀座	銀座
寿亭	三十間堀	京橋
玉の井	日蔭町	新橋
大国亭	久保町	新橋
吉の亭	神明町	浜松町
本牧亭	上野北大門	上野
鈴本亭	広小路	上野
吹貫亭	数寄屋町	八重洲
東橋亭	花川戸	浅草
若竹亭	本郷東竹町	本郷
伊豆本	元富士町	本郷
錦亭	錦町	神田
小川亭	小川町	神田
万よ志	麹町	麹町
万年亭	赤坂一木町	赤坂
梅の家	岡田町	？
富士本	九段坂	九段
重の井	表神保町	神保町

注）『時事新報』明治17年7月18日（『明治の演芸』三，1982年より）．

表2　明治10年代，東京市区別の寄席数

区名	寄席数
日本橋区	12
京橋区	10
神田区	7
浅草区	5
下谷区	4
芝区	10
本郷区	2
麹町区	3
四谷区	4
赤坂区	1
深川区	5
本所区	2
合計	65

注）『読売』明治18年1月6日，『時事新報』明治17年7月18日（『明治の演芸』三，1982年より）.

において義太夫といえば娘義太夫（女義太夫）のことを指した。文明開化期、噺家・講談師のほとんどは男であり、客は官吏・書生や職人が中心であり、娘義太夫の客の多くは書生であった、という解釈が成り立つ。つまり寄席とは男たちの娯楽の場であり、明治政府がいくら規制をかけようとも、そこは猥褻なたまり場であった。

寄席によっては落語・講談・娘義太夫をそれぞれ「定席」として専門にかける席もあった。明治二三年（一八九〇）、「警視庁広報大三六八号」[*15]には、東京府下の寄席総数は二四三席で、そのうち、落語を専門とする「落語音曲定席」は五七、講談を専門とする「講談定席」は三三、「義太夫定席」は八とある。それ以外の一四五席はとくに専門特化しない寄席であった。つまり、東京にあった寄席の多くは、落語・講談・娘義太夫など雑多な演目をかけていたといえる。ただし、日本橋の伊勢本は「落語音曲定席」「講談定席」の両方をかかげているが「義太夫定席」とはなっていない。このように伊勢本（瀬戸物町　日本橋区）・立花家（両国　日本橋区）・福本亭（両国　日本橋区）といった、「一流」とされた寄席は、娘義太夫ではなく落語・講談の定席であったといえよう。

明治八年（一八八五）一月八日、東京府知事・大久保一翁の名前で、「俳優其他課税」が決められた。[*16]「軍談・義太夫、其外寄セ出稼之者」＝講談師・噺家らについては、

上等壱人ニ付　月々　金五拾銭

下等壱人ニ付　　月々　金弐拾五銭

とある。「俳優人」の「上等」が月々金五円であるから、これに比べ寄席芸人への課税は低かったと言える。明治一八年（一八八五）五月一三日『東京絵入新聞』には、東京の噺家の数として、

上等　一名（三遊亭円朝）

中等　五七名

下等　二〇〇名

とある。[*17] 上等として登録されていた噺家は円朝一人であった。明治一四年（一八八一）九月二九日『東京曙新聞』には次のような一文が出ている。[*18]

三遊亭円朝は、昨日その筋へ是れまで受け居りし中等鑑札を返納して、更に上等鑑札と書換へを願ひ出しと、是まで落語師にかぎり一人も上等鑑札を受けたるものなしと、いかなるゆゑにや、謙退か抑もまた吝か。

円朝は、自己申告によって一等鑑札へと〝格上げ〟になったのである。このような行為は、芸人の社会的名声を誇示するものとなろう。

この記事には上等鑑札が少ないことを、謙遜なのか吝嗇なのか、との皮肉が込められている。この事実は、噺家の〝節税対策〟を反映したものと言えよう。東京の庶民に密着した多くの噺家たちは、明治国家が賦与する肩書きにこだわったり

表3　東京市区別芸人居住数

区名	寄席数
麹町区	235
神田区	1521
日本橋区	1121
京橋区	1122
芝区	710
麻布区	243
赤坂区	210
四谷区	212
牛込区	388
小石川区	264
本郷区	604
下谷区	863
浅草区	2625
本所区	1119
深川区	483
荏原区	166
東多摩区	21
南豊島区	14
北豊島区	83
南足立区	38
南葛飾区	56

注）『東京日日』5月15日（『明治の演劇』四，1983年より）．

しないのである。円朝だけが上等鑑札であった点をみると、芸人仲間からも円朝は別格と見られており、また当人も東京の噺家を代表する立場であることを強く自覚していたのであろう。これは、円朝の示威行為であると同時に、明治政府の行政方針に積極的に賛同していく、という自己表明でもあった。ここには、教導職に就いた円朝（第一部第二章）と他の噺家の政府・国家に対する意識の相違が見て取れるが、その意味をどう考えるべきであろうか、第三節で触れたい。

五厘という存在

岡本綺堂は、

五厘に憎まれた席亭へはよい芸人を周旋せず、芸人も五厘に憎まれると上等の席亭へ出勤することができない。

と語り[*19]、篠田鉱造は、五厘とは寄席と芸人の間に入って「その月〳〵の番組を極め」たとして、その最初が永井重兵衛であり、彼の引退後「壮士上り」の宮田甚太郎という「小才が廻」る人物が出て、「狡く立ち廻り、しだい〳〵に芸界へ幅を利かしました」と述べている[*20]。

五厘とは、寄席と芸人の間に入り、寄席の演目・番組を決め、芸人を周旋した業者の名称である。手数料は取る。寄席の経営者である席亭よりも世情に詳しく、〝今、誰が人気なのか〟ということを把握し、寄席の格を斟酌して芸人を差配していたのであろう。芸能への志が高く、各寄席の気風と立場、そして、それぞれの芸人の特徴と評判とを理解する人物であれば、その存在は芸人・寄席双方にとって好都合なものとなる。しかし、既述したように、岡本綺堂・篠田鉱造は五厘に否定的である。五厘は、席亭・芸人の双方から斡旋料を取っていた。その斡旋料は寄席の入場料収入、各芸人からの出演料ともに五％（五厘）となっていた。ここから、この周旋業者の通称が五厘となったわけである。即物的かつ露骨な金銭的通称からして、そこには芸能に寄生する者に対する侮蔑的な臭気が漂う。明治一九年（一八八六）六月七日『時事新報』には、

此の五厘の性質も、始めは単純なる周旋人の資格なりしが、自然に流弊を生じて、権力を各寄席の間に逞ふする事とはなれり、如何となれば、芸人の組合せ、出席方の進退はこの五厘が左右するので、其扱ひの悪しければ随て右の寄席は忽ち不入を来し、五厘ありて後、寄席芸人あるが如き風習とはなりぬ。

といった記事が出ていた[*21]。寄席・芸人ともに五厘を必要悪と認識していたのであろうが、トラブルは絶えなかった。

第二節　寄席の芸

娘義太夫の人気

文明開化期の東京では娘義太夫が盛んであった[*22]。明治八年（一八七五）、「近頃女浄瑠璃」がはやっているとの新聞記事があるが[*23]、まだ娘義太夫との名称が定着していない。年代が下がるに従い、義太夫演者の年齢は低下していった。明治一一年九月五日の『朝野新聞』には「竹本小亀太夫は、十歳にたらぬ女子なれども、浄瑠璃には妙を得て」とある[*24]。芸は二の次であり、美人がもてはやされ、書生たちは「どうする連」という徒党をつくり、寄席から寄席へと贔屓の娘義太夫を追っかけていた[*25]。

江戸時代、大道芸としての浄瑠璃（義太夫）は乞胸の生業であり、差別の対象とされていた[*26]。円朝創作の「蝦

夷錦古郷の家土産」（第四部第三章）には、「小屋者」＝非人・喜三郎が、恋人おろくに「私と一所に成ると女太夫になるのだヨ」と語りかける場面がある。この台詞には「女太夫」＝女義太夫は蔑視にさらされる、という意味が込められている。この噺が『やまと新聞』に連載されたのは、明治一九年（一八八六）であり、娘義太夫の全盛期であるが、円朝の世代＝「天保の老人」には、女（娘）義太夫にたいする差別の記憶が残っていたのである。一方、文明開化期の書生＝「明治の青年」に――すくなくとも新聞記事を確認する限り――娘義太夫に対する蔑視のまなざしはない。

娘義太夫は、寄席という常設の建物・舞台に出演できるようになり、さらに、江戸時代の蔑視の記憶を持たない書生を取り込んだことによって、差別から脱却することができた、といえないだろうか。ただし、先述したように「一流」の寄席は彼女たちを出演させることはなかった。一方、常設の建物・舞台に上がれない、乞胸の系譜を引く芸人たちへの差別は明治時代以降も続いていた。

以上のことを普遍化させると、記憶の抹消と、常設の建物・舞台といういわば芸能をとりまく環境が差別の意識を断絶させた、ともいい得るが、この問題は慎重に検討する必要があろう。

講談師と噺家

当時の人びとは講談と落語、講談師と噺家との違いをどう認識していたのであろうか。昭和の名人五代目・古今亭志ん生は、人情噺と講談とを区別して、講談は地の説明で進めていくのに対して、人情噺は会話体で「あまり説明はくどくどしないで、雰囲気でしゃべっていく」としている。[*27]

文明開化期、東京の噺家では三遊亭円朝、講談師では松林伯円が寄席の両巨頭として人気を博していた。落語と講談ともに話芸であるが、落とし噺や人情噺を主とする落語に対して、歴史物語を語ったり時事的要素を強くもつ講談のほうが、当時〝高級〟と目されていた。明治八年（一八七五）一二月六日『郵便報知新聞』には「開化講釈師・文明社会の大先達」松林伯円が、横浜の寄席で「非征韓論」の説教を語ったとあり、[*28]明治一〇年四月の『東京曙新聞』には、桃川燕林や正流斎南窓が「熊本戦争」＝西南戦争の様子を講釈した、との記事が出ている。[*29]明治一六年（一八八三）に至っても、松林伯円は明治九年の「事歴」として、萩の乱や神風連の乱を語っていた。[*30]このように講談師は時事ネタ、とくに士族の反乱のネタ（士族反乱物）を高座にかけていた。なお、明治一四年（一八八一）五月九日『東京日日新聞』には、

此ほど府下の上等講談師が十余名臨時会議を開きて、当節がらいつまでも見てきた様な虚言ばかり吐いて居ては、終には聴人がなく（中略）、自今、国会とか憲法とか乃至、衛生・経済説の片端でも、実地の研究と聴取傍聞とに論なく、幾らか人の為になることを饒舌り立てたら、些とは教導職の名称にも叶ふやうにならんかとの事とて、

といった記事が出た。[*31]上等講談師とは松林伯円たちのことをさす。彼らは「見てきた様な虚言」を語ることではなく、取材と調査をもとに「国会・憲法・衛生・経済説」といった近代国民国家が目指す道筋を寄席で語る、と自己規定したのである。文明開化期、松林伯円は教導職に就いていた。この記事の内容は、まさにそれにふさわしい伯円の姿勢を語っているのであろうが、講談師たちがこのような方針（現実味をもった描写）を取らないと客に逃げられる、という危機感を抱いていたともいえよう。たとえば、日清戦争の末期、松林若円は中国に渡航し「戦場の実地を目撃」後、それを高座にかけていた。[*32]

先述したように、講談における時事ネタとは、士族反乱物や戦争を主題としたものが多かった。これは、国民

国家の建設を急ぎ、帝国化を目指す政府の方針と合致していた。人びとは、講談を通じて「官軍」や大日本帝国軍の勝利の様相を、手に汗を握り喝采していった。客が集中して聞き入る寄席という空間において、講談師は帝国日本の戦争経験を、それに直接関与しなかった（できなかった）人びとに語りかけていったのである。ところが、明治一四年（一八八一）五月七日『朝野新聞』には、

今度上等の講談師等が申合せ、各寄席に於て民権説を必らず一席づつ演説するの見込みなりと、暫くすれば、熊や八までも民権論を唱ふる様になりませうよ。

といった記事が出た。[*33] 同じ時期、国民国家・帝国日本の方針を寄席で語ろうとしている同じ東京の「上等」講談師たちが、民権論をも高座にかけていたのである。注目すべきは、講談の影響により「熊や八」（職人を表象する表現）が民権を理解できるようになるであろう、という内容である。民権を語ることは、近代的政治制度、国民国家の権利と義務を認識する上で重要であり、明治政府も民衆がこれらを理解することを歓迎していた。しかし、講談師が帝国日本の語りの御先棒担ぎとなり、人びとは講談を通じて帝国日本の臣民となっていった、という単純な理解は避けたい。寄席において、講談における民権論は徐々にエスカレートしていくのである。

明治一六年（一八八三）八月、小室信介編『東洋民権百家伝』初帙三冊が発行された。その四ヶ月後、松林伯円はその中の「文殊九助伝」を「春気色桃山奇談」と名付けして高座にかけた。[*34] そして、その情報は『自由燈』に掲載された。[*35]『自由燈』は星亨が創刊した自由党の機関紙であり、民権派（自由党）が伯円を評価していた証左といえよう。明治一六年、福島事件の公判がはじまる中、自由党の弁士たちが、自由民権運動に民衆の関心を集めるため、『東洋民権百家伝』に登場する義民伝を講談化した。それを伯円が高座で語っていたのである。[*36] ちなみに、「文殊九助伝」とは、田沼意次との縁故を背景に、苛政の限りを尽くした伏見奉行・小堀和泉守政方を、

越訴によって改易に追い込んだ伏見騒動（天明五年〈一七八五〉）の顛末を叙述したものであり、主人公・文殊九助は「義侠」の人物として描かれている。

先に、講談師が士族反乱物を高座にかけていたと述べたが、それは客がそれを好んでいたからに他ならない。講談師たちは「国会・憲法・衛生・経済説」、戦争といった国民国家・帝国日本が目指す道筋を語り、現実味をもった描写を心懸ける一方、「官軍」ではなく反乱士族＝「賊」や「義侠」の抵抗の悲劇を「見てきた様な虚言」として語っていったのである。[*37] 講談・講談師は政治性を帯び、時には政府への抵抗の心性へと傾斜するが、客がそれを求めていたからである。当時の人びとは、講談で語られる反体制の「賊」を馬鹿にしつつも、そこに「西洋文明を内面化できない自己を肯定できる回路を獲得した」という青木然の鋭い研究がある。[*38] それでは落語・噺家はどうであろうか。

先述したように、寄席は講談・落語・娘義太夫と演目にバリエーションを持たせ、客もそれを承知で寄席を選択していた。それぞれの芸能分野で客層は相違し、人びとは士族反乱物のような時事ネタ、自由民権運動に傾斜した噺を講談に期待し、落語には笑いを求めていた。明治一九年（一八八六）三月一七日、一八日『絵入朝野新聞』には以下のような記事が出ている。[*39]

又我が邦には此の講談師の外に落語家《はなしか》なる者あり、専ら諧謔滑稽の言を以て巧みに人情世態を穿ち、聴客をして頤を解き、腹を抱へ鬱を散じ、楽みを覚えしむるを旨とする者なり。世人或は之を評して云ふ「落語家は其言、動もすれば猥褻に渉り、風教を害するの傾きあれば、其の盛に行はるるは我々の好まざる所なり」と、成程猥褻に渉り風教を害するは怪しかる次第なれど、近頃は其筋の注意行き届くに依り、其等の弊風次第に減じたり（中略）、其面白味十分なれば、自から下等社会に一種の快楽を与へ（中略）、たとい講釈師が落語家の真似をするも、落語家が講釈師を気取るも更に頓着すべきにあらず（中略）、早晩講釈師と落語家との区別を廃し（中略）、講談師と落語家と相一致し、更に新奇の材料を探求し、欧米諸国の義人・烈士や其の他高名なる人々の伝記を雄壮に講説し、又は或る時世に於て、志士の困厄せし情態を始め、感奮開語すべき有益なる事物を面白可笑しく話すに至らば、彼の下等社会の人々をして独り弁慶の事歴を熟知せしむるのみに止まらず、亦ラファイエットの何人たり、ワシントンの何人たるを暗知するに至るべし（中略）、講談・落語は、実に此の社会の人々に取りては豈亦貴重なるものに非ずや。

この記事は文明開化や欧化の様相を是としている。そして、落語・講談は下等社会を教導するのに有益である、と語っている。また、落語と講談、噺家と講談師との差違を認めつつも、その区別を廃すべき、としている。三遊亭円朝の芸はこの記事が語った方向へと向かっていた。いや、むしろ『絵入朝野新聞』の記者が「塩原多助一代記」を語る教導職・円朝のスタイルを評価し記事に投影した、という解釈が正しいのであろう。この記事には「落語家が講釈師を気取る」との文言がある。ここには講談・講談師のほうが噺家よりも〝高級〟である、との臭いが漂っている。円朝は、この世間の評価を強く自覚していたのではなかろうか。三遊派の復興と噺家の社会的地位向上を企図した彼の行動はこの意識の反映と言える。

第三節　三遊亭円朝の立場と語られる円朝像

「頭領」「教導師」円朝

「落語家中の親玉」円朝は、明治政府によって寄席教導化の中心に位置づけられていく。明治一九年（一八八六）、円朝は「落語家頭取」であるとして、警察署に呼び出され「成るべく一席にて勧善懲悪の判然する話を為すべし」との説諭をうける。[*40]

かつて江戸には、参勤交代による地方武士が多く居住し、また周辺農村から流入した多くの奉公人もいた。それ以上に文明開化期の東京には、軍人・役人・書生をもふくめ地方から様々な人びとが多く移住してきた。さらに松方デフレの時期には、地方から没落した農民たちが押し寄せた。帝都東京の形成と拡大を背景に、大衆芸能の空間として隆盛を迎えた寄席は、国民教導の場（ＡＩＥ）として位置づけられていく（第一章）。

明治一九年（一八八六）一〇月二七日『朝野新聞』に、「三遊亭連はその頭領円朝より品行を乱すべからずとの諭あり」との記事が掲載された。[*41]このように円朝が、噺家芸人たちの「品行」を向上すべく行動しはじめた動機、及び理由は、政府の強請だけなのであろうか。

暗い寄席での落語が、猥雑な演目、歌舞伎の真似や、客を驚かせるお化け屋敷さながらの手法をとっていた幕末、二〇代の円朝も派手な衣装・道具と鳴り物仕立ての芝居噺で人気を博し、「累ケ淵後日の怪談」（安政六年〈一八五九〉完成）や『怪談牡丹燈籠』（文久元年〈一八六一〉完成）などの「怪談噺」を創作していた。しかし、文明開化の到来と、明治五年（一八七二）、政府の寄席統制が始まる時期と軌を一にして、円朝は芸風を一変、芝居噺をやめ、羽織と扇子のみによる素噺に転向し、また、時間を掛け現地取材旅行を敢行し「塩原多助一代記」を創り上げる。この新作は当初、怪談仕立てとされたが、立身出世譚として完成をみたのであった[*42]（第三部第三章）。

明治一〇年（一八七七）、落語勧善義会の席で円朝は、六代目・桂文治らと申し合わせ「落語家は賎業なれど教導師とも呼る〻事なれば、是までの悪弊を一洗して五音の清濁や重言片言を正し（中略）、必ず一席の内に婦女子への教訓になる話を雑へる様に」と語ったという[*43]。既述したように明治政府は、円朝を民衆教導の尖兵として掌握し、教導職に任命した。円朝は噺家を「教導師とも呼る〻」と位置づけた。明治政府・円朝双方の〝了簡〟は合致した。円朝は、文明開化にあわせ自己の芸を変容させ、さらには噺家・芸人の「悪弊」までも「一洗」しようと企図した。文芸や演劇評論の分野において、円朝のこの行為は「文明開化に妥協」したとして切り捨てられてきた[*44]。明治一四年（一八八一）の『絵入自由新聞』は、講談師が中国に取材に出かけたとの記事をのせ「講談師も見て来たやうな虚をつかぬ世となり」と記した[*45]。一方、円朝は「塩原多助一代記」創作にあたり、現地（群馬）に取材調査に赴いた。そしてそのことが「三遊亭贔屓の連中は今より指を屈して待つなるべし」として新聞で取り上げられる[*46]。

文明開化を背景に「教導師」たることを自覚し、現地調査・取材を綿密に行い、新作を創るという円朝の努力は、円朝の噺には〝現実味〟がある、という客の評価・期待を引き出した。文明開化のなかで醸成される科学的という幻想は、円朝により〝現実味〟をおびた噺へと姿を変え、寄席という空間を媒介にして人びとの間に拡散していく。

文明開化期、円朝は新聞記事から時事ネタを取り上げて高座にかけるようになった。しかし、円朝が政治的立場を強く打ち出して、民権派の『朝野新聞』や『郵便報知新聞』を意識している様子はうかがえない。内閣制度がうまれた翌年（明治一九年〈一八八六〉）、円朝は寄席の高座で「政談演説」などを行わないようにと、門弟を諭したとされる。[*47] この円朝の話が出た記事の冒頭には、講談師及び噺家が「政府に望む所あり云々など饒舌り立て」とある。しかし、管見の限り噺家が高座で「政談演説」を行った、という史料を探すことはできなかった。先述したように、講談師は「政談演説」を行っていたが、噺家にはそのような意識はないのであろう。円朝は念のために弟子に釘をさした、という程度のことであろう。円朝は新聞から時事ネタを拾っていた。ただし、この行為は円朝の自由民権運動への傾斜を示すものではない。彼は時事ネタを席を〝あたためる〟、噺のマクラに使用しただけであり、円朝の芸の本質はあくまで噺そのものにあった。

人情噺王道説

円朝の芸を継承することを意識した昭和の名人六代目・三遊亭円生（一九〇〇〜七九）は晩年、「文七元結」「死神」など、三遊亭円朝作の人情噺を高座にかけ、熱演していた。わたしは円生の芸の至高は「蛙茶番」「包丁」「一人酒盛り」などの軽快な滑稽噺にあると思う。それはともかく、当の円生は、円朝作の人情噺を演じることにまさに生命をかけていた。この事実は、円朝の噺の本質は人情噺であると、昭和の名人・三遊亭円生が了解し、芸としてこれを極めることこそが、円朝の芸を継ぐ資質であると認識し、周囲（批評家も含め）もそう見ていた、ということを示している。

いわゆる古典落語は、評論家たちにより、〝論評のために〟怪談噺・落とし噺・廓噺・人情噺などに類型化されている。大衆的口承芸能である落語を類型化すること自体に意味はない。ところが、現在、東京など関東地域では、人情噺が他の噺に比べ格上、落語の王道であるとし、これを得意かつ、上手とする（した）噺家（故人も含め）を名人とする風潮がある――上方ではそのようなことはないという[*48]――。人情噺とは、ストーリー性を持ち、登場人物の心理や相互関係を活写した一人芝居なのであり、おのずから噺家の芸の力量が問われてくることは事実である。しかし一方、短い落とし噺で、乙な洒脱や、間抜けな与太郎さんを軽妙に演じ、客の爆笑をとることも噺家にとっては重要な技量といえる。上方では、むしろこちらのほうが好まれている。東京・関東に特有の人情噺格上風潮は、いつからはじまるのであろうか。少なくとも、文化・文政期の式亭三馬の文章にはこのような噺の差別化はみられない。岡本綺堂は天保～弘化期のころの状況として「一枚看板の真打は、必ず人情噺の続き物を述べるに極まっていた」と述べたが[*49]、綺堂は明治五年（一八七二）生まれであり、江戸時代の状況を述べたか所に関しては信憑性に欠ける。そもそも、江戸時代の寄席における落語とはどのようなものであったのであろうか。この問題も、民衆史研究の分野で、まったく関心は払われてこなかった。

現在、古典落語と呼ばれる噺は、江戸時代起源ではあるが、長い間の噺家たちの研鑽によって随分変化してきており、オリジナルの形を留めていないため、原型を復元することは不可能である。これを前提としつつ、江戸時代を起源とすることが分かり、原話も確認できたもの二一五点[*50]を便宜上三つに分類してみた。

①滑稽噺：一八八点、天明二年（一七八二）『富久喜多留』「甘酒」を原話とする「時そば」など、爆笑を誘う、いわゆる落語[*51]。

②バレ噺：一九点、寛保二年（一七四二）「軽口耳過宝」を原話とする「赤貝丁稚」など、卑猥な落とし噺[*52]。

③その他：八点　①②に当てはまらない噺。

このデータからも、江戸時代の落語演目は滑稽な落とし噺が中心であったことが分かる。ここでは、例外ともいえる、③その他八点に着目したい。これらの噺は以下である。[*53]
「笠碁」：『露がはなし』元禄四年（一六九一）を原話とする。[*54]
「ざこ八」：『聞上手』「二度添」明和九年（一七七二）を原話とする。[*55]
「景清」：『坐笑産』安永二年（一七七三）を原話とする。[*56]
「火事息子」：『笑の友』「恩愛」享和元年（一八〇四）を原話とする。[*57]
「累ケ淵後日の怪談」：安政六年（一八五九）、三遊亭円朝作。
「怪談牡丹燈籠」：万延二年（一八六一）、三遊亭円朝作。
「鰍沢」：幕末、三遊亭円朝作（カ）。
「芝浜」：三遊亭円朝（幕末）。

八点の噺のうち、円朝作のものが四点も入っていることに注目したい。これらの噺のうち、現在でも高座によくかけられる「火事息子」の口演時間は三五分強、[*58]文庫本の頁数にして三一頁ほどであり、[*59]「笠碁」「ざこ八」「景清」などもみな三〇分以下の噺である。

これらに対して、三遊亭円朝が創作した「累ケ淵後日の怪談」（のち「真景累ケ淵」）や「怪談牡丹燈籠」は一五日間の連続口演であり、文庫本では一冊規模の噺である。三遊亭円朝は、従来の落語にはなかった長編の噺を創作した。円朝は落語の新たなスタイルを創りあげたのである。

江戸時代、「景清」「笠碁」のように、人の情感・情愛などをこまやかに語り、ストーリー性を重視した噺が、ごく少ないが存在していた。円朝は、このまれな類の噺を長編物へと仕立てあげたわけである。彼の「真景累ケ淵」「怪談牡丹燈籠」は怪談噺と類型化されるが、高野実貴雄が述べたように、怪談噺とは人情噺のバリエーションであり「ユータを出せば『怪談噺』になるのである」[*60]。つまり「真景累ケ淵」「怪談牡丹燈籠」も人の情感・情愛を語り込んだ長編噺＝人情噺の一種であることを附言しておきたい[*61]。

明治時代に入ると、円朝は「塩原多助一代記」「怪談乳房榎」「業平文治漂流奇談」などの長編を創作する一方、一席物として「文七元結」（現在、人情噺の典型とされる）などの噺も創り出していった。

このように円朝は幕末から明治時代初期にかけて、人の情感・情愛を語り込む噺を創作し、高座にかけていった。円朝が、人情噺というジャンルを創り上げていったのである。そして、名人「落語家の頭取」円朝が創り磨きあげた芸＝人情噺をうまく演じられる噺家こそが格上であるというオマージュが形成されていったのである。おそらく、円朝没後（明治三〇年代以降）、円朝シンパの評論家と円朝の弟子たち三遊派によって[*62]。

円朝は新作として、多くの翻案物も残した[*63]。とくに、イタリア歌劇「靴直しのクリスピノ」を翻案したとされる「死神」は傑作であり[*64]、昭和に入っても三遊派のお家芸とされた。三代目・三遊亭金馬（一八九四～一九六四）・六代目・三遊亭円生の噺は絶品であった。現在、「死神」は柳家小三治（一九三九～）が得意としているように、三遊派にかぎらず柳派でも演じるほど普遍化していった。

円朝は、「なんでも此節の事は、西洋を土台に居ゑなくては十分な景気はとれません」と語ったという[*65]。時事ネタは所詮噺のマクラであったが、これに比べ翻案物は一席物として創作され、高座にかけられた。そこには、円朝の「西洋」のとらえ方が表象されている。円朝が創作した「名人長二」・「死神」・「英国孝子ジョージスミス之伝」など多くの西洋翻案物も、西洋人情噺として類型化されていったのである。

円朝の落語改良運動

国文学者の池田弥三郎は、円朝を「高度な話芸を完成の域にまで導いた」「三遊亭円朝の高い名声は（中略）、人情噺という高度な話芸をもって日本文化史上に大きな足跡を残し」たと絶賛した。[*66] 現在、円朝の口演を録音した音源は一つもない。また、実際に円朝の高座を視聴した人間は生存していない。円朝の芸は活字でしか知ることはできない。にもかかわらず「高度な話芸」（傍点須田）と評価する現在のこの言説構造にも、人情噺格上（円朝格別）オマージュへの囚われが見て取れる。何度も述べたように、円朝は教導職に就き文明開化の方針を積極的に受け入れ、元勲にも接近した。彼は、自己実現（三遊派の復興と噺家の地位向上）のために、時代状況（構造）を利用していったのである。そして、円朝は落語改良運動を始める。

文明開化期、河竹黙阿弥（一八一六～九三）による歌舞伎改良運動がはじまり、団菊左時代の到来となったことは、高校の日本史教科書にも出てくる。人びとは、荒唐無稽な時代設定の中、「大星由良之助」「お軽」「早野勘平」といった架空の人物が登場する、あからさまなつくり話ではなく、〝現実味〟をもった語りを求めはじめ、先述したように講談・講談師も〝自己変革〟を遂げつつあった。『朝野新聞』明治一九年（一八八六）四月二日には、「無智無学なる下等人種の風俗を改良するの方便は一にして足らずと雖も、都会に在ては演劇講談落語人情話等を以て最も早手廻しとす」という記事が出た。[*67] 当時、「改良」という語彙が近代化・文明開化の路線を是とするキーワードとして多方面で使用されていた。そして、落語改良（寄席改良）ということも唱えられていく。その中心に円朝がいた。明治一九年一〇月九日『東京絵入新聞』には、円朝が警察署に呼び出され、劇場と同様に「落語の改良も亦為さねばならぬ時勢」であるから「聞くに堪えざる」噺はやめて「勧善懲悪の判然する」噺を高座にかけるように、噺家たちに伝えろと命じられた、とある。[*68] 明治一九年一〇月二〇日『日出新聞』には、落語改良についてか条書きが記されている。[*69] 落語改良とはようするに、人情噺・滑稽噺ともに、「作為の誤りを正すべきこと、猥褻な言葉、所作を慎むこと、勧善懲悪の内容とすること」、ということにあり、文明開化を進める明治政府の意向であった。円朝は、これらをすべて受け入れ「塩原多助一代記」を創作してしまったのである（第三部　第三章）。

註

＊1　倉田喜弘『芝居小屋と寄席の近代』岩波書店、二〇〇六年。
＊2　郵便報知新聞刊行会編『復刻版　郵便報知新聞』第4巻、柏書房、一九八九年。
＊3　岡本綺堂「寄席」『風俗明治東京物語』河出書房新社、一九八七年。
＊4　註＊1に同じ。
＊5　明治五年（一八七二）『新聞雑誌』（倉田喜弘編『明治の演芸』㈠、国立劇場調査養成部芸能調査室、一九八〇年）。
＊6　明治一九年（一八八六）七月二九日『朝日新聞』（倉田喜弘編『明治の演芸』㈢、国立劇場調査養成部芸能調査室、一九八二年）。
＊7　岡本綺堂「寄席」『風俗明治東京物語』河出書房新社、一九八七年。
＊8　マイクロフィルム『時事新報』明治三〇年一〇月、日本マイクロ写真。
＊9　横山源之助『日本の下層社会』岩波書店、一九八五年。
＊10　横山源之助『内地雑居後之日本』岩波書店、一九五四年。
＊11　岡本綺堂「寄席と芝居と」『綺堂劇談』青蛙房、一九五六年。
＊12　マイクロフィルム『時事新報』明治一九年五月〜八月、日本マイクロ写真。
＊13　註＊6カッコ内に同じ。
＊14　郵便報知新聞刊行会編『復刻版　郵便報知新聞』第65巻、柏書房、一九九二年。

＊15　東京都編纂『東京市史稿』市街編第八〇、東京都、一九八九年。
＊16　東京都編纂『東京市史稿』市街編第五七、東京都、一九六五年。
＊17　註＊6カッコ内に同じ。
＊18　倉田喜弘編『明治の演芸』㈡、国立劇場調査養成部芸能調査室、一九八〇年。
＊19　岡本綺堂「寄席」『風俗明治東京物語』河出書房新社、一九八七年。
＊20　篠田鉱造『明治百話』（上）、岩波書店、一九九六年。
＊21　マイクロフィルム『時事新報』明治一九年五月〜八月、日本マイクロ写真。
＊22　註＊1に同じ。
＊23　註＊5カッコ内に同じ。
＊24　東京大学法学部明治新聞雑誌文庫編『朝野新聞　縮刷版』8、ぺりかん社、一九八一年。
＊25　篠田鉱造『明治百話（下）』岩波文庫、一九九六年、なお娘義太夫の概要については水野悠子『江戸東京娘義太夫の歴史』法政大学出版局、二〇〇三年を参照されたい。
＊26　石井良助『江戸の賤民』明石書店、一九八八年。浦本誉至史『江戸・東京の被差別部落の歴史』明石書店、二〇〇三年。
＊27　古今亭志ん生『びんぼう自慢』ちくま文庫、二〇〇五年。
＊28　郵便報知新聞刊行会編『復刻版　郵便報知新聞』第七巻、柏書房、一九八九年。
＊29　註＊5カッコ内に同じ。
＊30　註＊6カッコ内に同じ。
＊31　註＊6カッコ内に同じ。
＊32　明治二八年（一八九五）四月二日『日出新聞』（倉田喜弘編『明治の演芸』六、国立劇場調査養成部芸能調査室、一九八五年）。
＊33　東京大学法学部明治新聞雑誌文庫編『朝野新聞　縮刷版』13、ぺりかん社、一九八二年。
＊34　註＊6カッコ内に同じ。
＊35　註＊6カッコ内に同じ。

＊36　林基「解説」小室信介著、林基校訂『東洋民権百家伝』岩波書店、一九五七年。
＊37　松林伯円「神風党の巻」『明治叛臣伝』富士書店、一八九九年（国立国会図書館、近代デジタルライブラリー）。
＊38　青木然「日本民衆の西洋文明受容と朝鮮・中国認識」『史学雑誌』第一二三編第一一号、二〇一四年。
＊39　註＊6カッコ内に同じ。
＊40　同右。
＊41　東京大学法学部明治新聞雑誌文庫編『朝野新聞　縮刷版』24、ぺりかん社、一九八三年。
＊42　円朝が当初、怪談噺を創作しようとしていたことは小池章太郎・藤井宗哲「解題」『三遊亭円朝全集』第五巻（角川書店、一九七五年）を参照されたい。
＊43　註＊5カッコ内に同じ。
＊44　池田弥三郎「口唱芸能と円朝の位置」『三遊亭円朝全集』第一巻、角川書店、一九七五年。
＊45　註＊6カッコ内に同じ。
＊46　『郵便報知新聞』明治八年（一八七五）八月七日。
＊47　註＊6カッコ内に同じ。
＊48　桂文我『落語『通』入門』集英社新書、二〇〇六年。
＊49　岡本綺堂『風俗江戸東京物語』河出書房、二〇〇一年。
＊50　以下出典は刊行開始年を記した。吉川義雄他監修『落語名作全集』第一期、全五巻、普通社、一九六〇年。同第二期、全五巻、普通社、一九六一～六二年、三遊亭円生『円生全集』全一〇巻、青蛙房、一九六〇～六二年。小高敏郎校注『江戸笑話集』岩波書店、一九六六年。飯島友治編『古典落語』第一期、全五巻、筑摩書房、一九六八年。同第二期、全五巻、筑摩書房、一九七一～七四年、江国滋他編『古典落語大系』全八巻、三一書房、一九六九～七〇年。興津要編『古典落語』上・下、講談社、一九七二年。林家正蔵『林家正蔵集』上・下、青蛙房、一九七四年。武藤禎夫編『噺本大系』全二〇巻、東京堂出版、一九七五～七九年。三遊亭円生『古典落語　円生集』上・下、筑摩書房、一九八九～九〇年。桂文楽『古典落語　文楽集』筑摩書房、一九八九年。古今亭志ん生『古典落語　志ん生集』筑摩書房、一九八九年。柳家小さん『古典落語　小さん

集』筑摩書房、一九九〇年。林家正蔵・桂三木助『古典落語　正蔵・三木助集』筑摩書房、一九九〇年。三遊亭金馬・三遊亭小円朝『古典落語　金馬・小円朝集』筑摩書房、一九九〇年。川戸貞吉・桃原弘編『五代目古今亭志ん生全集』全八巻、弘文出版、一九七七〜九二年。東大落語会編『落語事典』青蛙房、一九九四年。麻生芳伸編『落語百選』春・夏・秋・冬、筑摩書房、一九九九年。麻生芳伸編『落語特選』上・下、筑摩書房、二〇〇〇年。古今亭志ん朝『志ん朝の落語』全六巻、筑摩書房、二〇〇三〜〇四年。古今亭志ん生著『志ん生の噺』全五巻、筑摩書房、二〇〇五年。桂文我『落語「通」入門』集英社、二〇〇六年。

＊51　この類型化において、「初天神」も滑稽噺に入れた。これは明和九年（一七七二）『聞上手』の「凧」を原話とし（武藤禎夫編『噺本大系　全二〇巻』東京堂出版、一九七九年）、江戸時代の家族・親子の情愛を描いてホロリとさせるが、原題を「凧」としているように、後半凧揚げに熱中する父親の行動が笑いを誘っていることを理由とした。

＊52　現在高座にかけられている噺は少ない。また全てが猥雑なものばかりではなく、「疝気の虫」のように秀逸な作品もある。

＊53　「子別れ」「井戸の茶碗」「中村仲蔵」「紺屋高尾」「藪入り」などは、江戸起源が確定できなかったため「その他」の分類には入れていない。

＊54　武藤禎夫編『噺本大系』第六巻、東京堂出版、一九七六年。

＊55　武藤禎夫編『噺本大系』第九巻、東京堂出版、一九七九年。

＊56　同右。

＊57　武藤禎夫編『噺本大系』第一四巻、東京堂出版、一九七九年。

＊58　古今亭志ん朝『志ん朝　復活る』（ソニーミュージックジャパンインターナショナル、二〇〇二年）。

＊59　古今亭志ん朝著・京須偕充編『志ん朝の落語』二、筑摩書房、二〇〇三年。

＊60　高野実貴雄『三遊亭円朝と歌舞伎』近代文芸社、二〇〇一年。

＊61　須田努「三遊亭円朝の時代」『歴史評論』六九四、二〇〇八年。

＊62　円朝存命中、彼の新作人情噺を他者が演じることはなかったであろう。円朝の芸は、死後彼の弟子や三遊派が引き継いでいった。

＊63　代表作は「ラ・トスカ」を翻案した「名人くらべ」、モーパッサン「親殺し」の翻案「名人長二」、イタリア歌劇「靴直しのクリスピノ」を翻案した「死神」などである。
＊64　西本晃二『落語「死神」の世界』青蛙房、二〇〇二年。
＊65　『芸術叢誌』二九号、明治一二年（一八七九）。
＊66　池田弥三郎「円朝の人情噺分析」『三遊亭円朝全集』第二巻、角川書店、一九七〇年。
＊67　東京大学法学部明治新聞雑誌文庫編『朝野新聞　縮刷版』23、ぺりかん社、一九九〇年。
＊68　註＊6カッコ内に同じ。
＊69　同右。

第三部

作品解析

第一章 「真景累ケ淵」

三遊亭円朝の代表作「真景累ヶ淵」は、安政六年（一八五九）の創作当初「累ケ淵後日の怪談」と称していた。江戸時代、下総国羽生村（現 茨城県常総市）を舞台とする怪談があった。鬼怒川べりで、累《かさね》という「姿見苦し」く「心ばえ」も悪い女が、入婿の与右衛門に殺された。与右衛門は、累の家産を奪い後妻をもらうが、みな早死にし、六人目の妻との娘である菊に累の霊が憑依する。名主たちは、苦しむ菊を救おうと、里修験らに祈祷を頼むが、菊の苦悶は続いて行く。その後、弘経寺（下総国飯沼）の高僧・祐天上人が登場し、その法力によって困難な除霊を行うが、その過程で、累の家に伝わる怨念と因果が明らかになっていく。菊に憑依したのは累だけではなかったのである。[*1] そこには、怖気をふるう展開がまっている（物語は省略）。

この怪談に登場する祐天（一六三七〜一七一八）は、増上寺・三六代法主となる実在の僧侶（浄土宗）である。国文学者の高田衛は祐天を「西洋のエクソシストと同じ」と語っている。[*2] 江戸時代、この怪談は「累物」として伝説・説話・浄瑠璃・歌舞伎などで広く語られた。現在確認できるもっとも古いものは天和四年（一六八四）、椋梨一雪が著した『古今犬著聞集』である。[*3] その後、元禄三年（一六九〇）、江戸本石町三丁目の書肆・山形屋吉兵衛から『死霊解脱物語聞書』が出版され、[*4] 一九世紀に入ると、滝沢馬琴が読本『新累解脱物語』を出版した（文化四年〈一八〇七〉）。さらに歌舞伎の世界では、鶴屋南北が「法懸松成田利剣」を創作した（初演、文政六年〈一八二三〉)。

これらの「累物」を通じ、江戸時代の庶民の間で、下総国羽生村の怪異、累の怪談は人気となっていた。六代目・三遊亭円生(一九〇〇~七九)は、得意とした「庖丁」という噺の中で、登場人物「とらんべえ」が酒の杯を重ねる場面で「おかさね、おかさね、与右衛門の女房おかさね」と語っている。江戸時代を舞台とした古典落語の中で、このようなクスグリが成り立つほど、「累物」はポピュラーな存在であった。

現在、常総市の鬼怒川の自然堤防上にある法蔵寺(浄土宗)には、累の墓がある。怪談「累物」の特徴は、因縁・因果が怨念として、幾重にも「かさね」られていくことにある。円朝は、これら先行する「累物」を念頭において噺を創作したとされている。[*5] 事実、円朝は下総国羽生村を紹介する場面において、

其所は只今以て累ケ淵と申ます、何云ふ訳かと彼地で聞ましたら、累が殺された場所で、与右衛門が鎌で殺したのだと申しますが。

と語っている。

第一節 「真景累ケ淵」のあらすじ

明治初年になり「累ケ淵後日の怪談」は、信夫恕軒の助言で「真景累ケ淵」と改題されたとされる。[*6] 現在、「真景累ケ淵」と原典の「累ケ淵後日の怪談」との相違を確認することはできない。円朝は、速記本『真景累ケ淵』の冒頭で、

怪談ばなしと申すは近来大きに廃りまして、余り寄席で致す者もございません、と申すものは、幽霊と云う

ものは無い、全く神経病だと云ふことになりましたから、怪談は開化先生方はお嫌ひなさる事でございます。

としている。本節ではその意味も考えたい。

以下、『円朝全集』第五巻をもとに、主人公新吉に視点を合わせ、あらすじを述べておきたい（便宜上見出しを付けた）。

宗悦殺し

時代の設定は、安永から寛政の頃と思われる。[*7]「真景累ケ淵」において、人物とくに男女の出逢いは因果・因縁によって彩られている。主人公新吉は、江戸・小日向服部坂上に住む小普請組の貧乏旗本・深見新左衛門の次男であった。借金を重ねた深見新左衛門は、鍼医で高利貸の皆川宗悦を殺害、その後、トラブルに巻き込まれ槍で突き殺されてしまう（深見家は改易）。

深見家が離散した後、新吉は皆川宗悦の長女・豊志賀と出逢い深い関係となる。新吉と豊志賀の出逢いからして因縁である。

豊志賀の死

豊志賀は、根津七軒町に住む富本の師匠である。新吉と母子ほども年が離れた豊志賀は、新吉が弟子の若いお久と親密な関係になった、と疑り悋気をおこす。彼女は逆上して「眼の下へポツリと訝しな腫物が出来て、その腫物が段々腫上」り、「お岩とかいうような顔付」となる。

当初、新吉は「世話になった事を思って、能く親切に看病」していたが、陰湿になっていく豊志賀に嫌気がさし、継母にいじめられているお久と密会、お久の伯父がいる下総に一緒に逃げよう、との相談となる。その時、突如、お久は新吉の胸ぐらを掴み「お前さんという方は不実な方ですねえ」と言い出すや、眼の下に腫物ができ、腫れあがっていく。新吉は恐ろしくなりその場から遁走、深夜にもかかわらず伯父勘蔵の所に逃げ込む。すると、そこにはすでに豊志賀が来ていた。豊志賀は新吉と「フッツリ縁を切る」つもりだと言う。新吉は病気の豊志賀を自宅まで送り届けることにして、彼女を駕籠に乗せる。そこに、町内から男が駆けつけ、豊志賀がさっき死んだと伝える。新吉が駕籠を開けてみると「今乗ったばかりの豊志賀の姿が見えないので、新吉はゾッと肩から水を掛けられたような心持」となる。

ここまでは、年嵩の女性・豊志賀が愛していた新吉に捨てられ「新さん」と語りながら失意のなかで死んでいく、という悲哀の物語となっている。しかし、彼女の次の書置によって雰囲気は一変する。

不実意な新吉と知らずに、これまで亭主と思い真実を尽くしたのは、実に口惜しいから、たとえこのまま死ねばとて、この怨は新吉の身体に纏って、この後女房を持てば七人まではきっと取殺すからそう思え。

ここから、豊志賀の怨念が「かさね」られていく。

お久殺し

豊志賀の墓参りで再会した新吉とお久は、下総国羽生村に駆け落ちする。江戸を出た二人は、水戸街道を北上して下総国に入り松戸に泊まり、ここから下妻街道に出て、翌日は古賀崎から流山を通り、夜になり水海道に至り、糀屋という店で夜食を取っている。新吉は、土地の者に道を尋ね、渡船場で鬼怒川を渡れば羽生村だと知る。二人は真っ暗闇の中、鬼怒川を渡り、土手を歩き羽生村に入る。その途中にあるのが鬼怒川の累ケ淵である。

深夜の累ケ淵で怪我をしてしまったお久は「死んだ豊志賀の通りの顔」になっていく。恐怖から錯乱した新吉は、拾った〝草刈鎌〟で彼女を誤って殺してしまい、死骸を川に投げ込み隠蔽する。しかし、このお久殺しは、土手の甚蔵に知られてしまう。

お累との婚礼

羽生村の土手の甚蔵宅に居着いた新吉は、お久が法蔵寺に葬られていることを知り、後ろめたさから墓参に出かけ、富裕な三蔵の妹で「美《い》い女」のお累と出逢う。殺されたお久の伯父とは、この質屋の三蔵であった。つまり、新吉が新たに出逢ったお累は、殺したお久の従姉妹というわけである。ここにも因縁が絡んでいる。

お累は新吉に「岡惚れ」したが、熱湯を顔に浴びて「片鬢はげ」「半面紫色」になってしまう。新吉の周囲に現れ、彼と深い関係となる女性の顔に現出する外傷こそ、豊志賀の怨念であり、「かさね」のメタファーなのである。

三蔵の計らいで新吉はお累を嫁にもらう。お累と所帯をもった新吉はこれまでの罪を償うために「改心」し、お久の従姉妹にあたるお累を「可愛がり、三蔵親子に孝行を尽」くす。

新吉の身上

病になった伯父勘蔵の見舞のため江戸に出た新吉は、勘蔵から身の上をすべて聞かされる。新吉には、新五郎という兄がいて、すでに獄門になったと言うのである。新五郎は放蕩から逐電し、旗本深見家が取りつぶしにあった後、江戸に帰ってきたが、行き場もなく下総屋惣兵衛という質屋で奉公していたところ、そこで中働きをしていたお園（豊志賀の妹）に「死ぬほど惚れ」、言い寄った際に誤って殺してしまい、やけになって店の金を奪って逐電、のち捕縛され処刑されたという、ろくでもない人物であった。このように、新吉の親族と豊志賀の親族とは互いに因縁で結びつき、ともに陰惨な最期を迎えた、という設定となっている。

新五郎を町奉行に訴えたのが、当時、下総屋で働いていた三蔵（累の兄）であったため、新五郎は新吉の夢に現れ、憎い三蔵の妹と結婚したことはゆるせん、と語るのである。

お賤登場と新吉の変貌

下総に帰るとお累が新吉の子を出産していたが、この赤ん坊は「夢に見ました兄新五郎の顔に活写し」であった。新吉は「皆これ己の因果」と恐れ、お久の墓参に出る。その折に、江戸から出てきて、羽生村名主・惣右衛門の妾となっているお賤と出逢い、「江戸者」の両者は惹かれ合う。

お累の「お化けのような顔」と、兄の獄門首に似た赤ん坊に恐怖した新吉は、家に帰らずお賤と親密になり「鬼」のような「悪党」へと変わっていく。新吉は、病気になったお累を「頭の兀てる所を打つと、手が粘って変な心持がするから、棒か何か無えか、其処に麁朶があらア、その麁朶を取ってくんな」として打擲する。さらに、赤ん坊の顔に煮え湯を掛け殺し、お累の頭から肩へも熱湯を浴びせ、平然と家を出ていく。

新吉は遊び仲間の作蔵と共にお賤の宅で酒を飲んでいる。すると、雨の中「びしょ濡になって、利かない身体で」死んだ赤ん坊を抱いたお累が訪ねてきて、今夜中に赤ん坊の弔いを出して欲しいと頼む。「癇癪に障った」新吉は「突然、利かない身体」となってしまったお累を、死んだ赤ん坊もろとも突き転がす。お累はしかたなく帰る。新吉たち三人は寝るが、深夜「お累さんが赤ん坊を抱いて、ずぶ濡れで、痩せた手を己の胸の上へ載せて、よう新吉さんを帰しておくんなさいよ」と言うので恐ろしいと作蔵が訴える。その直後、お累が死んだという急の知らせが入る。お累は、自宅で死んだ赤ん坊を抱いて、あの〝草刈鎌〟で自害していたのである。

名主・惣右衛門と土手の甚蔵殺し

お累が死んだ後、新吉はお賤にそそのかされて、財産目当てで、お賤の旦那・惣右衛門を「人情としてできねえ」といいつつも殺害する。さらにこれをネタに強請りにきた土手の甚蔵をも殺そうとするが失敗、お賤が鉄砲で撃ち殺す。その後、新吉・お賤の二人は羽生村を出奔する。

惣吉の仇討ち

ここで、噺は横道にそれ、新吉に殺された惣右衛門の子で、名主役を引き継いだ惣次郎一家の話となる。新吉とお賤は登場しない。

惣次郎は恩をかけた、山倉富五郎という旗本の元用人に裏切られ、剣術者・安田一角に殺される。惣次郎の仇討に出た妻のお隅は、山倉富五郎を討つことはできたが、安田一角に殺されてしまう。残された母親と弟・惣吉は、惣次郎・お隅の仇討ちを決意し、かつて惣次郎が贔屓にしていた関取・花車重吉に助っ人を頼むため江戸への旅に出る。

江戸への旅の途中、上総・小金ケ原で、惣吉の母は、比丘尼に殺され、所持金一二〇両も盗まれる。途方に暮れた惣吉は、藤心村の観音寺の和尚の勧めで宗観と改名し、和尚の弟子となる。

安田一角は上総の木卸に至る間道の明神山に隠れ住み、一四・五人の手下と共に追剥をしている。

新吉・お賤の再登場

かつて、羽生村で新吉と「悪さ」をしていた作蔵が、下総戸ヶ崎村の近くの街道で馬子をしている。作蔵が休憩のために入った茶店で、新吉・お賤が酒を飲んでいて、偶然の再会となる。作蔵は、大金をもった三蔵がこの街道を通るはずだ、と言う。新吉・お賤・作蔵の三人は三蔵を襲う。新吉は三蔵と供の与助を殺害、さらに作蔵をも手にかける。

この殺し場で、お賤は作蔵に殴られ、顔に怪我をする「痣は半面紫色に黒み掛かり、腫れ上がっていましたから」新吉は、〝草刈鎌〟で自害したお累の顔を想起し「お累が己の身体に附纏って、祟りをなす事ではないかとさすがの悪党も怖気立」つ。ついに、お賤にも豊志賀の怨が「かさな」ったのである。

新吉の戦慄

三蔵・与助・作蔵の三人を殺害した新吉・お賤は、塚前村の観音堂で休息する。そこには、比丘尼が一人で住んでいた。身の上話から、この比丘尼は深見新左衛門の妾お熊であり、お賤の実母であることがわかる。なんと、深見新左衛門はお賤の実父であった。つまり、お賤は新吉の腹違いの妹であった。新吉はこの事実に戦慄し「今まで知らずに夫婦になって、もう今年で足掛七年、ああとんだ事をしたと身体に油の如き汗を流」す。さらに、羽生村でお賤が殺害した土手の甚蔵はお賤の兄であったことに気付いた新吉は、

　実に因縁の深い事、アアお累が自害の後、此お賤がまたこういう変相になるというのも、九ケ年前、狂死なしたる豊志賀の祟なるか、成程、悪い事は出来ぬもの、己は畜生同様兄妹同士で夫婦になり、この年月互に

連れ添っていたは、あさましい事だと思うと総毛立ち、
涙を落し呆然としている。

新吉・お賤の懺悔

新吉は、側に寄るなとお賤を突き放し、

まだ此のお賤には色気がある、此畜生奴、本当にお前や己は、尻尾が生えて四つん這になって椀の中へ面ア突込んで、肴の骨でもかじる様な因果に二人とも生まれたのだから。

と語りかける。

直後、比丘尼（お熊）の観音堂を寺男の音吉を連れた宗観（惣吉）が尋ねる。その場の会話から、目の前にいる宗観が、殺害した惣右衛門の子供であることを知った新吉は「背筋へ白刃を当てられるより尚辛い」と「黙然」としている。

この緊張する場面で、音吉が羽生村の質屋の三蔵から出たという鎌を取り出す。新吉は、それがあの〝草刈鎌〟であることに気付き、

アー丁度今年で九ケ年以前、累ケ淵でお久を此の鎌で殺し、続てお累は此の鎌で自殺し、廻って今また我手へこの鎌が来るとは、アー神仏が私のような悪人をなに助けて置こうぞ、此の鎌で自殺しろと云わぬばかりの懲しめか。

と思いつめ突如、「お賤の咽喉へ鎌を当てプツリと刺し貫」き、ここまでの経緯を宗観（惣吉）にすべて話し懺悔し、惣吉に仇の安田一角の居場所を教え、〝草刈鎌〟を自分の腹に突き立て息絶える。

すると今度は、比丘尼（お熊）が惣吉の母を殺し、金を奪ったのは自分であると告白し、この〝草刈鎌〟で喉を「掻切って」死んでいく。

大団円

宗観（惣吉）は還俗して羽生村に帰り、江戸へ出て関取花車を頼み、安田一角の仇討ちに向かい、花車の加勢によって敵を討ち取る。その後「惣吉は十六歳の時に名主役となり、惣右衛門の名を相続」し、「これでまず、おめでたく累ケ淵のお話は終わりました」と大団円をむかえる。

第二節　渦巻く悪と連続する暴力

複雑なストーリーをもつ長編「真景累ケ淵」という怪談噺が、文明開化期においてもなぜ人びとを惹きつけたのであろうか。主人公ともいうべき新吉の行動を解析して考えてみたい。

殺し場での新吉

「真景累ケ淵」における男女の出逢いは、因果・因縁によって彩られている。新吉は、高利貸の皆川宗悦を殺害した旗本・深見新左衛門の次男であり、殺された宗悦の長女が豊志賀なのである。新吉と豊志賀の出逢いからして因縁である。病になり顔が崩れた豊志賀を介抱する新吉は、誠実であり師匠への義理を貫いている。しかし、お久と逢うことによって義理を忘れ、悋気の塊になった豊志賀を捨てていく。円朝は、新吉の心理の変化を丁寧に語っている。古今亭志ん朝（三代目）にみるように、かならずしも怪談噺を専門としない噺家でもこの場面を「豊志賀の死」として独立させて高座にかけている。現代でも、客が新吉・豊志賀に感情移入できるからであろう。

羽生村に、お久と駆け落ちした新吉が、彼女を殺してしまう場面で、円朝は「死んだ豊志賀が祟って」いるからだと語る。新吉は自責の念から法蔵寺にあるお久の墓参りをしている。新吉は、お久殺しを悔やみ、豊志賀の怨念を恐れる気弱な男として語られている。

お累と夫婦となった新吉は、顔が崩れたお累を可愛がり、孝行も尽くし誠実に暮らしている。お累の「お化けのような顔」に豊志賀の祟りを見、兄の獄門首に似た赤ん坊に兄の怨念を思った新吉は徐々に変わっていくが、円朝はこの段階の新吉を悔悟と良心を有している人物としているのである。

しかし、新吉は「江戸者」のお賤と出逢うことにより、お累と赤ん坊に凄まじい折檻を与え、赤ん坊を殺してしまう「鬼」へと豹変するのである。近代文学を読み慣れたわれわれにとって、新吉の変貌はあまりにも唐突で、噺の展開に合点がいかないかもしれない。この折檻の場面はあまりにも凄惨である。「真景累ケ淵」を通しで高座にかけていた桂歌丸（一九三六〜）は、この場面の語りを変え、打擲された際にお累はあやまって赤ん坊を土間に落としてしまい、「打ちどころが悪く」死んでしまうとしている。[*8] この噺の変更について歌丸は、原作のままでは「罪悪感に陥ってしまいます」と述べている[*9]。

お累自害以降、お賤とペアになった新吉は、名主惣右衛門・土手の甚蔵・三蔵・与助・作蔵らを次々と殺害していく「悪党」として描かれている。新吉は、お久・お賤など、美女との出逢いにより、変貌していった。女性への情欲が新吉を変えていったのである。一方、新吉と出逢った女性たちはみな、新吉と関係をもったために死んでいき、お賤だけが新吉と最後まで行動を供にしていく。
「真景累ケ淵」は怪談噺の形をとっている。至極当然であるが、怪談となるためには人が殺害されなければならない。円朝は、新吉に関連する殺し場をいかに語っているのであろうか（累殺しは右に触れた）。

お久殺し

新吉は、誤ってお久を殺してしまう。この場面を円朝は、お久に豊志賀が憑依したごとくに語る。この殺し場を支配するのは豊志賀の怨念である。

名主惣右衛門殺し

「人情として出来ねえ」としぶる新吉を「度胸の能い」お賤が手伝って惣右衛門を殺害する。前もって惣右衛門に遺言状を書かせるなど、殺害までの段取りはすべてお賤がたてている。円朝は「新吉はそれほどの悪党でもないから」と語っている。

土手の甚蔵殺し

強請に来た甚蔵を殺害するのも、計画はすべてお賤が立案している。新吉は甚蔵殺しに失敗、逆襲する甚蔵にトドメをさすのはお賤である。名主惣右衛門・土手の甚蔵殺し、ともにリードしているのはお賤である。

三蔵・与助・作蔵、そして、お賤殺し

羽生村を出奔して年月が経過し、再登場した新吉・お賤は旅の生活からか、すさみきった刹那的雰囲気にあふれ、とくに新吉の存在感は増大している。殺し場で新吉に迷いはない「突然《いきなり》与助の腰を付き」、胴金を「突然《だしぬけ》に三蔵の脇腹へ突っ込」み、さらに、分け前を要求する作蔵を用水に沈め、トドメをさしている。お賤のリードを必要としていない。羽生村に居たときの新吉とはまったく別人であり、凄みのある「悪党」になっている。

ここまでの作業で見たように、「真景累ケ淵」を新吉の物語として切り分けたとき、お賤の存在が極めて大きいことに気付く。新吉はお賤と出逢って「鬼」と化し、お賤に煽動され迷いつつ、人を殺めるようになり、お賤との逃亡生活のなかで人を「突然」殺す「悪党」になっていくのである。一方、お賤は、三蔵殺しの場で顔に傷を負い「半面紫色」に腫れあがってから、新吉に嫌われることを恐れる脆い女へと急変する。お久・お累・お賤と、新吉と関係をもつ女性に現れる顔の傷痍は、いうまでもなく豊志賀の祟りの固塊であり、新吉の「不実」を象徴したものとなっている。

お熊比丘尼の身の上話を聞いた新吉は慄然として突然〝草刈鎌〟で顔が崩れたお賤を刺す。「七顛八倒の苦しみ」のお賤と新吉の懺悔が始まり、新吉も〝草刈鎌〟で自害する。強引な幕引きである。この〝草刈鎌〟は、お久殺害、お累の自害に使用され、新吉の悪を隠喩する道具であり、改悛した新吉・お賤、そして、噺そのものを因果応報の中に封印し浄化させるために必要とされたのである。

円朝は「新吉・お賤は、実は仏教で申しまする因縁で、それほどの悪人でもございませんでした」と語る。円朝が「仏教の因果応報や輪廻の思想を背負いながら、日本民族の底に流れる人情（精神）を、哲理をもって解明しようと試みた」という解釈は、円朝研究のなかでくり返されてきた。[*10] 論拠は円朝が一時期、影響を強く受けた

兄・玄正の寺で仏教の修行をしていたからであるという。新吉・お賤の因縁の物語をそれだけで説明できるであろうか。客あっての落語である。客の合意がなければ芸は続かない。

第三節　因果応報・勧善懲悪と仇討ち（自力のわざ）

方便としての怪異

「真景累ケ淵」を規定する要素は、因果・因縁と悪・暴力であり、この二つの要素が重なり合って物語は動いていく。客を引きつけるために、いわば方便として、当時人気であった「累物」の怪異を絡めたに過ぎない。

主人公は新吉と、かれをとりまく女性達である。そして、この噺のドラマツルギーは、貧乏旗本・深見新左衛門が借金相手の鍼医皆川宗悦を理不尽に斬り殺すところから始まっていた。新左衛門の長男・新五郎は、宗悦の次女お園を殺害し獄門となり、次男は「悪党」に豹変し、凄惨な暴力を行使する新吉である。

新吉の「悪党」ぶりと、妻お累への凄惨な暴力に関してはすでに触れた。新吉が登場しない場面では、剣術者安田一角の狡猾かつ執拗な暴力と、仇討ちという復讐の暴力との交叉で噺は進行する。円朝は、お熊（比丘尼）が自害する伏線として、彼女は惣吉の母を殺していたという唐突な暴力まで絡ませていたのである。そして、これらの暴力を外部から断ち切る公権力（幕藩領主）の介入などは一切ない。因縁に縁取られた暴力は、新吉・お賤・お熊という「悪党」たちの自滅と、仇討ちが達成されるまで連鎖していくのである。そして、新吉と関係をもった女性のうち、豊志賀の怨念によって顔が腫れあがっているにもかかわらず、お賤だけは生き残るのである。

円朝は近親相姦という新吉・お賤の因果・因縁の結末を強く印象づけるため、噺の最後までお賤を生かしたのでである。

悪を浄化させる仇討ち（自力のわざ）

昭和の名人の一人である五代目・古今亭志ん生は、人情噺と講談とを区別して、講談は地の説明で進めていくのに対して、人情噺は会話体で「あまり説明はくどくどしないで、雰囲気でしゃべっていく」としている。[*11] 人情噺とは、一人芝居なのである。芸の形からいえば、怪談噺も同じである。

ところで、円朝は河竹黙阿弥と懇意であったとされる（第一部第二章）。円朝は、二三歳も年長であり名声を確立していた黙阿弥に芸の面で影響をうけ、一人芝居としての人情噺・怪談噺というジャンルを創り上げたのである。芝居好きの庶民が熱狂したわけである。しかし、それだけではないであろう。

「真景累ケ淵」に登場する悪と暴力はすさまじい。登場人物たちはまったく幕府権力をあてにしていない。また、羽生村の名主・惣右衛門は世間知らずのお人好しで、地域指導者としての存在感などまったくない。国家権力に係属する政治的中間層に対する円朝の視座は冷めている。「真景累ケ淵」の世界には、幕末社会を語るに欠かせない、暴力・悪・権力への不信（恩頼感の低下）といった要素すべてが出そろっていたのである。

安政期、円朝が「真景累ケ淵」で語った悪と暴力の多くは、関東周辺地域で発生したものであり、江戸ではなかった、という事実がある。ところがその後、桜田門外の変・三田騒動、そして上野戦争など、暴力が日常空間に入り込んでくる（第一部第二章）。江戸の人びとはまぎれもない暴力を経験したのであり、それは、文明開化期になっても消えることのない陰惨な記憶として残り続けたのである（第四部第一章）。人は因縁により凄惨な暴力の担い手（悪）へと変貌するが、その悪は因果応報によって亡びていく。円朝は因果応報と勧善懲悪を結びつけ、されに悪を浄化させる仇討ち(自力のわざ)を語り込んだのである。これらの時代背景と、人びとの中に残る暴力の記憶が、この噺を創り上げ、文明開化期に至るも、人びとの共感を呼んだのである。

註

＊1 「死霊解脱物語聞書」高田衛他校訂『近世奇談集成』一、国書刊行会、一九九二年。
＊2 高田衛『新編江戸の悪霊祓い師』筑摩書房、一九九四年。
＊3 井上敏幸・山本秀樹「解題」京都大学文学部国語学国文学研究室編『京都大学蔵大惣本稀書集成』第七巻、臨川書店、一九九六年。
＊4 服部幸雄『変化論:歌舞伎の精神史』平凡社、一九七五年。
＊5 宮信明「素噺との出会い 三遊亭円朝『真景累ケ淵』論」『立教大学日本文学』第一〇三号、二〇〇九年。
＊6 「解説」三遊亭円朝『真景累ケ淵』岩波書店、一九五六年。
＊7 とはいえ、物語はフィクションであり噺のなかには「八州」=関東取締出役という語彙が出ている。
＊8 桂歌丸「お累の自害」『真景累ケ淵』テイチクエンタテイメント、二〇〇六年。
＊9 桂歌丸他「対談 噺家にして稀代の書き手」『東京人』№二四四、都市出版、二〇〇七年。
＊10 関山和夫「解説 円朝の人情噺分析」『三遊亭円朝全集』第二巻、角川書店、一九七五年。
＊11 古今亭志ん生『びんぼう自慢』筑摩書房、二〇〇五年。

第二章　「怪談牡丹燈籠」

文久元年（一八六一）、二三歳の円朝は「怪談牡丹燈籠」を創作した。牛込軽子坂（現　新宿区神楽坂）に住む隠居から、飯島孝右衛門という旗本が軽子坂の自宅で下男に討たれたという話を聞き、これを下地に、兄玄正から教示をうけた海音如来の呪文と『剪燈新話』[*1]に収録された「牡丹燈記」のストーリーとを交えて創作した、とされている。[*2]なお、「牡丹燈記」は複数の写本が日本に伝えられた。これに関しては石井明が詳述している。[*3]

現在、わたしたちが読むことができる活字化された円朝作『怪談牡丹燈籠』は明治一七年（一八八四）東京稗史出版社から速記本として刊行されたものである。ただし、活字化された『怪談牡丹燈籠』は円朝が高座で演じた噺の忠実な再現とはなっていない、という見解がある。[*4]また、国文学者の高野実貴雄は、円朝が「稗史小説」の読手を意識して速記本『怪談牡丹燈籠』を創ったと述べ、[*5]宮信明は、明治期に加筆訂正された可能性を指摘している。[*6]文久元年（一八六一）、円朝が創作したオリジナルの「怪談牡丹燈籠」と活字本『怪談牡丹燈籠』との差違を厳密に比較検討することは残念ながら不可能である。

岡本綺堂は「怪談牡丹燈籠」について、

一三、四歳のころ、『牡丹燈籠』の速記本を読んだところ、とくに怖いと感じなかった、その後、円朝が「怪談牡丹燈籠」を高座にかけるというので聴きに行ったところ「だんだんに一種の妖気を感じて来た（中略）。

私はこの話の舞台となっている根津のあたりの暗い小さい古家のなかに坐って、自分ひとりで怪談を聴かされているように思われて、

と、興味深いことを語っている。[*7]

旧幕臣の長男として東京芝高輪に生まれた岡本綺堂という早熟な少年が、速記本『怪談牡丹燈籠』を買い求め、寄席で噺を聴いていた、というのである。当時、それほどまでに円朝の「怪談牡丹燈籠」は東京の人びとの間で人気があったわけである。また、円朝の話術の凄みを伝える挿話とも言える。明治五年（一八七二）生まれの岡本綺堂が一三、四歳の頃であるから、右の回顧は明治一八、九年（一八八五～五六）であり、『怪談牡丹燈籠』の速記本が出版された一、二年後となる。その頃、円朝は円熟期を迎えていた。

第一節　「怪談牡丹燈籠」のあらすじ

円朝は二つの物語を同時進行させる形（テレコ）で「怪談牡丹燈籠」を創作した。飯島平左衛門が娘のお露を家から出したところから、噺は二つに別れる。二つの物語の中心人物（主人公）は孝助と伴蔵である。二人はまったく互いに関わり合うことなく行動していくが、物語の終盤で出逢うことになる。以下、テレコの「怪談牡丹燈籠」を分析するために、便宜的に「孝助の物語」「伴蔵の半生」とわけて、二つの物語のあらすじを、『円朝全集』第一巻をもとに、まとめて紹介していきたい。

㈠孝助の物語

奉公に来た孝助

寛保三年（一七四三）四月一一日、湯島天神の祭礼の日、本郷三丁目の刀屋の店先で「身持ちが悪く、酒色に耽」り、乱暴狼藉を働いた黒川孝蔵を若侍が斬殺する。ここから「怪談牡丹燈籠」は始まる。この「悪侍」黒川孝蔵とは、孝助の実父であった。「孝助の物語」は最初から、暴力に満ちている。

孝蔵を斬り殺した若侍は、のちに孝助の主人となる若き日の飯島平左衛門であった。その後、飯島平左衛門は「真影流（ママ）」を極めた凛々しい「智者」となり、孝助は「草履取」として飯島家の奉公に上がる。

悪女お国の悪巧み

飯島平左衛門には国という「妾」がいた。彼女は隣家の宮野辺源次郎と不義密通の仲となっていた。これに孝助が気付く。お国は、飯島家乗っ取りを企図、源次郎を誘惑して飯島平左衛門を殺害させようとする。しかし、源次郎は、

情があるから出来ないよ、私のためには恩人の伯父さんだもの、どうしてそんな事が出来るものかね。

と語る。これに対して、お国は「こうなる上からは、もう恩も義理もありはしませんやね」とけしかけ、さらに、源次郎は剣術が下手だから、釣りに誘い川の中に「突き落として殺しておしまいなさいよ」と迫っている。

因縁の主従

飯島平左衛門の「草履取」として奉公する孝助は、主人・平左衛門に「親父の仇討」をするため剣術を習いたいと願い出る。孝助は登場の場面から仇討ちという業を背負っている。孝助は、実父・黒川孝蔵を飯島平左衛門に斬り殺されており、孝助にとり平左衛門は仇であった。この事実に平左衛門は気付くが、孝助はまったく知らずに、主人平左衛門への忠義を尽くしていく。

襲撃される孝助

孝助はお国・宮野辺源次郎の奸策の一部始終を立ち聞きし、いっそのこと「源次郎・お国の両人を鎗で突き殺して、自分は腹を斬ってしまおう」と覚悟を極めている。一方、お国は悪だくみが孝助に露見してしまったことに気付き、源治郎に孝助殺害を頼む。しかし、源次郎は剣術が下手なので、武芸を習っている孝助を斬殺することはできない。そのころ、水道端の相川新五兵衛家の一人娘お徳と、孝助との縁談話ができあがっていた。ところが、宮野辺家の相助という若党が、お徳に惚れていた。源次郎はこれを利用し、相助に孝助を襲わせるが、剣術を修行している孝助はこれを簡単に撃退している。翌日、源次郎が飯島家に来て、うちの相助が孝助と喧嘩をしたので暇を出した。ついては、喧嘩両成敗ということで、飯島家でも孝助を解雇してもらいたいと迫る。しかし、平左衛門は源次郎の申し出を拒否する。

飯島平左衛門の思い

お国は孝助を追い出すため、孝助に金子盗難の疑いをかける。平左衛門もこの話を信じ、孝助を「手打」にす

る、と言い出す。孝助は、

家来が殿様のお手に掛って死ぬのは当然のことだ（中略）、後でその金を盗んだ奴が出て、ああ孝助が盗んだのではない、孝助は無実の罪であったという事が分るだろうから、今お手打になっても構わない。

と語っている。

孝助が手打になる、という場面で、平左衛門は一〇〇両の金子が出てきた、自分が仕舞ったことを忘れていた、として、家中の奉公人たちを集めた上で、孝助に丁寧に詫びを入れる。ここは、主従の忠義が強調される場面となっている。

飯島平左衛門の死

槍を研ぎ、お国・源次郎を殺す用意をした孝助であるが、誤って平左衛門を突き深手を負わせてしまう。平左衛門は苦痛のなかで、自分は、孝助の実父の仇であることを明かす。これに対して、孝助は、

たとえ親父をお殺しなさりょうが、それは親父が悪いから、かくまで慈愛ある御主人を見捨てて脇へ立退けましょうか、忠義の道を欠く時はやはり孝行も立たない道理。

と答えている。孝助は、父への孝行（仇討ち）を捨て、「慈愛ある」主人への「忠義」を取ったのである。

このままでは公儀に露見し、飯島の家は改易となってしまう。これを恐れた平左衛門は孝助に逃げろと命じる。孝助は平左衛門の形見の刀を譲りうけ、相川の屋敷に逃れ、相川新五兵衛に事の顛末を語る。すると、そこには、事前に飯島平左衛門が出した遺書があった。その内容は、わざと孝助に討たれること、お国・源次郎は、お国の実家がある越後に逃亡するであろうから、孝助にこれを追わせ、主人の敵を討たせたのち、孝助とお徳との子供

に飯島家を再興させてもらいたい、というものであった。平左衛門は、お国・源治郎の悪事を見透かしていたわけである。

主人平左衛門が、妾のお国と隣人の宮野辺源次郎の悪計がもとで殺害されてから以降、孝助は主人の仇としてこの二人を越後路・信州路・美濃路と追っていく。ここから孝助の忠義に基づいた仇討が始まる。

母・おりえとの再会

孝助は、村上に宮野辺源次郎とお国が逃走したと推察し、越後まで旅をして行くが、探索に失敗、越後路から信州路、美濃路を通って、飯島平左衛門の一周忌のために江戸へ戻り、平左衛門の墓がある新幡随院に到着する。その後、一年ぶりに相川家に戻る。すると、お徳とのあいだに子供が誕生していた。孝助はこの長男・孝太郎を飯島平左衛門の生まれ変わりと思っている。

翌日、孝助は相川新五兵衛とともに、人相を見てもらうために白翁堂勇斎を訪問、仇討ちは遂げられるか、別れた実母に会えるか、と質問する。その直後、女性が尋ね人のことで白翁堂に相談に来る。彼女こそが、孝助が幼い頃別れた実母おりえであった。孝助は彼女に、父が酒乱で無惨な死を遂げたこと、お国という女を主人の仇として探していることなどを伝える。すると、おりえは、お国と源次郎を下野の自宅でかくまっていると言う。なんと、お国は、おりえが再婚した越後村上の樋口屋五兵衛の連れ子（おりえの義理の娘）であった。円朝は、ここにも因縁を絡めている。

おりえは仔細あって越後村上を引き払い、宇都宮の杉原町に来て、五郎三郎（お国の兄）の名前で荒物屋を開業、今は江戸見物にきていたというのである。

彼女は「手引きをして」きっと源次郎とお国とを討たせるからと力づける。翌朝、孝助とおりえは宇都宮へ出立する。

おりえの義理

「孝助の物語」は終盤となる。孝助とおりえは、日光街道を下野に向かい、幸手・栗橋・古河・真間田・雀宮を通過して、三日間かけて宇都宮に入っている。おりえの居宅は宇都宮の杉原町にある荒物屋であり、孝助は宇都宮池上町の角屋に宿を取る。おりえは、孝助のためにお国・源次郎が隠れている部屋に忍び込めるように手筈を整える。

しかし、孝助は血を分けた実子だが、一方、お国は再婚し、恩義のある樋口屋五兵衛の娘である、という事実に苦悶し、

縁の切れた悴の情に引かされて、手引をしてお前達を討たせては、亡くなられたお前の親御・樋口屋五兵衛殿の御位牌へ対して、どうも義理が立ちませんから。

として、おりえは、お国・源次郎を逃がしてしまう。

孝助は仇討ちのための準備をし、示し合わせた通りに屋敷に忍び込むと、おりえが念仏を唱えている。彼女は孝助にお国・源次郎を逃がしたと告げ、「その言訳はこうしてする」言うや、「膝の下にある懐剣を抜くより早く、咽喉へガバリッと突き立て」「両人を逃がせば死ぬ覚悟」で、

再縁した家の娘がお前の主人を殺すと云うは実に何たる悪縁か、さア私は死んで行く身（中略）、幽霊が云うと思えば五郎三郎に義理はありますまい。

と語り、お国・源次郎の逃げて行った先を孝助に教える。

本懐をとげる孝助

お国・源治郎は、宇都宮から鹿沼へ逃げる途中で、雲助に落ちぶれて宇都宮まで流れてきた相助と偶然再会し、孝助を返り討ちにしようと、「十郎ケ峯」に潜んでいる。これを察した孝助は先に進んで斬り抜けていき、ついに、お国・源次郎を捕まえ、二人が泣きながら「免せえ、勘忍しておくんなさいよう」と言うのも無視し、次のように「なぶり殺し」にしていく。

「手前のような悪人に旦那様が欺されておいでなすったかと思うか」と云いながら顔を縦横ズタズタに切りまして、また源次郎に向い「やい源次郎、この口で悪口を云ったか」とこれも同じくズタズタに切りまして、また母の懐剣で留めをさして、両人の首を斬り、髻を持ったが、首級というものは重いもので。

この場面は、上野戦争や官軍・旧幕府軍との市街戦を経験した円朝の生々しい描写とされている。

江戸に帰った孝助は、主人の敵を討ったことにより、長男・光太郎に飯島の家を継がせることに成功する。これで「孝助の物語」は終わる。

以上が、「孝助の物語」のあらすじである。そこには、まったく怪異・幽霊は出てこないのである。続いて、「伴蔵の半生」のあらすじを確認しておきたい。

(二)伴蔵の半生

お露・萩原新三郎の出逢い

飯島平左衛門は水道端の旗本三宅家から妻を迎え、二人の間には「頗る御器量美」のお露が生まれた。妻が死去した後、平左衛門の「妾」となったお国と、お露の関係が悪化する。「伴蔵の半生」の冒頭のみ飯島平左衛門は登場するが、お露の実父という設定だけであり、「孝助の物語」と重なることはない。平左衛門は「面倒な事と思い」一七歳になったお露にお米という女中を附けて、実家から出し別居させてしまう。

一方、根津の清水谷に田畑・貸長屋を持ち、二一歳独身で美男の萩原新三郎という若者がいた。飯島家出入りの幇間医者でおしゃべりな山本志丈が、お露と萩原新三郎を逢わせると、お露は「カッと逆上せて耳朶が火の如くカッと真紅にな」るほど、新三郎に惚れ「あなたまた来て下さらなければ妾は死んでしまいますよ」と告白する。

「焦れ死」にしたお露の幽霊

新三郎の孫店に店賃なしで、住まわせてもらい、掃除・洗濯など新三郎の雑用をこなして「家来同様」に使われて、どうにか生きている伴蔵・おみねという貧乏夫婦がいた。伴蔵は三八歳、女房おみねは三五歳、この伴蔵を軸に噺は展開する。そして、「伴蔵の半生」には怪異があふれている。

「美男」の萩原新三郎に「焦《こが》れ死《じに》」したお露は、新三郎への未練から、ともに死んだ女中のお米と一緒に幽霊となり、毎日深夜になると、燈籠をさげ、下駄を「カラコンカラコン」と鳴らし、根津の清水谷に住む新三郎の所までやってくる。円朝は聴覚の効果まで入れて、次のように幽霊登場の場面を念入りに語り込む。

カラコンカラコンと珍らしく駒下駄の音をさせて、生垣の外を通るものがあるから、ふと見れば、先きへ立ったのは年頃三十位の大丸髷の人柄のよい年増にて、その頃流行った縮緬細工の牡丹芍薬などの花の附いた燈籠を提げ、その後から十七、八とも思われる娘が、髪は文金の高髷に結い、着物は秋草色染の振袖に、緋縮緬の長襦袢に繻子の帯をしどけなく締め、上方風の塗柄の団扇を持って、パタリパタリと通る。

萩原新三郎はお露・お米が幽霊であるとは思っていないため、

両人ともにその晩泊まり、夜の明けぬ内に帰り、これより雨の夜も、風の夜も毎晩来ては夜の明けぬ内に帰る事。

という事態が七日間続いた。これによって、新三郎とお露の中は「漆の如く膠の如くになりまして、新三郎もうつつを抜かして」いた。

この様子をのぞき見た伴蔵は「びっくりし、ぞっと足元から総毛立ち」夜明けを待ち、白翁堂勇斎を訪ね、

骨と皮ばかりの痩せた女で、髪は島田に結って、鬢の毛が顔に下り、真青な顔で、裾がなくって腰から上ばかりで、骨と皮ばかりの手で萩原様の首ったまへかじりつくと、萩原様は嬉しそうな顔をしていると、

と語り出す。白翁堂は、幽霊と寝れば「必ず死ぬ」と言い、この旨を新三郎に伝え「毎晩来る女は幽霊だが、お前知らないのだ」と言う。恐ろしくなった新左衛門は、三崎にあるというお露の自宅を訪ねる。しかし、探し出すことはできず、帰宅途中に新幡随院を通り抜けようとした時、「牡丹の花の綺麗な燈籠が雨ざらしになって」いる新墓を見つける。気になった新三郎は寺の僧に尋ね、これがお露の墓であり、女中も看病疲れで死んだため、一緒に葬られたことを知る。幽霊のお露に惚れられた新三郎はその恐怖から、白翁堂の紹介で新幡随院の良石和

尚に救いを求める。良石は、

ただ恋しい恋しいと思う幽霊で、三世も四世も前から、ある女がお前を思うて生きかわり死にかわり、容は種々に変えて附纏うているゆえ、遁れ難い悪因縁。

があると言い、御札を家の四方八方に貼り付け、死霊除のために金無垢の海音如来の守りを身につけていろ、と助言する。夜になり、新三郎は家の周囲にお札をはって読誦している。お米・お露の幽霊は家の中には入れない。このような夜が続いていく。

幽霊との交渉

ある晩、おみねが内職をして、伴蔵が蚊帳の中でごろごろしていると、「八ツの鐘がボンと聞え、世間はしんといたし、折々清水の水音が高く聞え、何となく物凄く」なってきたところ、お米の幽霊がやってきて、新三郎の家に貼ってあるお経のお札をはがして欲しいと頼む。伴蔵はこのことをおみねに打ち明ける。おみねは、

明日の晩、幽霊が来たらば、おまえが一生懸命になってこうお言いな、まことに御尤もではございますが、あなたは萩原様にお恨がございましょうとも、私ども夫婦は萩原様のお蔭でこうやっているので、萩原様に万一の事がありましては、私ども夫婦の暮し方が立ちませんから、どうか暮し方の付くように、お金を百両持って来て下さいまし、そうすれば、きっと剥しましょう、とお云いよ。

と、気弱な伴蔵をそそのかす。この台詞のあと、円朝は「慾というものは怖ろしいもので」と語っている。

伴蔵・おみねは、萩原新三郎の家のお札を剥がし、新三郎がつねに身につけている金無垢の海音如来像の御守りを盗み出すことに成功する。そしてその夜、八ツの鐘が響き、「カランコロンカランコロン」との駒下駄の音

を立ててやってきたお米の幽霊から、伴蔵は約束の一〇〇両を受け取る。こうして、お露（幽霊）は新三郎に逢えるのである。

翌日、伴蔵は死体になった新三郎を発見する。白翁堂勇斎とともに確認した新三郎の死に様は、次のように物凄い。

萩原新三郎は虚空を掴み、歯を喰いしばり、面色土気色に変り、よほどな苦しみをして死んだものの如く、その脇に髑髏があって、手とも覚えしき骨が萩原の首玉にかじり付いており、あとは足の骨などがばらばらになって、床の中に取散らしてある。

白翁堂は、萩原新三郎の首に海音如来像が無いことに気づき、伴助が盗んだものと疑い始める。伴蔵は、自分の悪事を隠すため、住居を逃げ出そうと思うが「慌てた事をしたら人の疑いがかかろう」と思案し、自分から近所の人に、

自分から近所の人に、萩原様のところへ幽霊の来るのを、おれがたしかに見たが、幽霊が二人でボンボンをして通り、一人は島田髷の新造で、一人は年増で牡丹の花の付いた燈籠を提げていた、あれを見る者は三日を待たず死ぬから、おれは怖くてあすこにはいられない。

と言いふらし、幽霊の評判が広がったところで、伴蔵・おみねは栗橋在（伴蔵の故郷）に引っ越して行く。

おみね殺し

萩原新三郎怪死の後、伴蔵は盗んだ金無垢の海音如来像を隠し、おみねとともに伴蔵の故郷である栗橋宿へ引っ越し、幽霊から得た一〇〇両を元手に小間物屋を始める。裕福になった伴蔵は贅沢を覚え、栗橋宿の料理屋

に出入りし始め、そこに居る「酌取女に出た別嬪」に惚れ、日参するようになる。この女は宮野辺源次郎とともに江戸を逃げ出したお国であった。

これを知ったおみねは悋気をおこし、

萩原様を殺して、海音如来のお像を盗み取って、清水の花壇の中に埋めておいたじゃアないか。

と伴蔵の悪行を大声で暴露し始める。なんと、伴蔵が萩原新三郎を殺したのだという。これにたまらず、伴蔵は利根川の土手でおみねを惨殺する。その場面は以下である。

空はどんぼりと雨もよう、幽かに見ゆる田舎家の盆燈籠の火も、はや消えなんとし、往来も途絶えて物凄く、おみねは何心なく向うの方へ目をつけている油断を窺い、伴蔵は腰に差したる胴鉄造りの脇差を音のせぬように引こ抜き、物をも云わず背後から一生懸命力を入れて、おみねの肩先目がけて切り込めば、キャッとおみねは倒れながら伴蔵の裾にしがみ付き（中略）おみねは七顛八倒の苦しみをなし、おのれそのままにしておこうかと、またも裾へしがみつく。伴蔵は乗掛って止めを刺したから、おみねは息が絶えましたが、どうしてもしがみついた手を放しませんから、脇差にて一本一本指を切り落し、ようやく刀を拭い、鞘に納め、そして、伴蔵は「跡も見ずに飛ぶが如くに我家に立帰り、奉公人に、土手で五人の追い剝ぎが出た、自分はからくも逃げられたが、土手の下に降りたおみねが心配だから」と、奉公人たちと土手に戻る。そこには、無慚なおみねの死体があった。伴蔵は「その筋へ届け」るが、伴蔵が殺したとは誰も気付かない。

憑依を繰り返すおみねの幽霊

おみねが殺されてから七日目、「召使のおます」が「俄にがたがたとふるえはじめて」、伴蔵さん、こんな苦しいことはありません、貝殻骨のところから乳のところまで、脇差の先が出るほどまで、ズブズブと突かれた時の苦しさは、何ともかとも云いようがありません（中略）、お互にこうして八年以来貧乏世帯を張り、ヤッとの思いで今はこれ迄になったのを、お前は私を殺して、お国を女房にしようとは、マアあんまり酷いじゃアないか。

と訴える。伴蔵に惨殺されたおみねの霊が憑依したのである。裏切られたおみねの怨みがこもった場面となっている。

伴蔵の告白

下女おますの治療のため呼んだ医者は、伴蔵が江戸に居たときから知り合いであった幇間医者・山本志丈であった。すると、おますは、

山本志丈さん、誠に久しくお目にかかりませんでした（中略）、萩原様が幽霊に取つかれたものだから、幡随院の和尚から魔除の御札を裏窓へ付けておいて、幽霊のはいれないようにした所から、伴蔵さんが幽霊に百両の金を貰って、その御札を剥し（中略）、金無垢の海音如来の御守を盗みだし、根津の清水の花壇に埋め、あまつさえ萩原様を蹴殺して体よく跡を取繕い、

と語りだす。

萩原新三郎の死に不信を持った志丈は伴蔵を脅迫する。すると、伴蔵は萩原新三郎の死のいきさつを次のように白状する。

実は幽霊に頼まれたと云うのも、萩原様のああ云う怪しい姿で死んだというのも、いろいろ訳があって皆私

が拵えた事、というのは私が萩原様の肋を蹴て殺しておいて、こっそりと新幡随院の墓地へ忍び、新塚を掘越し、骸骨を取出し、持帰って萩原の床の中へ並べておき、怪しい死にざまに見せかけて、白翁堂の老爺をば一ぺい欺込み、また海音如来の御守もまんまと首尾好く盗み出し、根津の清水の花壇に埋めておき、それからおれが色々と法螺を吹いて近所の者を怖がらせ、

萩原新三郎はお露の幽霊によって取り殺されたのではなく、伴蔵が蹴り殺したというのである。

伴蔵の告白によって新三郎の死にまつわる怪異は霧散してしまった。芸能・文学論では、この箇所を創作時ではありえないとして、円朝が文明開化を意識して、幽霊という迷信を否定していった、と理解している。[*8] はたしてそうか。

悪事露見

宮野辺源次郎・お国は、逃亡資金欲しさに、お国に手を出した伴蔵を強請るが、伴蔵は凄んで見せる。源次郎はこれに畏れをなしている。一部始終を見ていた志丈は、伴蔵を「悪党」ともてはやす。

伴蔵は栗橋の店を売り払い、志丈と連れだって、海音如来像を掘り出すために江戸に出る。伴蔵は「我が悪事を知った」志丈を殺害する。その直後、伴蔵は捕方に取り囲まれ逃げ出すが、偶然孝助に取り押さえられてしまう。

後日、孝助は「お仕置」となった伴蔵の捨札を読み、飯島平左衛門の娘お露が、萩原新三郎と関係を持ったことがきっかけで、伴蔵の悪事が始まった、ということを知る。「伴蔵の半生」＝慾と悪は「孝助の物語」＝忠義と義理に収斂され終わる。かなり強引な出会いによって。

第二節　伝統的教諭

繰り返される暴力と仇討ちという手法

「孝助の物語」には噺の冒頭から暴力が溢れている。飯島平左衛門が妾にしたお国は、隣家の宮野辺源次郎と密通を働き、両者は恩がある平左衛門の殺害を計画、これに感づいた孝助を打擲し、いじめ抜く。飯島平左衛門と宮野辺源次郎の斬り合い、平左衛門の死など暴力が連続していく。

そして、終盤で「勘忍しておくんなさい」と泣くお国・宮野辺源次郎に対して、孝助は「これお国（中略）、主人の敵親の敵、なぶり殺しにするからさよう心得ろ」と語り「手前のような悪人に旦那様が欺されておいでなすったのかと思うと」と言いながら、お国の顔を「ズタズタに切り」、源次郎も「ズタズタに切りまして、また母の懐剣で止めをさして、両人の首を切り、髻を持ったが（中略）、生首を二つ持て通する」という行為に出ている。忠義一途で奉公してきた孝助が見せる凄まじい暴力である。「不孝不忠」「悪婦《あくとう》」のお国と宮野辺源次郎は物語の最後で、「忠義無類」の孝助に「なぶり殺し」にされるのである。

「真景累ケ淵」も同様であるが、円朝初期の長編噺には必ず仇討ちが絡んでくる。その手法は、江戸時代に創作された浄瑠璃・歌舞伎作品にも共通する展開であり、円朝独自の世界ではない。円朝の新作で多用される仇討ちの手法に関して、国文学からは、横山泰子や中丸宣明の解釈がある。[*9] わたしは「真景累ケ淵」を分析して、仇討ちを悪・暴力・因果応報、そしてこれら全てを浄化させる自力のわざ、として理解した（第一章）。「真景累ケ淵」に比べて、「怪談牡丹燈籠」では因果応報の色は薄まり、仇討ちの要素が強くなっている。仇討ちの場面は、以下のように三つあり、それはすべて孝助の行為となっている。

①孝行から始まる父黒川孝蔵のための仇討ち

②忠義に起因する主人飯島平左衛門のための仇討ち

③終盤になり展開する自害した母・おりえのための仇討ち

「孝助の物語」は①②の仇討ちが絡み合いながら進んでいく。この二つの完遂は、飯島平左衛門の遺言により、孝助の実子による飯島家再興へと帰結する。谷口眞子によると、江戸時代の敵討は、身内によるものであり、家臣による忠義の敵討はほとんどなかったという。[*10] 円朝は、「孝助の血統を以て飯島の相続人と定めてくれ」と語っている。孝助を飯島平左衛門の養子として、他人（家臣）による忠義の仇討ちという異質さを回避しているようである。一方、孝助の「忠義」を表象しつつ、噺に厚みを持たせ観衆を惹きつける手段として、仇討ちが用いられていたとも解釈できる。いずれにしても、「孝助の物語」の主眼は仇討ちではなく、忠義といえる。

主人・飯島平左衛門と実母・おりえの仇であるお国・宮野辺源次郎を殺害する場面で、孝助は以下のように凄む。

　これお国、手前はお母様が義理をもって逃がして下すったのは、樋口屋の位牌へ対して済まんと道まで教えて下すったなれども、自害をなすったも手前故だ、たった一人の母親をよくも殺しおったな、主人の敵・親の敵、なぶり殺しにするからさよう心得ろ。

この台詞を見ると、孝助の忠義と、③に関連した孝行とが仇討ちに収斂されていることがわかる。つまり、忠義のみならず孝行を語る場面としても仇討ちが設定されているのである。

死をかけた義理（飯島平左衛門の場合）

飯島平左衛門は一八年以前、孝助の実父・黒川孝蔵を斬殺しており、孝助にとっては親の敵であった。「信実」に奉公する孝助を可愛がるうち、この事実に気付いた平左衛門は、孝助の敵として「討たれてやろうと常に心がけ」ていた。

お国と宮野辺源次郎との悪巧みで、飯島平左衛門が殺害されると思った孝助は深夜、主人・平左衛門を救おうとして、

源次郎に違いなしとやり過し、戸の隙間から脇腹を狙って、物をも云わず、力を任せて繰出す鎗先は過たず、プツリッと脾腹へ掛けて突き徹す。

しかし、刺した相手は「大恩受けたる主人」飯島平左衛門であった。平左衛門は、孝助の実父を斬り殺したのは自分であると告白し「わざと源次郎の容をして見違えさせ、槍で突かして孝心の無念をここに晴させせんと」図ったことを述べる。しかし、このことが世間に露見すると孝助は主殺としとなり、飯島の家は改易となってしまうので、孝助に逃げろと諭す。

飯島平左衛門は、すでに相川新五郎（孝助の養子先）宛ての遺書を準備してあり、そこには、お国・宮野辺源次郎を主人の敵として孝助に討たせた後、孝助の子に飯島家を再興させてもらいたい、との内容が記してあった。

先述したように、孝助は、誤って飯島平左衛門を槍で突いてしまった後、親への孝行を棄て、平左衛門への忠義を選択している。その選択は、飯島平左衛門が死を賭して貫いた孝助に対する義理を前提としたものであった。

死をかけた義理（おりえの場合）

「孝助の物語」の後半、生き別れた実母・おりえが登場する。彼女の登場により「忠義無類」の物語に、義理という要素が強められている。江戸へ帰着した孝助は、占者・白翁堂宅で、幼い頃別離した実母おりえと邂逅する。お国の義理の母でもあるおりえは「首尾よくお国と源次郎をお前に討たせたいものだ」と語り、お国と源次郎の居場所を孝助に教える。しかし、後日彼女は「討たせると云ったのは女の浅慮（中略）、両人を討たしては、私が再縁した樋口屋五兵衛どのに済まない」として、樋口屋五兵衛（お国の実父）とその息子・五郎三郎への義理のため、お国・源次郎を逃がしてしまう。おりえの義理については、孝助がお国・宮野辺源次郎を殺害する場面にある「これお国、手前はお母様が義理をもって逃がして下すったのは」という孝助の台詞にも現れている。この台詞よりも前に、彼女は孝助への義理を果たすために咽喉へ懐剣を突き立て、自分の死と引き替えにお国の逃げた先を告げるのである。おりえは、死によって義理の板挟みを回避したのではなく、二律背反する双方への義理を完遂するために自死を選択してたのである。

「怪談牡丹燈籠」を文節化し解析すると「孝助の物語」に怪異や幽霊は一切登場しないことが分かる。ここに深く底流しているのは、孝行・忠義と義理という江戸時代的道徳規範であり、この縺れは死をもって解決するしかない、という教諭となっているのである。

第三節　怪異と殺し場

「伴蔵の半死」における三つの殺し場

次に「伴蔵の半生」について、殺し場に視点を当て解析してく。文明開化期、円朝が、オリジナルのドラマツルギーを変更し、新三郎を殺したのはお露の幽霊ではなく伴蔵であった、として怪異と幽霊を否定し、〝合理的〟な噺に変えていたとしても、お米・お露の幽霊の存在は、噺から消しようがない。「伴蔵の半生」の噺を通じて怪異は見え隠れしている。円朝は噺の終盤に至り、萩原新三郎の死だけを怪異から切り離した、と理解すべきであろう。円朝はなぜ、新三郎の死を伴蔵の仕業としたのであろうか。この問題に入る前提に「伴蔵の半生」にある三度の殺し場を解析しておく必要がある。

萩原新三郎殺し

最初の殺し場は、萩原新三郎の怪死である。人相観の白翁堂は幽霊と「偕老同穴の契を結べば（中略）、必ず死ぬものだ」と断言する。また、お露に取り憑かれ、衰弱した萩原新三郎を見た新幡随院の良石和尚は、「なるほど死ぬなア近々に死ぬ」と言う。しかし先に「伴蔵の半生」で確認したように、良石和尚は「死霊除」のお札と海音如来像とを新三郎に渡しているのであり、何より白翁堂や良石和尚は、新三郎が「死霊」に直接取り殺されるとは語っていないのである。

伴蔵が百両と引き替えに「死霊除」のお札を剥がし、お露の幽霊を新三郎宅に再び引き入れてしまう背景には、あらすじで確認したように、おみねの誘引があった。肝が据わったおみねに対して、伴蔵は気が弱く、「幽霊が裏窓からはいって行ったから、萩原様は取殺されてしまうだろうか」とつぶやく。これに対しておみねは、

　私の考えじゃア殺すめえと思うよ。あれは悔しくって出る幽霊ではなく、恋しい恋しいと思っていたのに、お札があってはいれなかったのだから（中略）、殺す気遣はあるまいよ。

と断言している。

このように確認してみると、円朝は萩原新三郎殺しに関して、実に念入りに伏線を張っていたことが見えてくるのである。確かに萩原新三郎は「焦れ死」したお露の幽霊に取り憑かれ生気を失った。しかし、だからといって新三郎が、お露の幽霊に取り殺されたという確証は、噺のハナからないのである。伴蔵が萩原新三郎を殺したとする筋は、文明開化を意識して変容させたのではなく、創作当初のままである可能性は否定できない。円朝が、「新三郎殺し」で語りたかったことは怪異ではなく、貧乏と貧困ゆえに慾が生まれ、その慾によって人は悪にかわる、ということあった。

おみね殺し

次の殺し場は、伴蔵によるおみね殺害である。夜の新利根川の土手で、伴蔵はおみねを裏切り殺害する。円朝はこの場面を入念に語り込んでいる。おみねの命を奪ったのは、幽霊でも怪異でもなく、まごうことなき伴蔵の凄まじい暴力である。伴蔵がおみね殺害にいたる動機は、本人が述べているように「惚れた女」＝お国を「女房に持つ」ためであった。おみねは、伴蔵の愛慾のために殺害されたのである。

山本志丈殺し

最後は伴蔵による山本志丈殺しである。伴像は、根津の清水谷に埋めておいた金無垢の海音如来像を山本志丈と掘り出した後、「我が悪事」を知っている山本志丈を殺害する。殺し場を支配しているのは、次に見るように悪事露見を恐れる伴蔵の暴力である。

後の恐れと（中略）、出し抜けに力に任して志丈に斬り付けますれば、アッと倒れる所を乗し掛り、一刀逆手に持直し、肋へ突込みこじり廻せば、山本志丈はそのままウンと云って身をふるわせて、忽ち息は絶えました。

慾と悪

このように、殺し場を分析してみると、幽霊に取り殺された人物は一、人、も、い、な、い、ことがわかる。すべての殺人に関与したのは伴蔵である。

繰り返すが、萩原新三郎はお露の幽霊に取り殺されたのではなく、伴蔵が蹴り殺したのであった。この秘事を下女に憑依したおみねが語り始める。決定的なのは、山本志丈に語る伴蔵の台詞である。

円朝は、「伴蔵の半生」に現出した三つの殺人（萩原新三郎殺し、おみね殺し、山本志丈殺し）をすべて伴蔵の行為として括るために、伏線を張りつつ、噺の終盤で萩原新三郎の死を怪異から強引に分離させたのである。

怠け者で小心な伴蔵は、おみねの介在により一〇〇両という金子に目が眩み、主人ともいうべき萩原新三郎を裏切り、お札を剥がし、幽霊を招き入れ、死霊除けの金無垢の海音如来像を盗み出してしまう。円朝は、ここに至るまでの伴蔵のためらいを丁寧に描写している。国文学の領域では一様に〝小心な伴蔵像〟を強調しているが、名人・三遊亭円朝とはそう単純な創作者・噺家ではない。「怪談牡丹燈籠」は、落語という大衆芸能に登場した、長編の人情噺＝一人芝居なのである。登場人物の心情・心性の動き、その変化を丁寧に描いていかなければ、一五日間に及ぶ一人芝居に客を惹きつけることはできない。伴蔵は新三郎を殺害し、これを幽霊の仕業、怪異なものに見せかけるため、新墓から骸骨を掘り返したり、殺害後、幽霊の風聞をばらまいたりと、したたかな行動を取っていた。伴像は慾によって「悪党」へと変わったのである。この慾は幽霊との契約に起因していた。そして、その後のおみね・山本志丈殺しに関して伴像に一切のためらいはないのである。

円朝は、たとえ小心な人間でも、慾によって人殺しの「悪党」と変貌する、と語ったのである。この現実味に怪異の入る隙間はない。

「孝助の物語」「伴蔵の半生」の融合

「孝助の物語」と「伴蔵の半生」とは、並進しながらも因縁によって結ばれていた。飯島平左衛門の実娘のお露と女中のお米、お国・宮野辺源次郎、幇間医者山本志丈、占者の白翁堂、新幡随院の和尚良石らが双方の物語に登場する。物語の節目で重要な役割を果たす白翁堂と良石が生き残る一方、その他の人物はみな死んでいく。「悪人」のお国・宮野辺源次郎は孝助の仇討ち（自力のわざ）で惨殺され、無責任で慾深い幇間医者山本志丈は伴蔵に殺害される。「この志丈も伴蔵に与し、悪事をした天罰のがれ難く、斯る非業を遂げました」とあるように円朝は、志丈を殺すことによって勧善懲悪を貫徹させている。

肝心の孝助と伴蔵とは互いに関連を持たなかった。山本志丈殺しの後、捕方に追われた伴蔵は、偶然孝助に取り押さえられる。強引な両者の出会いである。先述したように、孝助は「お仕置」となった伴蔵の捨札を読み、飯島平左衛門の娘お露が、萩原新三郎と「私通《くっつ》いた」ことがきっかけで、伴蔵の悪事が始まった、ということを知る。そして孝助は「主人のため娘のため、萩原新三郎のために、濡れ仏を建立」したという。「伴蔵の半生」＝慾と悪は「孝助の物語」＝忠義と義理に回収され終わるのである。最後に円朝は語る、「この物語も少しは勧善懲悪の道を助くる事もやと、かく長々とお聴にいれました」と。

暴力化する社会における円朝の語り

かつて天明期（一八世紀後半）、江戸には山東京伝が洒落本で語ったような、財力を傾け「通」を信条とする上層町人の閉鎖的な文化があった。しかし、奢侈を旨とするこの文化は、寛政の改革で弾圧される。文化・文政期（一九世紀初頭）、式亭三馬は裏長屋に居住する庶民を対象に、「意気」という江戸っ子の生きざまを打ち出した。江戸っ子とはこうあるべきだ、ここまで登れという〝頂〟を示したのであった。そして、大衆芸能の空間である寄席は、「意気」という生き方を学ぶ場であった。裏長屋に居住する江戸の庶民は、落語を通じて、吝嗇・因業・不実を蔑み、やせ我慢と仲間意識、誠実さを旨とする「意気」「たてひき」を兼ね備えた〝男〟こそ江戸っ子であると得心していった。[*11]

落語の演者（噺家）に視点を移そう。人気を得た噺家が真打となる。さらに客が何を求めているかを認識できる噺家が大看板となる。そして、寄席という文化を理解している噺家こそが名人である。

「怪談牡丹燈籠」の全体を通じて、円朝が強調したキーワードは、勧善懲悪と忠義・義理であった。先述したように、「文明開化に妥協」した円朝が「怪談牡丹燈籠」を人情噺へと作り替えたのではない。勧善懲悪と忠義・

義理とは、創作時からかわらぬ主題なのである。幽霊・憑依といった怪異の語りは、物語を潤色し、客を惹きつける手段として用いられているのに過ぎないのである。

円朝は、怪談仕立てとしながらも、創作の段階からすでに、悪徳・不義をはたらくお国・宮野辺源次郎などの「人非人」と「悪党」伴蔵、その対極に、誠実・忠義という「よい心懸」をもつ「立派なお人」孝助を置く、というわかりやすい二項対立の筋を強く打ち出していたのである。

若き日の円朝の活躍が始まるころ、河竹黙阿弥が歌舞伎に悪逆無道な「悪党」を登場させ好評を博した。また「天保水滸伝」が講談にかけられ、これを三代目・歌川豊国（一七八六～一八六五）が錦絵「近世水滸伝」として刊行した。これらに登場する凄まじい、人道のかけらもない慾まみれの「悪党」は悲惨な最期を遂げていく。嘉永から安政期の江戸文化に登場する悪は、野放しの〝華〟なのではなく、最後には成敗され放逐される存在なのである。さらに円朝はこの悪に対して、忠義・義理・誠実という儒教的規範・教諭を対置したのである。ただし、落語はあくまでも娯楽である。あからさまな教諭は、野暮であり、客に嫌われてしまう。まして、「怪談牡丹燈籠」は長編の噺である。客を噺に惹きつけるために、幽霊・怪異という怪談仕立ての演出を必要としたのである。

わたしは、一九世紀、幕藩権力が崩壊し新政府が形成されていく中、社会秩序が不安定となり、民衆運動をも含めて社会が暴力化する傾向を〝万人の戦争状態〟と理解した。[*12] そしてその状況は秩父事件（明治一七年〈一八八四〉）のころまで続くと論じた。[*13] 一方、深谷克己は、一九世紀の暴力化する社会であるからこそ「体制の解体に向かっていく中での、小前・窮民・無宿層の〝気嵩な人気と暴力化〟状況に対する為政者・村役人・豪農・文人層の教諭的対応の強まりを反映」し、儒教的「諭」の論理＝「教諭的な働きかけ」が拡大していくと述べた。[*14]青木美智男は、治安が悪化し、社会が不安定になれば、これに抗い、安定させようとの行為、心性が活性化することは容易に想像出来よう、と語った。[*15]三遊亭円朝とは、まさにこうした時代に生きた名人噺家であった。円朝は、明治政府の民衆教導化政策の規制を受けた結果、文明開化と妥協した、と理解されかねない。しかし、円朝の行為・芸・作品を分節化し、一九世紀という文脈で再構築すると、幕末から一貫した噺家・芸人としての生きざまが見えてきた。円朝は、近代になり変わったのでも、まして文明開化と妥協していったのでもない。

幕末、治安が悪化し「人気」が荒れ、暴力化する社会の様相が「怪談牡丹燈籠」の中に投影されている。円朝は寄席という大衆文化の空間に座り続け、慾の否定、忠義・義理・誠実という生き方を人びとに語っていったのである。そこに文明開化という状況（構造）が立ち現れ、明治政府の国民教導という〝呼びかけ〟によって円朝の主体は喚起され、自己実現を企図する中で覚醒し、幕末に創作した「怪談牡丹燈籠」に手を入れ、そこにもともとあった規範・教諭色の傾向を一層強めていったのではないだろうか。

註

＊1　一四世紀頃成立した中国（明）の短編怪異小説集。室町時代に日本に伝来し、江戸時代には浅井了意『御伽婢子』・上田秋成『雨月物語』・三遊亭円朝「怪談牡丹燈籠」などに翻案された。

＊2　清水康行校注「怪談牡丹燈籠」『円朝全集』第一巻、岩波書店、二〇一二年。

＊3　石井明『円朝　牡丹燈籠』東京堂出版、二〇〇九年。

＊4　興津要注釈「怪談牡丹燈籠」『日本近代文学大系』第一巻、角川書店、一九七〇年。なお、倉田喜弘他編『円朝全集』別巻二、岩波書店、二〇一六年には、円朝自筆の「怪談牡丹燈籠」の「筋立てや登場人物の設定などを記した手控」＝「点取り」が掲載されているが、そこに記された場面描写などの細部は活字化された『怪談牡丹燈籠』と相違している。しかしこの「点取り」

が「「怪談牡丹燈籠」の成立の頃に書かれた確証は無い」のであり、物語の内容を比較検討するには慎重を要する。

＊5 高野実貴雄『三遊亭円朝と歌舞伎』近代文芸社、二〇〇一年。

＊6 宮信明「ありうべき『怪談牡丹燈籠』の姿を求めて」『立教大学大学院日本文学論叢』一〇、二〇一〇年。

＊7 岡本綺堂「寄席と芝居と」『綺堂劇談』青蛙房、一九五六年。

＊8 たとえば、大西信行「解説　木竜円朝考」『三遊亭円朝全集』第四巻、角川書店、一九七五年。

＊9 横山泰子「円朝の怪談噺」『円朝の世界』岩波書店、二〇〇〇年、中丸宣明「怪談と仇討ちのあいだ」『円朝の世界』岩波書店、二〇〇〇年。

＊10 谷口眞子『近世社会と法規範』吉川弘文館、二〇〇五年。

＊11 古典落語「酢豆腐」「大工調べ」に出てくる若者たち、大工の棟梁などが典型といえよう。古今亭志ん生は「江戸っ子の生まれぞこない銭を貯め」という江戸川柳を紹介している。

＊12 須田努『「悪党」の一九世紀』青木書店、二〇〇二年、「語られる手段としての暴力」『歴史学研究』二〇〇五年増刊号、二〇〇五年。

＊13 須田努「語られる手段としての暴力」『歴史学研究』八〇七、二〇〇五年。

＊14 深谷克己「東アジア法文明と教諭支配」早稲田大学アジア地域文化エンハンシング研究センター編『アジア地域文化学の発展』雄山閣、二〇〇六年、のち深谷克己『東アジア法文明圏の中の日本史』岩波書店、二〇一二年。

＊15 青木美智男、早稲田大学文学部・文化構想学部での講演、二〇〇七年。

第三章 「塩原多助一代記」

三遊亭円朝は、知り合いの柴田是真（絵師）から本所相生町の炭屋塩原屋にまつわる怪談を聞き興味を覚え、怪談噺を創作するつもりで上州沼田等において取材を行ったが「塩原家二代三代がつづけて狂死したストーリーより、初代多助が貧困と戦ってよく家を起し、立派な炭屋になってその名を歌われたという立志美談の方に感動、ここに名作「塩原多助一代記」が生まれた」とされている。[*1] また、国文学者の高野実貴雄は円朝がこの噺の「見せ場、見せ場を歌舞伎の手法を使って固め」たと論じている。[*2]

「塩原多助一代記」は明治一一年（一八七八）に完成した。文明開化の真っ直中、啓蒙思想家達が個人の立身出世と国家の独立繁栄とを同一線上で語っていた時期であり、円朝は教導職としても活動していた。

「塩原多助一代記」の速記本は一八編一八冊という大部なものとなる。その第一編は明治一七年（一八八四）、速記法研究会から出版された。本書の総部数は一二万部になったと言われる。この速記本『塩原多助一代記』は円朝の要望を入れ贅沢な装丁にしたために費用がかかり利益は得られなかったが、速記の広告のために諦めた、と速記者・若林玵蔵は語ったとされる。[*3]

明治二四年（一八九一）、井上馨邸において明治天皇の前で口演を行うに際して、円朝は「塩原多助一代記」を演目に選んだ。翌年、この人情噺は、歌舞伎座で上演され（多助役は五代目・尾上菊五郎）、明治三三年

（一九〇〇）には、尋常小学校の国定教科書（修身）に採用された。「塩原多助一代記」は文明開化という時代を肯定的に受け入れた教導職・円朝を象徴する創作噺であった、といえよう。ゆえに、幕末に生まれた「真景累ケ淵」「怪談牡丹燈籠」などとは大きく相違する内容となっている。円朝は得意としてきた怪談・怪異を封じ、立身出世という時代の要請に合った物語を創ったのである。

なお、実在した塩原太助は寛保三年（一七四三）に上州三国街道の下新田宿で生まれ、江戸に出て薪炭問屋に奉公して独立した後、本所相生町（現、墨田区両国）に炭屋をひらき大成功した人物である（文化一三年（一八一六）没）。現在、群馬県利根郡みなかみ町の国道一七号線沿いに「塩原太助翁生家」が建っている。

なお、円朝は明治九年（一八七六）八月から九月の間、沼田に調査に出た。この調査旅行の記録は『上野下野道の記』[*4]として残っている（第四部第四章）。以下、『円朝全集』第一巻にしたがって、あらすじを紹介したい。

第一節　「塩原多助一代記」のあらすじ

二人の角右衛門

時代は寛政の頃である。多助の実父・塩原角右衛門は阿部伊与守の家来で八百石を知行していたが、浪人してしまった。角右衛門には岸田右内という「家来」がいた。右内は「若気の至り」で角右衛門の妻の妹おかめと密通、駆け落ちしたが、「忠心の者」なので、いつも主人角右衛門のことを気にかけていた。

浪人した角右衛門一家は江戸を離れ、野州日光から上州沼田へ抜ける山道に沿った小川村という山村で暮らしていた。角右衛門は一人息子の多助を「どうか世に出したい」と考えていた。

旅商いで生計を立てていた右内は、主人の角右衛門が上州の山村で暮らしていることを知る。ある日、日光の「中禅寺の奥へ三里入」った温泉まで来た右内は、そこから山越えをして角右衛門を訪問、八年前の駆け落ちの「詫事」をすると決心し、案内人を雇い「極難所」を越えていく。右内は難儀をして峠を越えて上州側に入ったところで、角右衛門夫婦に再会する。角右衛門夫婦が住む山村（小川村）の記述は以下のようである。

漸々山道を小川村へ二里ばかり下りて、横に又四五町入つて見ますと、屋根には板の上に石を載せて嵐を防ぎ、実にみるかげもない山住いで。

この「茅屋（あばらや）」に八歳になった多助も暮らしていた。右内は角右衛門のこの生活を「お情けないと気の毒」に思い悩む。

山村でのこのような日々でも、角右衛門はいつしか江戸に出て再び仕官する意志をもっていた。それには、まとまった金銭が必要である。これを知った右内は、角右衛門夫婦に金子の工面をする、と約束して江戸へと出立、沼田方面に山を下り大原村の茶店で偶然、大金を持った沼田の百姓である角右衛門（以下、百姓角右衛門）に出逢う。

百姓角右衛門は沼田へと街道を下っていく。右内は彼をつけ、数坂峠で追いつき、初対面の百姓角右衛門に借金を申し込むが、当然断られる。すると右内は「主人のためと思い」百姓角右衛門の所持金を狙い斬りかかっていく。この数坂峠は、鬱蒼とした雑木林で囲まれた暗い場所であった。その時、偶然通りかかった塩原角右衛門は剣呑な雰囲気に盗賊が出たと思い込み、鉄砲で右内を撃ち殺してしまう。その後、塩原角右衛門と百姓角右衛門とは同じ血筋であることが判明し、上州沼田下新田の富裕な百姓角右衛門は、塩原角右衛門に五〇両を渡し、利発な多助を養子に貰い受け跡取りにすることになり、塩原角右衛門夫婦はこの五〇両を元手に江戸に戻り、武士身分を回復する。

おかめ後妻となる

塩原角右衛門夫婦は、五〇両を元手に江戸に出て、戸田能登守に奉公し、新地五〇石・馬廻り組に召し抱えられる。

右内が死んだことを知らない妻おかめと、娘おえいは、右内捜索の旅に出る。その途中、日光例幣使街道の柴宿（現　伊勢崎市）あたりで、小平とその弟分の仁助という「胡麻の灰」に襲われるが、沼田から出てきた百姓角右衛門に偶然救われる。しかし、そのどさくさで、おえいは誘拐されてしまう。角右衛門は、おかめを自宅がある沼田下新田に連れて行き、右内の死を告げ、彼女を後妻にする。

一二年が経過した宝暦一〇年（一七六〇）、江戸見物に出た百姓角右衛は、かつて誘拐されたおえいを偶然救い、沼田下新田に連れ帰り、多助と夫婦にしようと考える。

おえいを拐かした「大悪人」おかくと息子の小平が、おえいは自分の娘であるから返せ、と沼田下新田の角右衛門家を強請りに来るが、逆に追い払われてしまう。

おかめ母子の密通、多助の難儀

ここまで、人の出逢いのほとんどが偶然で、因縁めいた話はいっさいない。その後、百姓角右衛門は病死、遺言により、多助とおえいは夫婦になる。つまり、おえいは多助の妻、おかめは多助の義母という設定となっている。

百姓角右衛門の墓参をした多助・おえい、おかめの一行は、再び現れた小平と仁助に襲撃されたが、湯治の帰りに通りかかった沼田藩士の原丹治・丹三郎親子に助けられる。

その後、多助一行を救った丹治親子は、多助の留守にたびたび遊びに来るようになる。円朝は、おかめのことを、夫角右衛門を亡くした後でも、

　色ある花は匂い失せず、色気たっぷりでございます。ことに家来右内と密通して家出をしたくらいの浮気ものでございますから。

と説明している。おかめは、多助の妻おえいを、丹治の息子・丹三郎と密通させている。多助の留守に、おかめは原丹治と、おえいは原丹三郎と、それぞれ密通を始めていたのである。原親子と連携しつつ富裕な塩原家を乗っ取る、というのがおかめの了見であった。

多助は、妻おえいに軽んじられ、また連日義母おかめの虐待を受けるようになる。しかし、多助は「世間に対して家の恥になる」から、また、恩ある塩原の家が潰れてしまう、として黙って堪えている。

そのような逆境の日々が続く中、多助は原丹治に殺されかける。これを契機に、ついに多助は沼田下新田を立ち退くことを決意する。多助は、丹精こめて育てた馬の青に「汝とは長い馴染みであったなア（中略）、畜生でも兄弟も同じ事」と分かれを惜しみ、江戸へ出立する。この場面は、「青との分かれ」として、客の涙をさそったとされている。

多助が沼田を出て江戸に入ると、ようやく物語は後半となる。ここで、円朝は「引き続きまする人情話しは、兎角お退屈勝ちの事で御坐いまして」と語っている。

円朝は、沼田における多助を、主体的意識を持たない、孝行と忍耐の人物として描いている。ゆえに、主人公

の性格描写もすくなく、活躍する場面もない、平板な物語となっていることは事実である。

多助、江戸での奉公

多助は江戸に出る途中、偶然、小平と仁助に襲われ、金子を強奪されてしまい、悲嘆にくれ駿河台下昌平橋で身投げを図ろうとするが、炭問屋の山口善右衛門に救われ、奉公を始める。

命を救われた多助は、炭問屋・善右衛門のために「隙間なく身を粉にくだき、忠義に働」き、店出入りの者達も多助をかわいがる。ある日、多助が戸田能登守の屋敷へ炭を持って行った際に、実父角右衛門を尋ねるが、塩原角右衛門は「炭屋の下男に知己はもたんわい」と言い、冷徹に多助を追い返す。多助は「是から槍で突殺された気になり、死身になって奉公」すると誓う。

沼田下新田塩原家の没落

多助が去った沼田下新田の塩原家では、名主・幸左衛門同席の下、おえいと丹三郎との婚礼が行われようとしていた。しかし、これに分家の太左衛門が、

この塩原の家の相続人は多助と定まつていやんす、といふのは、去年六月晦日の晩に死んだ、角右衛門殿の枕元に、貴方も多助もおえいも五八も私もいたが、角右衛門殿が臨終の際に、何にもいう事はねえが、已ア家の相続人は多助と定つている（中略）、私の眼の黒いうちは、どうしても此の祝言をさせる事は出来ねえ。

と断固反対したため事態は紛糾、ついに斬り合いとなる。その大混乱の中、馬の青が丹三郎を蹴殺し、おえいをかみ殺す。

この間、自宅に戻った幸左衛門は村の「若衆」に塩原家混乱の様子を説明するが「若衆」は激昂、日頃評判が悪い名主・幸左衛門を殺し、原親子のいる塩原の家を襲撃、焼き払ってしまう。この騒動の中、原丹治とおかめは出奔、上州吾妻郡四万に身を隠し「因果とおかめが懐妊」し四万太郎が生まれる。

四万に隠れていた、おかめ・丹治は偶然にもおかくに会う。おかく・小平・仁助は、おかめ・丹治の金子を奪うべく襲撃、斬り合いのなかで、仁助・おかく・丹治が死に、おかめは四万太郎をかかえ吾妻川に飛び込み消息不明、小平は金子をもって逐電する。

多助のチャンス

多助が「実明」に奉公していたある日、偶然、小平が山口屋善右衛門を強請りに来る。多助はこれを阻み、小平を説教する。この様子を見ていた、取引先の下野国安蘇郡飛駒村の富裕な百姓八左衛門は、将来多助が店を出す際には千両の荷を取り引きすることを約束する。円朝は語る「商人が大きくなるには、資本《もとで》を貸してくれる金主という者がなければ大商人にはなれませんもので御座います」と。

年季があけて、多助は本所相生町に店を出し「計り炭屋」を始める。懸命に働いていたある日、多助は茶店で子供を連れ物乞いをしている「盲目の乞食」となったおかめに偶然出逢い、これまでの行状を彼女から聞き、おかめ・四万太郎母子を助けることにする。

この一部始終を藤野屋杢左衛門の「別嬪」の娘お花が聞いていた。彼女は多助の人柄に惚れ、二人はめでたく結婚することになる。

多助、分限となる

多助・お花夫婦は働いて身代を大きくし、多助はかねての心願通り、沼田下新田の家を立派に再興、分家も立てる。多助の店は江戸でも大きな身代となり「本所に過ぎたるものが二つあり、津軽大名・炭屋塩原、と世に謡はる、程の分限に数へられ」るようになる。

第二節　伝統的教諭の近代化

円朝本人が「引き続きまする人情話しは、兎角お退屈勝ちの事で御坐いまして」と語っているように「塩原多助一代記」のストーリーはしごく単純であるにもかかわらず、文明開化期、歌舞伎の演目とされ、修身の教科書にも掲載された。「塩原多助一代記」が世間に受け入れられた理由を多助と、彼をとりまく登場人物たちの行動から考えてみたい。

出逢いは偶然から

「塩原多助一代記」には、おかくと、道連の小平・継立の仁助という「毒婦」「悪者」が脇役として登場する。彼等悪の母子は、おえいの誘拐からはじまり、噺を通じて登場し、多助に絡んでくる。しかし、多助との因縁があるわけでなく、出逢いはすべて偶然である。彼等母子が旅稼ぎの盗賊であるという設定によって、度重なる偶然な出逢い、という不自然さは若干薄められている。

多助の義母おかめと多助の妻となるおえいは、百姓角右衛門死後、原丹治・丹三郎親子と出逢うことによって「悪人」へと変貌していく。この出逢いもまったくの偶然であり、因縁という伏線はない。円朝は「親子同士で姦通をいたし、誠に宜しからぬ事」とするが、おかめについては「殊に家来右内と密通して家出をするくらいの浮気ものでございますから」と、元来の浮気者として片づけている。おえいに関してはまったく触れていない。そもそも、おえいは、誘拐されたり、母親の言いなりになり夫の多助を裏切ったりと、自己の意志を持たない女性という設定になっている。この母子のサガは変化していないのである。

貫徹される勧善懲悪

密通したおえい・原丹三郎は、馬の青に殺され、「平常悪まれている」名主・幸右衛門は百姓たちに「打殺」された。そして、おかく・仁助・原丹治は互いに殺し合い、小平は多助を襲撃したところを救った実父・塩原角右衛門に「お茶の水の二番河岸へ」投げ込まれ消息不明、生き残ったのは義母おかめだけとなる。

「塩原多助一代記」に登場する悪人は自滅していく。そもそも、多助と彼・彼女らとの出逢いに因縁はないのであるから、因果応報という語りはできないのである。

封印された因縁・因果応報

「塩原多助一代記」において、円朝は因縁・因果応報、慾・仇討ちという手法を封印した。人生は因縁により曲げられ、善人も慾により変質し「悪党」となる、といった語りはできないために、多助をはじめ、登場人物の性格は変化のさせようがないのである。また、仇討ちという手法もとらないため、悪は自滅していかざるを得ないのであり、そこに主人公多助の介入はありえない。ゆえに、物語は単調にならざるをえないのである。

強調される孝行

多助は、おかめ・おえい母子の密通を知りながらも咎めないために、おえい母子は「増長して多助を虐め出そうとする」。見かねた分家の太左衛門が「母でも無闇に打たれるという論はない筈だ」と意見をするも、多助は堪えている。このように沼田下新田で二〇歳頃の多助は、逆境の中、自己主張もなくなりゆきにまかせる柔弱な人物として語られているが、孝行という徳目が彼を辛抱強くさせている。多助が江戸に出るに際して、丹精こめて飼育した馬の青と別れる場面で、多助は「馬の前面を撫で摩り」名残を惜しむ様子で、はじめて本音を以下のように語りはじめる。

畜生でさへも恩義を知り名残を惜んで泣いてくれるに、それに引換へ女房おえいは禽獣にも劣った奴、現在亭主の己を殺すべいとする人非人め。

しかし、義母おかめへの怨みは口にしていない。

円朝は噺の冒頭で「多助の身の行ひの正しいのと、孝行なのと」と語り、義母おかめだけを「悪人」のなかで生き残らせ、最後に多助に保護させている。円朝は噺の冒頭と終盤とで、多助の「孝行」という側面を強調しているのである。

「忠義」「恩義」という生き方

円朝は噺の導入部分で、主人・塩原角右衛門のことを「片時も忘れたことがない」岸田右内の忠義の行為を語り込んでいる。右内の行為そのものは、強盗同然であるが、鉄砲で撃たれた右内は、忠義の心から「旦那さま」

のためにした、と語るのである。

江戸に出た多助は、奉公先の山口屋でさまざまな才覚を発揮するのであるが、それよりもまずは、命の恩人である主人・善右衛門への「恩義の程を忘れず」「骨身を惜しまず一生懸命に」奉公する人物として語られている。「塩原多助一代記」は「忠義」の提起から始まり、江戸に出て自立した多助の人柄を「恩義」という言葉で表象していくのである。

「実明」による自己実現

多助は江戸に出る途中、道連の小平と仁助に有り金を強奪される。どこまでもツキがない多助であるが、命の恩人、炭問屋・善右衛門の下で奉公を始め、主体的に生きる場を見出していく。養子先の沼田下新田では、逆境の中、虐待されても忍耐し、馬相手にしか本音を出さなかった多助であったが、江戸に出て奉公を行う中で変わっていく。円朝は「人には幸不幸というものがあり（中略）、始めに艱難辛苦をして後に安楽な身の上となるものもあります」と語る。「実明」な奉公と機転を利かせた対応などで、主人・善右衛門や取引先の八左衛門たちに認められ、トントン拍子で多助の将来はひらけていくのである。

多助の商売観

多助は山口屋で奉公しつつ「一つの経済を考へ出して金を貯める工夫をこら」し、金子を蓄える。多助はこれに善右衛門から借り受けた二〇両を足して「天下のために」、悪路に石を敷き詰め、往来の人の通行に便宜を図れば「皆の仕合わせ」になる、と語る。これに対して善右衛門は、よその町内に石を敷いてどうする「余計な事」ではないか、と諭すが、多助は「天地の間の往来で、世界の人の歩くための道かと、私考へます」と反論し、すでに石屋に話をつけ、組頭の許可も得ているという。多助、初めての自己主張である。沼田下新田で、虐められていた多助とは別人のようである。円朝は「実明」な商売をするなかで多助が主体的な人物にかわっていった、と語っているのである。

年季があけて、多助はついに本所相生町に店を出し、八左衛門の後援を受け、「難儀して居て一俵買が出来ねえで困つている」人に「味噌漉一杯」を計り売る商売を行いたい、との志をたて「計り炭屋」を始める。この時期の多助には以下のような台詞がある。

己は又なんでも構はず精々と計炭を売る、これが天地への奉公ヨ、計炭屋は計炭屋、明樽買は明樽買、お侍はお侍、大尽は大尽、旦那様は旦那様、これは皆其人の徳不徳にあるのだから（中略）、唯無茶苦茶に天地へ奉公をしていさえすれば、天運で自然と金が出来（中略）、無理のない様に金は働かせ、遊ばせねへようにするのが肝心だよ。

まるで、心学の成句のようであるが、独立してからの多助はさらに雄弁に、自己の商売観を語るようになったのである。

多助は吝嗇と倹約の相違について語る。吝嗇は「義理も情」もないが倹約は自分が贅沢をせず堪忍することなので、倹約した金を「天地に預けて置」くようなものだから「利が附着いて来る」と。ここにも多助の商売観が現れている。

多助の将来が開けるきっかけは、彼の一貫した「忠義」「実明」な働きが認められたことにある。御用達の藤野屋杢左衛門の「別嬪」の娘お花との結婚もそうである。この場面を円朝は、多助が身代を仕出しますには、女房が悪くつては迚も身代を大きくする事は出来ません。

と語っている。

多助は、山口屋で「実明」に奉公するなかで、独自の商売観を創り上げ、独立してからは多弁にこれを披瀝していく。ここに見る多助の商売観こそが、近代を意識した円朝の時代認識であり、価値観でもある。円朝は語る「忠義・孝行・実明」という処世が「本所に過ぎたるものが二つあり、津軽大名と炭屋塩原と世に謡はる、程の分限」をもたらすのであると。なんとわかりやすい成功譚であろうか。

現実との乖離

寄席演芸を猥雑なものとした明治政府（東京府）は、明治三年（一八七〇）、寄席演目を軍書・講談・昔噺に限定するよう通達、明治五年（一八七二）には寄席は鑑札による免許制とし、同年教部省通達「三条の教則」により寄席での芸能は勧善懲悪とすべきと規制した。明治政府は「無智無学なる下等人種の風俗を改良する」には「都会に在ては演劇講談落語人情話等を以て最も早手廻しとす[*5]」という発想から「下等社会」の教導に寄席を利用していったのである（第二部第一章）。

一方、江戸時代の落語演目の多くは、滑稽噺とバレ噺であり、「乙」とか「粋」とかとはほど遠い猥雑・卑猥なものであり（第二部第二章）、落語とは本来政府が企図する国民教導に益する芸ではなかった。寄席は夜開かれるため、薄暗い空間で、猥雑で卑猥なバレ噺や、客を驚かせる、場末のお化け屋敷さながらの手法もとられていた。二〇代の若い円朝も派手な衣装を纏い、鳴り物に頼る演出をとっていた。しかし、文明開化の到来と政府の寄席統制という状況の下、彼は芸風を一変させ、羽織と扇子のみによる素噺に転向し、人情噺を得意とする名人へと転変していった（第一部第二章）。

円朝は明治一〇年（一八八七）、落語勧善義会の席で桂文治らと申し合わせ、以下のように語ったと言う。[*6]

落語家は賎業なれど教導師とも呼る丶事なれば、是までの悪弊を一洗して五音の清濁や重言片言を正し（中略）、必ず一席の内に婦女子への教訓になる話を雑へる様に。

ここに教導職円朝の了簡が吐露されている。そして「塩原多助一代記」＝成功譚のモチーフもそこにあった。「教訓になる話」である。そして、円朝はこの成功譚の最後に、

只正直と勉強の二つが資本《もとで》でありますから、皆様能く此の話を味わえて、只一通りの人情話と御聞取りなされぬやうに願います。

と語った。なんと説教くさい文句であろうか。

国民教導を企図する明治政府は、この人情噺「塩原多助一代記」を好んだ、明治二四年（一八九一）井上馨の邸宅で明治天皇の前にしての円朝の口演は「真景累ケ淵」や「鰍沢」ではなく「塩原多助一代記」であった。そして明治三三年（一九〇〇）には「塩原多助一代記」は修身教科書に掲載されるのである。

文明開化という状況（構造）の中、政府の国民教導の〝呼びかけ〟に〝振り向いた〟円朝は教導職となり、積極的に寄席・落語の改良運動を始めた。円朝の主体は覚醒したわけである。その行き着いた先が人情噺「塩原多助一代記」の創作であった。円朝は、寛政の頃に実在し、分限になった塩原多助を孝行・忠義・恩義・実明などを体現する男として描き通す。そして、噺の最後において、これらの近世的徳目・伝統的規範を「正直と勉強」という語彙に転化させ、立身出世の「資本《もとで》」になると語った。円朝は、江戸の教条を明治の教導に転移させたわけである。

客（文明開化期の人びと）は、「真景累ケ淵」などにみる因縁・因果応報、悪・暴力、そしてこれを浄化させる仇討ち（自力のわざ）という前近代的モチーフを支持する一方で、近代というものが持つ、あるいは持つと思わせる個人としての成功の可能性に共感したのである。近代と文明とが暴力からの解放であったとしても、人びとが経験した幕末の暴力の記憶は消えていない。一九世紀は連続しているのである。一九世紀、東京という都市空間に居住する人びとの心の中で、旧慣と開化とが共存し、あるいはせめぎ合っていた、と理解することも可能であろう。

明治二〇年代、「怪談牡丹燈籠」や「塩原多助一代記」が歌舞伎上演されるなど、まさに落語と芝居の逆転現象が起こる。これを円朝は、落語・寄席改良運動の成果、三遊派の再興と受け止め、木母寺に巨大な「三遊塚」を建立する。文明開化という状況（構造）を利用した自己実現のありようを、そこに見ることができる（第一部第二章）。

円朝は栄達し、三遊派の威勢は高まった。しかし、それは芸の目的ではない。また、そこでは客が忘れ去られている。そのことを自覚していたのは、円朝本人ではないだろうか。劇作家の吉永二郎は三遊亭円朝と弟子円遊の葛藤を描いた「すててこてこてこ」の劇中で、円遊に、

円朝の噺、これァ凄かった。「畜生ッ！」てカッとなったとたんに相手を殺す、殺されたら「恨めしい」ッてんで殺し返す。血の匂、息の匂、糞の匂がした。欲の深え、手前勝手な人間そのまま、そう、真を写してグッと迫ってきたもんですァ、真を写してね。

と語らせている。[*7] 吉永の慧眼である。円朝の噺の本質は、人間の慾と恐ろしさをさらけ出すことにある。明治政府の国民教導という〝呼びかけ〟によって覚醒した教導職円朝が、それに依存して創作した「塩原多助一代記」

には、これらの要素が微塵も見えない。つまらない緊張感のない噺となっているのである。当時の客も次第に「塩原多助一代記」に飽きていったのではなかろうか。それを直接示す史料は存在しないが、ステテコ踊りなどの珍芸に熱狂していく客の行動にその徴候は見て取れる。

「塩原多助一代記」創作直後から松方デフレの波が押し寄せ、東京に貧民窟が形成されていく。都市最下層民は官僚のみならず、民権派の府会議員からも、排除されるべき存在とされていった。[*8] 円朝が提起した「正直と勉強の二つ」は立身出世の「資本」たりえず、共同幻想でしかないことが露呈されていく。そしてまた、円朝の国民教導に傾いた芸はいかにも〝くさい〟。明治二〇年代（一八八〇年代後半）に入ると、人びとの間では「教訓めいた咄より、おもしろい咄をしてもらいたい」[*9] という意見が出始める。円朝は晩年に至り東京の席亭と対立、東京の寄席には出演しないと宣言し、井上馨の援助をえつつ、独自の演芸の場を企画した。しかし、弟子達に裏切られてしまった（第一部第二章）。円朝の芸と世間とが乖離していく。

しかし一方、「塩原多助一代記」を創った同時期に、円朝は「業平文治漂流奇談」という慾と暴力に満ちた噺を創作していた。客との関係から、その意味も考える必要がある（第四部第一章）。

註

*1 正岡容「解説」三遊亭円朝『塩原多助一代記』岩波書店、一九五七年。
*2 高野実貴雄『三遊亭円朝と歌舞伎』近代文芸社、二〇〇一年。
*3 鈴木古鶴「円朝遺聞」小池章太郎他編『三遊亭円朝全集』第七巻、角川書店、一九七五年。
*4 小池章太郎他編『三遊亭円朝全集』第七巻、角川書店、一九七五年。
*5 『朝野新聞』明治一九年（一八八六）四月二日（東京大学法学部明治新聞雑誌文庫編『朝野新聞　縮刷版』23、ぺりかん社、

一九八三年）。

＊6　『東京さきがけ新聞』明治一〇年（一八七七）八月一七日（倉田喜弘編『明治の演芸』一、国立劇場調査養成部芸能調査室、一九八〇年）。

＊7　吉永仁郎「すててこてこてこ」吉永仁郎『吉永仁郎戯曲集』一、宝文館出版、一九九八年。なお、「すててこてこてこ」は二〇一五年に文学座による公演が行われた（西川信廣演出、円朝＝坂部文昭、円遊＝千葉哲也）。千葉哲也による円遊には魅せられた。

＊8　中嶋久人「「都市下層社会」の成立」『都市下層の社会史』解放出版社、二〇〇三年。

＊9　マイクロフィルム『時事新報』明治二〇年一月〜三月、日本マイクロ写真。

第四章 「文七元結」

「文七元結」は明治二二年（一八八九）四月三〇日から五月九日にかけて『やまと新聞』に連載された[*1]（最初に高座にかけられた年月日は不明）。同年、五一歳になった円朝は、向島・木母寺に「三遊塚」を建立した（第一部第二章）。幕末の名作「怪談牡丹燈籠」は春木座で、「塩原多助一代記」は歌舞伎座で、それぞれ歌舞伎演目としてすでに上演された。彼の芸がもっとも円熟した時期である。

晩年の円朝は、「文七元結」をあまりやらず、四代目・円生の継承した噺が、初代・三遊亭一朝へさらに五代目・円生に伝えられ、六代目・円生もこれを聞いていた、と言われている。[*2]

以下、『円朝全集』第七巻にしたがって、場面ごとにそのあらすじをまとめておきたい。

第一節 「文七元結」のあらすじ

長兵衛登場

本所達磨横町に住む左官の長兵衛は、腕はいいが、無類の博奕好で、博奕の負けが込んで借金を抱えている。

円朝は、長兵衛の様子を以下のように語っている。

昔時は遊び人と云うものが御坐いましたが、只遊んで暮して居ります（中略）。しかし、博奕を致しましたり、酒を飲んで怠惰者で仕方ないと云うような者はどうかすると良い職人などにあるもので（中略）、本所の達磨横町に左官の長兵衛と云ふ職人が御坐いまして（中略）、腕は良いが誠に怠惰もので御坐います。

ある日の夕暮れ、また負けた長兵衛は身ぐるみ剥がされて、女児の半纏一枚を羽織って賭場から帰ってくる。すると、女房のお兼が泣いている。娘のお久がいなくなったという。お兼は長兵衛の博奕と怠惰な生活をなじり、夫婦喧嘩が始まる。そこに吉原の大店・角海老（かつて長兵衛が仕事を請け負ったこともあった）の手代の藤助が訪ねてきた。藤助は、お久が角海老のお内儀の所に身を寄せているので、長兵衛に角海老まで来てもらいたい、という伝言を持ってきたのであった。

角海老の場

長兵衛は、着るものがないので、女房の着物を一枚羽織って角海老へ駆けつける。お久は、遊女として身売りして、金を工面したい、と角海老のお内儀に頼み込んだのだという。長兵衛には博奕でつくった悪い借金があり、それをまた博奕で取り戻そうとして仕事に出ず賭場に入り浸っていた。これが夫婦喧嘩の元凶になっており、お久は心を痛めていた。

お内儀は、年頃の娘が親のために自分から身を売るなんてことは滅多にあるものじゃない、と長兵衛を諭す。長兵衛は改心しお久に、博奕を絶って仕事で稼ぐから、一年か二年、角海老で辛抱してくれと話す。お久は、何年でも辛抱するから、おっかさんと仲良くして、稼いでくれと頼む。

この父娘のやりとりを見ていたお内儀は、長兵衛に一〇〇両を貸し、お久は、自身の身の回りをさせるだけで、遊女として店には出さない、そのかわり二年たっても身受に来ないと、気の毒だが店に出す、と語る。

吾妻橋の場

改心した長兵衛が帰り道、「気抜のしたように仲の町をぶらぶら」歩いて吾妻橋にさしかかると、身投げをしようとしている年ごろ二二、三の男に出くわす。わけを聞くと、この若い男は、白銀町三丁目の近卯という鼈甲問屋の奉公人・文七で、店の使いで「小梅の水戸様」＝水戸藩下屋敷からの支払いを受け取り帰る途中で、この売り上げの一〇〇両をすられてしまったので、死んでお詫びをしたい、と言う。

話を聞いた長兵衛は、死ぬことはないと色々と説得する。しかし、文七は相談する親兄弟、身寄りもない。主人に対して面目ないので死ぬしかないと言い張る。

押し問答の結果、長兵衛はお久が身を売ってつくった（角海老のお内儀から借りた）一〇〇両を文七に無理矢理おしつけて帰ってしまう。

文七は、女性物の着物を羽織った職人風の長兵衛を胡散臭く思っていたが、押しつけられた包みを開けると一〇〇両もはいっていたので驚き、そしてありがたく思い、おそるおそる店に帰り、「小梅の水戸様」の「高橋」さんとの話が長くなり、囲碁もしていたので、遅くなりました、として一〇〇両を主人に差し出す。すると、主人は、

和郎《おまえ》は碁に掛かるとカラ夢中だから困る、和郎《おまえ》が帰ツて仕舞た跡を見ると、碁盤の下に財布の中へ百両這入ツたなり有ツたから、高橋さんがお驚きなすツて（中略）、彼方の御家来が二人で提灯を点けて先刻金子は届けて下すツたのに虚言《うそ》を吐《つ》いて（中略）、其百両の金は何処から持ツて来たんだ。

と問いただす。驚いた文七は、吾妻橋での顛末をおろおろしながら語り始める。

長兵衛長屋の場

翌日、主人は文七を連れて長兵衛の長屋を探し出して、事の次第を説明し、一〇〇両を長兵衛に返そうとする。江戸っ子の長兵衛は、一度やってしまったのだからとことわるが、最後には折れて、ようやく一〇〇両を受け取る。

すると主人は、長兵衛のような「御侠客のお方」と懇意となり、親類になってもらいたいと言い出す。さらに文七を「正直潔白な人間」だが、後見人がいない、そこで、将来暖簾わけをする時には長兵衛に後見人になってもらいたい、と提案する。

この話がまとまり、主人と長兵衛が「親子兄弟結縁の献酬」をしようとしたところ、四つ手籠に乗ったお久が角海老から家に帰ってきて、文七の主人が身受してくれたと話す。その後、文七とお久は夫婦となり、主人の暖簾をわけてもらい、麹町一丁目へ文七元結の店を開いたという。

第二節　善良で意気（粋）な登場人物たち

三つの山場

この人情噺「文七元結」は「塩原多助一代記」のような長編、連続物ではなく、一席物（一回の高座で完結する噺）として創作された。ただし、一席物としては長く四〇〜六〇分の大作である。

悪と暴力が出揃う「怪談牡丹燈籠」「真景累ケ淵」などに比べ、「文七元結」は円朝創作噺のなかで異質である。噺に「悪党」は誰一人として登場しない。ゆえに暴力描写（人殺し）はなく、恨みを抱いた怨霊や、仇討ちの場面もなく、当然ながら勧善懲悪としの結末とはならない。

円朝は、主人公左官の長兵衛を「腕はよいが」怠け者として描いており、「塩原多助一代記」にみる勤勉な主人公像とも異なっている。「名人長二」という噺では、主人公・長二がいかに職人としての腕が良いかが細かく語られ、円朝の名人論も披瀝されているが（第四部第二章）、「文七元結」で長兵衛の左官職人としての腕前が具体的に紹介されることはない。一方、「文七元結」には、江戸庶民の義理・人情・意気（粋）が満載されている。そして噺は、あたたかいハッピーエンドとなっている。説教臭く、現実社会との接点に欠ける「塩原多助一代記」を創作し、また元勲と接点をもった円朝は、客の批判を意識して新たな領域に入っていったのではなかろうか。この点を「文七元結」の山場での登場人物たちの会話を通して考えてみたい。

「文七元結」の山場は三つある。一つは長兵衛が角海老のお内儀に説教される場（角海老の場）、二つ目は吾妻橋で、身投げしようとしていた文七に、長兵衛が大事な金子を渡す場（吾妻橋の場）、そして三つ目は、文七の主人が長兵衛の長屋を訪ねる場面（長兵衛長屋の場）である。以下、三つの場における会話部分を紹介しつつ、解析していきたい。

角海老の場

お内儀

年頃になって売られて来る者は、たいがい不義か何か悪いことをして来る者が多いんだのに、親のために自分から駆け込んで来て、身を売るというような者がまたと有る訳のものじゃあないよ。

長兵衛

お久、親が手をついて頼むが、どうかまあ他家さまなら願えにくいが、御当家さまだから悪くもしてくださるめえから、御当家さまへ奉公して、二年か三年辛抱してくれれば、てめえの身の代だけはいったん借金のかたさえつけてしまえば、おれがまたどんなに働えて、てめえの処はなんとかするが（中略）、向後ふっつり、もう博奕のばの字も断って、もともと通り仕事を稼いで、じきにてめえの身受けをしに来るから、それまで、てめえ奉公してえてくれ。

お久

わたしがいないと、おっかあを介抱する人がないのだから、後生お願いだが、わたしは幾年でも辛抱するから、おまえ、おっかあと仲よくどうぞ辛抱して稼いでおくんなさいよ、よ。

お内儀

それではおまえに百両のお金をあげるが、それというのも、この娘の親孝行に免じてあげるのだよ。

吾妻橋の場

長兵衛（長兵兵衛は、身投げしようとする文七をつかまえて）

しかたがねえ、じゃあ、おれがこの金をやろう（中略）、娘が身を売ってくれた金がここにあるんだが、その身の代をそっくりおめえにやるんだ。おれんとこの娘は、泥水へ沈んだって死ぬんじゃねえが、おめえはここから飛び込んでほんとうに死ぬんだから、これをやっちまうんだ（中略）。そのかわりおれの娘が悪い病えを引き受けませんよう、朝晩凶事なく壮健で年期の明くまで勤めますようにと、おめえ心にかけて、ふだん信心する不動様でも、お祖師さまでも、何様へでも一生懸命に信心してやっておくれ。

文七（長兵衛が一〇〇両の包みを文七に無理矢理おしつけて帰ってしまった後）

ありがとう存じます。この御恩は死んでも忘れやあいたしません（中略）。まことにありがとう存じます。かならず一度はこの御恩をお返し申します。

長兵衛長屋の場

鼈甲問屋の主人

あなたは見ず知らずの者へ、おいそれと百両の金子をくだすって、お助けなさるというそのお志というものは、実に尊い神様のようなお方だって、昨夜もね番頭とあなたのお噂をいたしました、なれども（中略）、金子はそのままお受け取りを願います。

長兵衛

だがね、これをわっちが貰うのはきまりが悪いや、いったんこの人にやっちまったんだから、取り返すのはきまりが悪いから、この人にやっちまおう、わっちは貧乏人で金が性に合わねえんだ（中略）、いったんこの人に授かった金だから、どうかやっておくんねえ。

主人

この文七は親も兄弟もないもので（中略）、実に正道潔白な人間ですが（中略）、命の親という縁もございますから（中略）、これをあなたの子にしてやってくださいまし。文七も願いな。

文七　ふつつかでございますが、わたくしをあなたの子にして下されば、どんなにでも御恩返しに御孝行を尽くします。

この会話が終わると、鼈甲問屋の主人に身受けされたお久が到着するのである。

このように、三つの山場での会話を確認すれば「文七元結」を貫いているテーマは、親子の愛情、江戸っ子の粋（意気）と人情であることがより鮮明にわかるであろう。角海老のお内儀は、親を思うお久の気持ちと、長兵衛・お久の親子の情にうたれ、お久を店に出さずに一〇〇両の金を貸しているのである。

登場人物はみな、誠実・義理・人情に厚い意気（粋）な江戸っ子として語られている。円朝は、長兵衛を職人気質の江戸っ子、というステレオタイプに安定させ、いんごうの典型というイメージがついて回る遊女屋のお内儀を、情にもろい、いなせな女として登場させ、利に敏いと思われがちな商人（問屋の主人）を、お久の身受けに一〇〇両の金を出すきっぷのいい人物として描いたのである。

「吾妻橋の場」での長兵衛と文七のやりとりは、長い会話となっている。長兵衛はいきなり一〇〇両を渡すのではない。説得して身投げをあきらめさせようとするが、どうしても文七の考えが変わらないので、「しかたがねえ、じゃあおれがこの金をやろう」と、文七に大事な一〇〇百両を無理矢理渡すのである。円朝は、孝行娘・お久への思いを断ち切って、若い文七の命を救う、という江戸っ子・長兵衛を描いている。

「文七元結」の主人公は長兵衛であるが、六代目・三遊亭円生や柳家小三治は、角海老のお内儀に焦点をあて「角海老の場」を語り込み、三代目・古今亭志ん朝は文七を見事に主役級まで高め、「吾妻橋の場」を盛り上げていた。そして、この三人の大看板・噺家たちはみな、終盤の「長兵衛長屋の場」を和やかな笑いで包んでいた。

文明開化期、「自分が笑わずに客を笑わせ、自分がなかずに客を泣かせるのを真の上手」であるという寄席通の批評があることに対して、円朝は「徹底話中の人物になり切って、悲しければ泣き、おかしければ笑う。無論泣かせんとして泣くのでもなく、笑わせんとして笑うのでもない」と語り、弟子に「常に噺のうちの人物に成り切れ」と諭したと言う。[*3] 長兵衛・お久・角海老のお内儀・文七と、「文七元結」には一席の中に「成り切」るための人物が出揃っている。円朝は、彼らを江戸っ子として描ききった。そこにあるのは、幕末の暴力の記憶や、文明開化の教条などではなく、江戸の意気（粋）と人情である。円朝は高座で泣き・笑いして、長兵衛・お久・お内儀・文七に「成り切」ったのであろう。

円朝は「文七元結」を創作した二年後に寄席を引退しているので、「文七元結」の完成度を上げることはできなかった。円朝直系の高弟たち、四代目・三遊亭円生・三遊亭一朝が、この人情噺を継承し、[*4] 人情噺の大物中の大物といわれるようにしたのである。

現在の落語界を牽引している一人である柳家権太楼は「人情噺の名作を五つあげろといわれれば、誰が選んでも「文七元結」はそのうちの一つに必ず入る」している。[*5]「文七元結」は、生半可な噺ではなく、名人の大ネタであり、高度な芸が要求される噺の筆頭ともいえる。六代目・円生は「いい噺ですけど難しいですよ。（中略）この噺は大物中の大物で、出て来る人間も多いし、それを使い分けるのは、目にしろ、形から呼吸から、すべて変えなければならない」と語った。[*6]

円朝が到達した芸の至高は、説教くさく元勲らが好んだ「塩原太助一代記」ではなく、江戸の意気（粋）と人情を泣き笑いのなかに封じ込めた「文七元結」ではなかろうか。

明治政府は寄席を通じて、文明開化というイデオロギーを民衆に押しつけていった。寄席はまさにAIEフィールドであった（第二部）。ところが、そこは芸人＝噺家と客≠民衆とが、対峙しせめぎ合っている緊張した空間であった。

一九世紀、既存の権力（幕藩権力）の崩壊のなか、社会秩序が不安定となり、民衆運動をも含めて社会が暴力化する〝万人の戦争状態〟となった。[*7] 一方、一九世紀は秩序が不安定になるからこそ、これに対抗する儒教的・伝統的「諭」の論理が強化されていく時代でもあった。[*8] 円朝は、幕末の治安が悪化し、人気が荒れ暴力化する社会とその時代を強く意識し、寄席に座り続け、慾の恐ろしさ、忠義・義理・孝行という儒教的・伝統的規範を人びとに語っていった。

名人・円朝は、国民国家による国民教導という〝呼びかけ〟に〝振り向く〟だけではなく、自己の了見をより覚醒させたともいえる。そして、文明開化という状況（構造）を自己や弟子、三遊派という落語集団の立身出世に利用していったのである。

しかし、寄席には客がいる。客は気に入らない噺家にはことのほか厳しい。円朝は伝統的規範を開化の教導へと織りこみ、説教くさい人情噺「塩原多助一代記」を創作してしまった。文明開化が上滑りし、円朝が語った世界が幻想であることが露呈されていくなかで、客は三遊亭円遊のステテコ踊り、三遊亭万橘のヘラヘラ、ラッパの橘家円太郎などといった「珍芸」に熱狂していったのである。これは客が教導職・円朝から離れていったことの傍証と言えまいか。「珍芸」には明治政府の教化という堅苦しい空気を蹴散らすパワーがあった。円遊は噺の実力を持ちながらも「お上」がいやがる奇天烈な踊りを高座で騒ぎ、客の人気を得たのである。寄席は警察の管轄下に入り、「演劇類似の行為」は禁じられた。円遊らの「珍芸」は瞬間ではあるが、この禁令を破る行為でもあった。客は円遊に喝采した。この噺家と客の共鳴は消極的ではあるが、明治政府の教導策への反発として理解できるであろう。

幼年時代から寄席通いを続けた夏目漱石は、三遊亭円遊の芸を高く評価していたことは有名である。[*9] また、漱石は随筆「水まくら」（明治三八年執筆）で、柳家小さん（三代目）をもっとも「うまい」とするとともに、「死んだ円朝」も高く評していた。[*10] 噺家にうるさい漱石のこの評価は、もちろん芸という本質であり、円朝の教導職としての側面ではない。

寄席という文化を体現する名人噺家は、伝統と開化とを織り交ぜた噺を創作し提供していった。客も伝統と開化とをない交ぜにして楽しんでいた。寄席という民衆娯楽の場は、近代・反近代という二項対立では理解できない空間であった。さらに、噺家を評価するのは客であり、国家に取り込まれ面白味の低下した噺家を拒絶していった、ということも忘れてはならない。

最後に客の批判を意識した円朝のことを再度確認しておきたい。円朝は名声を得た後も、客を大事にしたと伝えられる（第一部第二章）。三遊亭の復興を成し遂げた円朝は、晩年に至るも文明開化という夢を信じていたのではないかと思う。しかし同時に、円朝は最期まで芸人、名人噺家であったことを見過ごすことはできない。円朝の主体は転変し行き着いた場は、「塩原多助一代記」ではなく、人の慾と暴力を描いた「業平文治漂流奇談」であり、彼の客である独り者の職人「熊さん・八つぁん」たち江戸の庶民を誠実・義理・人情・意気（粋）として描いた「文七元結」ではなかったか。さらに、客が円朝の芸を創っていったとも言える。寄席というＡＩＥフィールドは、まさに国家・芸人・客＝民衆の衝突の空間であった。

註

＊1　佐藤至子「文七元結」『円朝全集』第七巻、岩波書店、二〇一四年。
＊2　同右。
＊3　鈴木古鶴「円朝遺聞」『三遊亭円朝全集』第七巻、角川書店、一九七五年。
＊4　註＊1に同じ。
＊5　柳家権太楼『江戸が息づく古典落語50席』PHP文庫、二〇〇五年。
＊6　飯島友治編『古典落語　円生集（上）』筑摩書房、一九八九年。
＊7　須田努『「悪党」の一九世紀』青木書店、二〇〇二年。
＊8　深谷克己「東アジア法文明と教諭支配」『アジア地域文化学の発展』雄山閣、二〇〇六年。
＊9　水川隆夫『漱石と落語』彩流社、一九八六年。
＊10　夏目漱石「水まくら」、夏目金之助編『漱石全集』第二五巻、岩波書店、一九七六年。

第四部

記憶の近代

第一章　暴力の記憶

「真景累ケ淵」「怪談牡丹燈籠」は怪談噺とされているが、噺の内容は生きた人間の慾と暴力に満ちている（第三部）。三遊亭円朝の創作噺の多くには暴力描写が溢れている。しかし、どういうわけか、円朝の噺の暴力描写に注目した研究や文芸・演芸評論は存在していない。本章では、「鏡ケ池操松影」「英国孝子ジョージスミス之伝」「敵討札所の霊験」「業平文治漂流奇談」という、文芸・演芸評論的には人情話と類型化されてきた円朝の代表作における殺し場を取り上げ解析する。教導職に任ぜられた円朝がなぜ暴力への意識を持ち続けたのか、という点も重要であるが、ここでは、凄惨な暴力描写にあふれた噺が、どうして文明開化期の客＝民衆に受け入れられ再生産され続けたのか、ということも併せて考えたい。

第一節　「鏡ケ池操松影」

「鏡ケ池操松影」は明治二年（一八六九）、円朝三一歳の時に創作したと伝えられる。[*1] この噺は、浅草の鏡ケ池で投身自殺を図った吉原の遊女・采女の物語を下地にした怪談噺である。ここでは「悪党」「好淫奸智」の倉岡元仲（下総国香取郡大貫村の医者の倅）が、伴野林蔵（三浦家足軽の子）とつるみ、私慾から殺人を繰り返す場面を追っていく。時代設定は文政から天保期となっている。以下、『円朝全集』第一巻をもとに、分析してみたい。

野口安兵衛殺し

倉岡元仲と伴野林蔵の両人は「放蕩」から親に勘当され江戸に出てきていた。二人は高価な脇差・宇田国宗を奪うため野口安兵衛(浪人)を殺す。林蔵は「抜き足して密と野口の後ろからドンと力に任せ突飛ば」した後、元仲が以下のように安兵衛にトドメをさしている。

元仲は、飛出して来て、安兵衛の脊に足を踏掛、貝殼骨のあたりをグッと突ク(中略)、元仲また一本肋へ突通す、突かれて安兵衛悲鳴をあげ、のた打廻り七転八倒。

久津見半左衛門殺し

元仲は、千住掃部宿・加賀屋与兵衛の後家おすがとの密通を、彼女の実兄・久津見半左衛門(三浦家家臣の悴)に見つかり、打擲を受ける。これを遺恨に思った元仲は、林蔵を誘い、彼の殺害を企図する。久津見は「真影流の銘人」であるため、元仲と林蔵は深夜、道中の彼を狙い罠を掛ける。それにはまり、溝に落ちた久津見に二人は以下のように滅茶苦茶に襲いかかる。

元仲は上から突く、久津見は腰骨を深く突かれ、アット云いさま、元仲の手首を押へ付けしに(中略)、元仲は久津見の貝殻骨の辺をしたゝかに突く、つかれて久津見はひよろひよろと前へのめる所をプツリと頭上へ掛て斬りつける、斬られて久津見はアツト声を揚げ、血鮮は流れて眼口に這入る所を又一本突込む。

この殺し場には貝殻骨の辺りを突く、という行為が出てくる。「怪談牡丹燈籠」にも、伴蔵が「貝殻骨のあたりから乳の下へかけ、したたかに突込ん」で、という場面がある（第三部第二章）。貝殻骨とは肩甲骨のことであり、この表現には、後ろから心臓を付き刺しトドメを差すという意味が込められている。

その後、久津見の妹おすがは、加賀屋と手を切り元仲と一緒になる。さらに元仲は、殺した久津見の女房お雪と娘の菊まで引き取り、手元に置くことにする。彼女たちは、元仲が久津見を殺したことを知らない。この元仲の行動を円朝は「余程の悪人でなければ出来ないでございます」と語っている。

年の市・おとし殺し

以下は林蔵の単独犯行である。林蔵は、居候をしている年の市の娘おとしに「恋着」、口説くが失敗、それが、年の市に露見し打擲される。これに恨みをもった林蔵は、年の市を毒殺、父の仇として、懐剣で突きかかってきたおとしを惨殺する。以下はその場面である。

飲むと忽ち五体脳乱する様だから、しめたと思い、其間に金と証文を盗み取り（中略）、隙を狙って（おとしが　須田）、懐剣で突きかゝるから（中略）、抜くより早く力任せに切付ると、いい塩梅に肩から乳へ掛て切落し、息が絶えたから。

年の市殺しは計画的であるが、おとし殺しは偶発的な出来事となっている。林蔵がおとしに抱いた好意は色慾でしかなく情愛の欠片は一切ない。

おすが殺し

元仲の妻おすがは、元仲が深川の芸者に入れあげていることを「苦に病み」病気となる。元仲は病のおすがを次のように毒殺する。凄惨な場面である。

元仲はエイト片足揚げておすがの胸を蹴ると、アットいって仰向に倒れ、血眼に成って化者のような姿で苦み廻るを、元仲は再び足で蹴倒せば、おすがは柱へ囓つき口から煤団のような血をガーット吐き、身を震はしたなり其儘息が絶えました。

雪・藤蔵殺し

娘の菊を、元仲によって吉原へ女郎に売られていたことを知った雪は、元仲を打擲する。悪事露見を恐れた元仲は、以下のように包丁で雪を殺し、供の藤蔵をも毒殺する。少々長いが引用したい。

彼片手ばんの庖丁を振上げさま、ヤットお雪の頭脳を目がけ力任せて切付れば、お雪はキヤット云つゝ倒れますと、脳味噌と血がだくだく流れ、虚空を掴んでのた打廻るに（中略）、（元仲は　須田）「此老ぼれ婆々ア、よくもこの元仲の面部を打擲したな、いけぶとい婆々アめ」と独語ながら、戸棚から女房の死骸を入れたる葛籠を引ずり出し、蓋を開けて、女房の死体の上に、お雪の死骸を押込んで居る所へ、供の藤蔵馳けて帰り（中略）、（藤蔵は　須田）もだえ苦しみ、眼口鼻の七穴から鮮血がだらだらと流れ出す、其内に毒が身体中へ廻ると、節々が紫色の斑に替ると、苦み悶きのた打廻るを、元仲が片足揚げて胸の辺をどうと蹴る、蹴られて藤蔵アット声を揚るはずみに、ガア々々〳〵と血嘔を吐き、身を震わし其儘息は絶ましたが。

これは「鏡ケ池操松風」の殺し場の中で、もっともむごたらしい表現となっている。この後、元仲は藤蔵の死体の身ぐるみを剥がし、大根を取り出したあとの沢庵樽に押し込める。この様子を円朝は「飽くまで募る極悪非道、何んと残忍奴で御坐います」と語っている。

大団円

倉岡元仲の悪事すべてを知った、亡き野口安兵衛の悴・安次郎（治平）は、妻の菊と甚助（年の市の悴）の助力を得て、元仲と伴野林蔵を殺害する。元仲は、安次郎にとって親（安兵衛）の仇、菊にとっては両親（久津見半左衛門・雪）と叔母（おすが）の仇であり、伴野林蔵は、甚助の父（年の市）と妹（おとし）の仇という因縁となっている。この噺の大団円は、元仲と林蔵の悪が仇討ちによって滅びる、という勧善懲悪となっている。ただし、そこには公権力は一切登場しない。

暴力描写の特徴（四点）

①私欲の暴力：倉岡元仲・伴野林蔵は、私欲のために暴力を行使し、手段を選ばない。武士を殺す場合には罠を用意するという周到さを見せる。また、二人は殺し場において、かならずトドメを刺すか、息の根が絶えたことを確認している。

②弱い武士：元仲は田舎医者の悴であり、とくに剣術を習ってはいない。それでも、「真影流の銘人」の武士を闇討ちにできたのである。「悪党」元仲・林蔵は、武士をまったく恐れていないし、敬してもいない。こういった物語設定に天保という時代に生きた江戸庶民の武士へのまなざしが凝集されているといえよう——ただし、武士と庶民とが生活・日常のレベルで交叉するという限定付きであるが——。そして、このような

武士表象が明治初年の人びとの記憶として残っていたのである。

③容赦のない暴力：元仲は自分に恥辱を与えた人物には女（老婆）であろうと容赦ない暴力を加え殺害している。また、その場面は凄惨きわまりない。元仲・林蔵の殺人には計画性がなく、死体の処理も杜撰である。こう描くことによって、二人の人物の「極悪非道」の様相は増幅されている。

④暴力の報復：先述したように、この噺の時代設定が文政から天保期であった、という点に注目したい。この時期、幕藩体制の崩壊は確実に始まっていた。また、円朝がこの噺を創作した明治初年の頃、明治政府の権力は不安定であり[*2]、人びとの中には、公権力などあてにできない、という意識が残っていた、と言えよう。理不尽な他者の暴力（殺人）には暴力の報復（仇討ち）が対置されているのである。円朝得意の物語設定といえる。

第二節　「英国孝子ジョージスミス之伝」

「英国孝子ジョージスミス之伝」は、明治一八年（一八八五）に刊行された円朝の翻案物である。[*3]円朝は「西洋人情噺」と表現しているが、物語の舞台は明治初期の東京と北関東であり、清水助右衛門（上州前橋竪町の御用達）の息子・清水重二郎という主人公が、父親・助右衛門を殺し、悪行を重ねた春見丈助利秋（元前橋藩重役）と対決する、という噺となっている。以下、『円朝全集』第二巻により、春見による殺人の様相を確認していく。

清水助右衛門殺し

明治初年、元前橋藩重役の春見丈助（士族）は、「色々の事に手出し」、みなしくじり、さらに宿屋を始めるが傾き始める。この宿屋に旧知の清水助右衛門（元前橋藩御用商人）が宿泊し、以下のように春見に殺され、全財産三〇〇〇円を奪われる。

是は自分の身代の傾いた事を誰かに聞いたのだろう、罪な事だが是非に及ばん、今此三千円が有ったら元の春見丈助になれるだろうと、有合せた槻の定木を取って、突然振向くとたんに、助右衛門の禿げた頭をポヲンと打ったから、頭が打割れて、血は八方へ散乱致して、たった一打で、ブル〳〵と身を振わせて倒れますと。

このように、春見は私欲から助右衛門を撲殺するが、計画性はなく凶器もその場にあった「槻の定木」である。春見は、この殺害現場に居合わせた元前橋藩の「極下役」井生森又作に三〇〇円を握らせ、死体の処理を命じる。又作は、この死体を縁類がいる栃木県佐野に運び込もうとして、深川扇橋から「猿田船」に積み込み、藤岡で下ろしている――航路は小名木川→船堀川→江戸川→利根川→渡良瀬川と北上したと考えられる――。又作は藤岡で人力車を雇い死体とともに乗り込み、佐野を目指すが、車夫の嘉十が腐臭から死体の存在に気付き、又作を強請始める。この場面の描写は以下のように臨場感ある会話となっている。

車夫「なんだか酷く臭いねえ、ア、臭い」（中略）

又作「詰らん事をいうな、此辺は田舎道だから肥の臭いがするのは当然だは」

車夫「私だって元は百姓でがんすから、肥の臭いのは知っておりやんすが、此処は沼ばかりで田畑はねえから肥の臭いはねえのだが、酷く臭う」（中略）

車夫「ダッテ旦那、臭いのは此荷に違いねえ」（中略）
車夫「肥の臭いか干鰯の臭いかは、在所の者は知てるが、旦那、今私が貴郎の荷が臭いと云た時、顔色が変た様子を見ると、此中は死人だねえ」（中略）
車夫「おれ政五郎親分の所にいた頃、親方が人を打殺して、三日の間番をさせられた時の臭いが鼻に通って、いまだに忘れねえが、其の臭いに違えねいから、隠したって駄目だ、死人なら死人だとそう云えや、云わねえと己れ了簡が有るぞ」
沼縁で死体を焼いた後、悪事露見を恐れた又作は嘉十を殺害し出奔する。
ここまでの噺の展開と、この会話からみるように、幕末から明治初年という治安が悪化していた時期、人殺しとその後の死体隠蔽という行為は、アウトローの世界では身近な出来事であったのであろう。

井生森又作殺し

その後、丈助は奪った三〇〇〇円を資本に金貸と質屋を経営、富豪に成り上がる。一方、殺された清水助右衛門の息子・重二郎は車夫に零落、春見に借金を申し込むが断られる。

その頃、東京に舞い戻った又作は、鍋焼饂飩を売るも貧窮していたが、春見の家を探し出し強請る。「悪事露見」を恐れた春見は、次のように酔いつぶれた又作を殺し、放火して証拠の消滅も図る。

先程、又作が梁へ吊した細引の残りを見附け、それを又作の首ツ玉へ巻き附け、力に任せて縊附けたから、又作はウーンと云って、二ツ三ツ足をバタ〳〵やったなり、悪事の罰で丈助のために縊り殺されました。春見は口へ手を当て、様子を窺うとスッカリ呼吸が止った様子ゆえ、細引を解き、懐中へ手を入れ、先刻渡した千円の金を取返し、薪と木片を死人の上へ積み、縁の下から石炭油の壜を出し、油を打ッかけ（中略）、手ランプを死骸の上へ投り付けますと、見る〳〵内に焔々と燃上る。

春見の自害

「立派な士でありながら、利慾の為め、人を殺して」いた春見には、おいさという娘がいた。彼女は重二郎と相思相愛となっていた。ついに、春見の悪事は露見、重二郎は春見の店を訪れる。覚悟した春見は、自分の財産・娘もすべて「貴殿へ差上候と申す文面の証書を認め」「短刀を右手の肋へ引き廻」し「立派に咽喉を掻切り、相果て」る。噺は自害の形をとるが、事実上の仇討ちといってよいであろう。最後に円朝は「勧善懲悪の趣意にも叶いましょうと存じ、長らく弁じまして」と語っている。

この噺の特徴（三点）

①士族の春見丈助は商売を悉く失敗している。
②春見は士族であっても武器を携行していないため、「有合せ」の物を使用して、清水助右衛門や又作を殺害している。円朝の殺し場では珍しく細引きで縊り殺すという描写もある。
③噺の最後は、事実上の仇討ちともいうべき勧善懲悪となっている。

①は士族の商法を描いたものであり、②③の背景には廃刀令や仇討ち禁止令といった、近代を意識した明治政府の法令の存在を想定できる。それを忖度したのであろう、教導職・円朝の本領発揮といったところである。しかし一方、警察という公権力が介入してくる余地はなく噺は進んでいく。

第三節　「敵討札所の霊験」

明治二一年（一八八八）に公刊となった「敵討札所の霊験」では、「悪党」水司又市（永禅）が殺人を繰り返す。以下、『円朝全集』第五巻から彼が関与した殺し場の様子を抜き出していく。

中根善之助殺し

越後高田榊原家の家来で、江戸詰となった水司又市は、根津の遊女小増に一目惚れするが相手にされず、遊女屋で騒動を起こしてしまい、小増と「馴染み」の仲にある中根善之進（榊原家の重役）に「衆人満座」の場で打擲される。これを遺恨とした又市は、その夜、善之進を待ち構え殺害する。この場面は以下のように、武士同士の斬り合いとして描かれている。

水司又市一刀を抜いて、下男の持っている提灯を切落すと、腕が冴えておりますから、下男は向うの溝へ切倒され、善之進は驚きあとへ下さがって、細身の一刀を引抜て。

同じ家中の重役を斬り殺した水司又市は、武士身分を捨て越中高岡に逐電、宝慈寺の住職永禅と名乗っていた。この永禅は平然と人を騙し、私慾から殺人を重ねていく。彼には他者への思いやりや共感など微塵もない。

藤屋七兵衛殺し

根津の遊女小増は湯島の藤屋七兵衛に身請けされ、お梅と名乗っている。ところが、藤屋は火災にあって焼け落ちてしまう。二人は七兵衛と先妻の子・お継と共に、越中高岡へ行き荒物屋をはじめる。同所で小増（お梅）に再会した水司又市（永禅）は彼女と密通、じゃまになった七兵衛を「柄の長い大割という薪割」で、「頭上を力に任せ、ズウーンと打」って殺害する。お継は、とっさに逃げ出して殺されずにすむ。

真達殺し

永禅には、真達という弟子がいたが、彼もまともな坊主ではなく、博奕や芸者遊び等で借金をしているような人物で、円朝は「真棒が曲りますと、附て居る者が皆間曲ります、真達という弟子坊主が曲がり」と説明している。この真達は、遊ぶ金欲しさに七兵衛殺しをネタに、師匠永禅を強請りはじめる。悪事露見を恐れた永禅・お梅は、真達を連れ逐電する。三人は飛騨の高山を越えるため、神通川に沿って街道を上っていく。その途中で、永禅は真達を以下のように殺す。

真達が迂闊り渡し口に眼を着けて居りまするると、腰に帯ておりましたる重ね厚の一刀を抜より早くブスリッと肩先深く浴せますと、ゴロリと横に倒れましたが、真達は一生懸命「ヤアお師匠さん私を殺す気じゃな」とドン〳〵〳〵と死物狂い縋り付いて来る奴を、永禅「コー知れた事ちゃ、静かにしろ」と鳩尾の辺りをドンーと突きまする、突かれて仰向に倒れる処を乗掛ってとどめを刺しました処が、

真達は、七兵衛の殺し場を直接見たわけではないので、永禅の狂暴さを知らないにしても、なんとも間が抜けている。永禅の暴力が自分に向かうと思っていないのである。円朝は極悪人の取り巻きに、このように緊張感のない人物を登場させている。

又九郎夫婦殺し

真達を殺害した後、永禅・お梅はさらに飛騨路を進み、三河原の又九郎という老夫婦がいる宿に逗留する。この又九郎夫婦は、殺した真達の両親であった。この展開は唐突であるが、円朝得意の因縁噺となっている。又九郎は息子が永禅の手に掛かって殺されたと断じ、火縄銃を用意して永禅に立ち向かう。以下がその場面である。

爺婆を切殺して逃げるより外ほかはないと、道中差の胴銑を膝の元へ引寄て半身構えに成て坐り、居合で抜く了簡、柄へ手をかけ身構える、爺も持って参った鉄砲をグッと片手に膝の側へ引寄せて銑機に手を掛けて、スハと云ったら打果さうと云うので斯身構ました（中略）、永禅は不図後に火縄の光るのを見て、此奴飛道具を持って来たと思うから、ズーンと飛掛り、抜打に胸のあたりへ切付けました（中略）。

又九郎「ヤア斬りヤアがつたナ」

と銑機を引いてドンと打つ、永禅和尚は身をかはすと運の宜い奴、玉は肩を反れてプツリと破壁を打貫て落る。又九郎はおのれ斬りアがったなと、空鉄砲を持て永禅和尚に打て掛るを引ツ外して、

永禅「猪口才な事をするな」

と肩先深く斬下げました、腕は冴ているし、刃物は良し、又九郎横倒れに斃れるのを見て、婆は逃出さうと上総戸へ手を掛ましたが、余り締りを厳重にして御坐いまして、鎖棒を取って、鎖鑰を外す間も御坐いません、処へ永禅は逃られては溜らぬと思いましたから、土間へ駈下りて、後から一刀婆アにあびせ掛、横倒れになる処を踏掛ってとゞめを差たが、

このように、「きかん気の爺」又九郎は、忰・真達の仇を討つために火縄銃で永禅を仕留めようとするが、返り討ちにあってしまう。そして、おろおろしている又九郎の老妻は、訳の分からぬまま殺されてしまう。この場面

で強調されるのは、自分を護るために、まよいのない永禅の残忍さ兇悪さ、そして強さである。

お梅・おやま殺し

永禅・お梅は、又九郎老夫婦を殺害した後、逃亡の旅を再開する。ここまで見てきたように、永禅の殺人には計画性がない。そのため、悪事を隠しきれない。しかし、彼を追い詰める公権力の存在など微塵も見えない。

永禅・お梅は、越後から信州松本へと入り、水内郡白島村に至る。この村には、おやま・山之助という姉弟がいた。このおやまに惚れた柳田典蔵という武士が、取り巻きの伝次・庄吉と図り、彼女を襲う。たまたま、永禅は、おやまを助け、典蔵・伝次・庄吉を殺害している。彼のこの行動には訳があった。庄吉が高岡出身で、永禅の過去を知っていたのである。つまり、この殺人は、おやまを助けるという善意から派生したものではなく、「吾身上を知て居る上からは」難儀になると思った衝動的なものであった。伝次・庄吉は、いとも簡単に殺されてしまうが、典蔵は逃げおおせている。永禅、はじめての失敗である。

永禅は年若いおやまに惚れるが、それをお梅に感付かれ、おやま・山之助姉弟の眼前で、お梅から打擲を受ける。さらに、悋気のお梅は永禅の悪事を暴露し始める。その後、永禅・お梅は白島村を逐電するが、その途中「汝、我が横面を能くも人中で打擲たナ」と永禅は言いだし「己は愛想が尽て厭に成た」として、お梅の「肩先深く切付」る。そして、以下のように、トドメをさし、死体を谷川に突き落としている。

刀を逆手に持直し、肩峰《かいがらぼね》の所からウーンと力に任して突ながらこじり廻したから、只た一突きでブル〳〵と身を慄はして、其のまゝ息は絶えましたが（中略）、まず谷へ死骸を突落そうと思ふと、又市の裾に縋り付いたなりで、狂い死を致しました故、中々放す事が出来ませんから、恵梅の指を二三本切落して、非道にも谷川へごろ〳〵〳〵〳〵ドンと突落し。

自分の身体に絡みついた死者の指を切り離す、というおぞましい表現は、「怪談牡丹燈籠」の「おみね殺し」の場でも用いられている。この後、永禅は何食わぬ顔で白島村に舞い戻り、再びおやまに言い寄る。きっぱり断られた永禅は「こう言出して恥を掻されては帰られません」と脇差しを抜き脅す。しかし、おやまは「死程惚られても私は厭だ」と毅然と返答する。そこに、山之助が帰って来ると、永禅は次のように、おやまに斬りかかる。

人を殺し又悪事を重ねても己れの罪を隠さうと思ふ浅間敷心から（中略）、おやまの肩へ深く切掛。山之助は竹法螺を吹き助けを求める。百姓たちが集まってくることを恐れた永禅は、おやまにトドメを刺せず、また山之助に斬りかかる暇もなく逃げる。

又市（永禅）は再び殺し場で失敗している。瀕死のおやまは、山之助に「汝も武士の悴だ、心に掛て又市の顔を忘れるな」と念を押し死んでいく。ここから山之助の仇討ちの旅が始まる。その後、彼は親の仇・永禅を探して旅に出ていたお継とたまたま知り合い、探している仇が同じ永禅であることを知り夫婦となる。巡礼者となり、仇討ちを続ける二人は江戸出て、永禅を探し出して討ち取り大団円となる。ここまでの噺も長く、山之助が実父に殺害されたり、正太郎というお継の実兄が登場したりと、噺は荒唐無稽な個所が多くなるがすべて省略する。

非道・非情な人格

円朝は物語の最後で、極悪の水司又市（永禅）が、仇討ちにより、四人の人間によってたかって「四ツ角で鮪を屠す様」に殺される、として勧善懲悪を貫いている。武士身分を離脱してからの永禅は、薪割・胴金といった身近にある凶器で人を殺していく。ゆえに、殺し場の描写は凄惨きわまりない。彼は、自己の慾のためには誰であろうとためらいなく殺す「悪党」として描かれている。彼の暴力行使、殺人に計画性はない。本書で紹介した円朝の創作噺に登場する人物の中で、もっとも非道・非情な「悪党」はこの水司又市（永禅）である。現在の認知心理学・犯罪心理学の専門家は、彼をサイコパスとして認識するであろう。[*4]

第四節　「業平文治漂流奇談」

「業平文治漂流奇談」の初演時期は不明であるが、明治一二年（一八七九）に歌舞伎演目として春木座で上演され、明治一八年（一八八五）には速記本が刊行された。[*5]噺の舞台は安永年間（一八世紀後半）の江戸、主人公は浪人した「好男子」の「任客」業平文治である。国文学者の池澤一郎は江戸っ子（東京人）たちが、「実行には移し得ない権力への憤懣を小説や噺の語りの中で爆発させて溜飲を下げていたのである」として、「業平文治漂流奇譚」で描かれた世界を当時の社会風俗へ一般化し理解している。[*6]業平文治はもと「堀丹波守」の家臣で、三八〇石を知行した武士であったが「仔細あつて親諸共に浪人」したという人物であり、彼の振るう暴力は権力への対抗などではない。文治はたしかに「悪人を懲し」「貧窮ものを助ける」「任客」として登場するが、彼の行動の背景には「真影流の極意を究め」た浪人、それも三八〇石とりの武士であった、という社会的権力関係が見え隠れしている。文治は町の揉め事を解決していくが、その手法はすべて暴力に依存している。円朝は噺の冒頭で文治を「至極情深い人で、妄闇に人を打様な殺伐の人ではございません」と語っているが、彼の周囲には暴力があふれている。森まゆみは「ちょっとやりすぎではありませんか」「あんなに簡単に人をぶったり殺しちゃいけない」として文治を「幕藩体制の落伍者であったかもしれない」と語った。[*7]軽妙かつ肯首しうる視点である。

では以下、『円朝全集』第三巻から、この文治の暴力に限定してその様相を確認していこう。

おあさ殺し

品川「あけびし」のおあさと言う女郎に入れあげ、浪人してしまった藤原喜代之助（もと、松平右京の家来）が、文治の裏長屋に引っ越してきた。喜代之助はおあさと世帯を持ったが、おあさは「小股の切り上つた、お尻の小さい、横骨の引込んだ、上等物」だが「腹の中は良くない女」で、喜代助の稼ぎをくすね、同居している喜代助の母には、食事を与えず虐待していた。これを知った文治は、

「貴婦は鬼のやうな女に苛い目に遇って、さぞ御残念で御坐いましょう、只今私が敵を討て上げます（中略）姦婦之へ出ろ」（中略）、おあさの髻を取て、二畳の坐敷へ引摺り込み、此の口で不孝をほざいたか、と云いながら、口を引裂き、肋骨を打折り、非道い事をしました。

という行動に出ている。ここで描かれているのは、相手がたとえ女性であろうと「邪慳」で不孝な者に対する容赦ない文治の暴力である。

大伴蟠作・お村母子殺し

一刀流の「剣術遣い」大伴蟠龍軒・蟠作兄弟は、出入りの商人・紀伊国屋友之助を騙し、一〇〇両の金と友之助の女房・お村を奪い、蟠作の妾にしてしまう。お村は「慾張」の母親お崎とともに、蟠作の家で暮らし始めている。友之助は談判に出向くが、お村・お崎母子から愛想を尽かされ、蟠龍軒の弟子達に半死半生の目に遭わされ、文治に助けを求める。これに対して文治は、

友さん如何にもお前は善人だ（中略）、私がいって百両の金だけは取返してあげまいものでもないが、女房おむらの取返しは御免だ（中略）、おむらは諦めナ、あれはいかぬ、お前の為にならぬ女だ、あれが了簡の不実なのは見貫いて知ている。

と語っている。文治はお村の「不実」を強く非難しており、これがお村殺しへと繋がっていく。文治は、一〇〇両を取り戻すため大伴蟠龍軒へ「掛合」に行くが、母親との約束があり、喧嘩をこらえているところ、蟠作によって「面部へ疵を付け」られてしまう。これは「任客」文治にとって、大きな恥辱であった。

その後、文治はお町（浪人・小野庄左衛門の娘）と夫婦になるが、大伴蟠龍軒・蟠作兄弟への遺恨は消えていない。文治は、夜になると「讐討か戦争にでも出る様」な格好をして出かけていき、ついにチャンスを得て蟠龍軒宅に切り込む。この場面での暴力は物凄い。文治はあっという間にお村母子を殺し、蟠作に対しては「面体へ疵を付けたなおのれ」と迫っていく。以下がその場面である。

おむら母子だが、此奴を逃してはならぬと、藤四郎吉光の鞘を払って、物をも云はず、ツカ〳〵と来て、誰かと眼を着けると、おむらですから「友之助ならば斯の如く」とポーンと足を斬りました（中略）、その刀でエイと斬ると、パラリッとおふくろの首が落ちました（中略）、友之助がおればこうであろうと、和田原八十兵衛の差していた脇差を取て、蟠作の顔を十文字に斬り、汝は此口で友之助を騙したか、此色目で男を悩ましたかと、おむらをズタ〳〵に斬り、汝は此口で文治郎に悪口を吐いたかと、なぶり殺しにして。

蟠龍軒は留守であったが、文治は彼を探す際に「プツーリと癇癪まぎれに、下男の首を討落」す、という行為に出ている。円朝は「奉公人はいい面の皮で、悪い所へ奉公をすると此様な目に遭います」と語っているが、この場面の後味は至極悪い。

文治は、この場で蟠龍軒を殺すことが出来なかった。彼は「お役所」に自首、小笠原へ流罪となる。七カ年後、文治は島から戻ると、お町を連れて蟠龍軒を探し出して討つ。大伴蟠龍軒は脇差欲しさにお町の父・小野庄左衛門を殺害していたのであった。つまり、蟠龍軒はお町の仇でもあり、大団円は仇討ちという定番となっている。

暴力描写の特徴（二点）

①文治は、孝行をもっとも重要な徳目として意識し、不孝な者に対してはたとえ女性であろうと容赦ない暴力を振るっている。

②文治は、打擲をうけ「面部へ疵を付」けられることを決して消えない恥辱と意識し、その行為者を殺害することによってこれを雪いでいる。

円朝は、文治の度が過ぎる暴力の正当性を①②においている。しかし、繰り返すが、後味の悪さは否めない。円朝の噺では、敵役の悪行と残虐さが強調される。彼らにっくき「悪党」は、対抗する主人公の一途さを引き立たせる脇役となっている。「悪党」は主人公の仇討ちによって、滅びるのであるから。ところが、「業平文治漂流奇談」では、手の付けられない暴虐の徒は主人公・文治なのである。これは、他の円朝の噺にはない物語設定となっている。

第五節　文明開化の中で語られる暴力

この章で紹介した四つの噺の中で、「業平文治漂流奇談」の暴力描写は特出している。噺の舞台である安永年間（一八世紀後半）の江戸がとくに治安が悪化していたとは考えられない。では、この噺が創作され、春木座で上演された明治一二年（一八七九）頃に凄惨な暴力描写を生み出すような政治・社会状況があったのではなかろうか、との仮説が成り立つ。しかし、管見の限りこの時期にそのような徴候を見つけることは出来なかった。

この噺が生まれたほぼ同時期に、円朝は「塩原多助一代記」という教諭色の強い噺を創作していたことに注目したい。主人公の塩原多助は言うまでもなく、他の登場人物たちも頻繁に暴力を振るうわけではない。これに対して、業平文治の容赦ない暴力は日常的であり、その場面も頻繁に登場する。同時期に創作されたにもかかわらず、「業平文治漂流奇談」と「塩原多助一代記」とはまるで対局の作品となっているのである。第三部で触れたように、円朝の創作噺の中で「塩原多助一代記」は特異な存在であった。当初、怪談噺として創作に臨んだこの作品が、教諭色の強いものとなってしまった。問題はそこにある。円朝は教導職に任命され、明治一〇年代後半以降、井上馨・松方正義ら「元勲」に接近していた（第一部第二章）。明治政府の国民教導の〝呼びかけ〟に〝振り向いた〟円朝は、それと同化した「塩原多助一代記」を創作した。それゆえ、この噺は修身の国定教科書に取り上げられたわけである。三遊派の再興を企図する円朝にとって、それは歓迎すべき事態である。しかし、一方、人間の慾と恐ろしさを見据え、これを投影した噺を創ってきた彼は、緊張感のない「塩原多助一代記」にストレスを感じ、その反動が「業平文治漂流奇談」において、容赦の無い暴力を行使する主人公文治の描写となって現出した、といったら言い過ぎであろうか。わたしは、そこに覚醒した後、転変していく円朝の主体のありようを見出したい。

先に「敵討札所の霊験」を分析し、水司又市（永禅）はサイコパスであると述べた。なにも、わたしは明治時代にサイコパスと認識されうる犯罪者がいた、ということを言いたいのではない。円朝の噺には暴力があふれている。その叙述・物語設定・ドラマツルギーは本章で紹介しただけでも、豊富な〝品揃え〟となっており、円朝は客を飽きさせない噺を創作していく途上で、多彩な暴力描写を行い、多様な人物を登場させていた。その中にサイコパスの特徴をもった者までもいたということである。

ところで、嘉永二年（一八四九）生まれの江戸ッ子・鹿島萬兵衛は『江戸の夕栄』の中で以下のように語っている。[*8]

実際江戸気質として喧嘩、早く何か相触れ合ふ時は必ず喧嘩を生ず、多くは根も葉も無きことより起こる。「火事と喧嘩は江戸の華」という使い古された慣用句を持ち出すまでも無く、江戸時代の社会は日常的な暴力にあふれていたと言えよう。また、周知のように、N・エリアスは中世のヨーロッパの人びとの日常行為が衝動的であり、人びとの娯楽の中にも暴力が浸透していたことを論じた。[*9] しかし、円朝が描く暴力はそれだけではない。円朝の噺で語られる暴力の多くは、その行為者の慾から発生している。「業平文治漂流奇談」の主人公・文治とて例外ではない。彼の日常的暴力の正当性が「悪人を懲」すことであったとしても、その暴力は「侠客」であることを誇りたい、他者から認められたい、という慾の発露とも言える。誰の中にもあり〝隠されている〟暴力が、人の慾によって顕在化し、当人にも統御しえないものとなっていく、その様相を円朝は語り込んでいるのである。

もう少し、円朝の描く暴力の様相を考えたい。暴力が発動する場面に遭遇する者は、加害者・被害者・傍観者（非当事者）と類型化できる。加害者の暴力を受けても生命を保つことが出来た被害者は、報復という暴力を行使する。こうして暴力は連鎖していく。傍観者は、攻撃者・被害者の暴力の巻沿いにならぬよう注意しつつ、治安担当者（機関）に通報することもあり得る。ところが、実に面白いことに、円朝の噺には傍観者は登場しないのである。複数の人物が登場するがそれは攻撃者・被害者に分類できる。暴力は攻撃者と被害者だけの閉じた空間で行使されているのである。傍観者が存在しないために、治安担当者への通報はあり得ず、ゆえにその出来事に介入する公権力は存在しない。そして、被害者はほとんどその場で殺害されている。被害者本人による報復はありえず、ゆえに物語は、自らが幽霊となって祟るか、被害者の関係者（肉親）が仇を討つか、という展開となる。円朝の噺には仇討ちという場面が多く登場するが、それは彼の暴力の描き方と深く関係していたわけである。暴力描写こそが円朝の噺の本質なのである。

次に、文明開化期に凄惨な暴力描写にあふれた噺が民衆に受け入れられ、再生産され続けた理由につき考えたい。倉田喜弘は文明開化期、悪人・善人問わず虐殺する場面が長々と続くものや、人体の損傷を表現し続ける芝居が多く興行されていたことを紹介している。[*10] 客の耳目にアピールする演劇や芝居と異なる落語の場合、客は噺家の語りを聴くことで場面のイメージを増幅させていく。寄席やホールで円熟した噺家の人情噺を聴いた事があれば、イメージの増幅には自己の経験が重なり合っている、ということを了解できるであろう。客は円朝の描く暴力場面に、自分たちが生きた幕末から明治の記憶を絡めていったのである。

円朝の噺に登場する人びとは、特別な能力や資産を持たず、また依拠すべき懇意の権力（末端の役人）なども知らない者たちである。彼らが自己の意志を貫き、他者に対して影響力を行使するためのもっとも簡単な手段は暴力なのである。また、男子が面体を打擲される、といった恥辱を晴らす手っ取り早い手段も暴力に他ならない。たしかに、江戸時代には訴訟制度が整備され、人びとは幕藩領主に訴願し、各方面に根回しすることによって、さまざまな揉め事を解決していた。しかし、訴訟という行為には膨大な資金とコネ、さらに時間とが必要であったのである。

文明開化期、国家権力による暴力の統御は一段と進み、仇討ちは禁止され、違式註違条例などにより、警察権力は人びとの日常にまで介入し、社会の規律化は深まった。人びとは、この逼塞する空気を〝切り裂く〟エネルギーの具現化として、円朝の噺に登場する暴力に熱狂した、と言えまいか。N・エリアスやM・フーコーに従えば、ヨーロッパ型の文明化された社会とは、国家が暴力を独占しつつも、それをあからさまに行使することはなく、国民を規律・訓練の下におく、ということになる。[*11] 近代国民国家における社会的枠組みはその通りであろう。しかし、わたしは、この枠組の内実はどうであったか、ということを知りたかった。もちろん、この難儀な問題を直裁に解決できるような史料は存在しない。本章では、文明化を是とするか、もしくは文明化を体現できる立場にいるごく少数の社会的エリートではない、多くの人びとの暴力の意識・記憶を、円朝の噺を基盤にトレースしてみたわけである。

人びとという表現をもう少し具体化したい。第二部で触れたように、文明開化期、寄席を娯楽の場としていた客の多くは職人層であった。先に、円朝の噺に登場する人物は、特別な能力や資産をもたず、また依拠すべき懇意の権力（末端の役人）なども知らない者たちである、と述べたが、それは噺の登場人物だけではなかった。客も同様であったのである。

ただ、娯楽作品における暴力描写とは、円朝の噺と彼の生きた時代に限ったものではない、という事実も指摘しておきたい。暴力描写は鶴屋南北・河竹黙阿弥の作品にも多く見られ、現代においても、サム・ペキンパー、クエンティン・ジェローム・タランティーノ、北野武などのように、暴力描写を専門（もしくは得意）とする映画監督も存在する（した）。暴力描写とエンターテインメントとの関係を問い直すことも必要かも知れない。しかし、歴史学徒の領分を超えてしまう。これ以上の深入りは避けたい。

註

＊1　倉田喜弘他編『円朝全集』第一巻、岩波書店、二〇一二年。

＊2　須田努『「悪党」の一九世紀』青木書店、二〇〇二年、『幕末の世直し』吉川弘文館、二〇一〇年、「語られる手段としての暴力」『歴史学研究』二〇〇五年度増刊号、二〇〇五年。

＊3　倉田喜弘他編『円朝全集』第二巻、岩波書店、二〇一三年。

＊4　サイコパスの特徴を簡単にまとめると以下となる。
　＊表面的な魅力がある。
　＊病的なウソを平気でつき、他人を騙し操る。
　＊良心の呵責や罪悪感がない。
　＊常道か希薄で、他人への思いやりに欠け、冷淡である。
　＊衝動的であり無責任である。
　＊寄生的な生活様式をもち、現実的、長期的な目標の欠如。
　＊退屈しやすく、つねに刺激を求めている。
　これらは、永禅の性格・行動描写に合致する。ロバート・D・ヘア、小林宏明訳『診断名サイコパス』早川書房、二〇〇〇年、ジェームス・ブレア他、福井裕輝訳『サイコパス』星和書店、二〇〇九年、M・スコット・ペック、森英明訳『平気でうそをつく人たち』草思社、二〇一一年、ケヴィン・ダットン、小林由香利訳『サイコパス』NHK出版、二〇一三年、エイドリアン・レイン、高橋洋訳『暴力の解剖学』紀伊國屋書店、二〇一五年。

＊5　池澤一郎校注「業平文治漂流奇談」『円朝全集』第三巻、岩波書店、二〇一三年。

＊6　同右。

＊7　森まゆみ『円朝ざんまい』平凡社、二〇〇六年。

＊8　鹿島萬兵衛『江戸の夕栄』中公公論社、一九七七年。

＊9　ノルベルト・エリアス、赤井慧爾他訳『文明化の過程』上・下、法政大学出版会、一九七七年、ノルベルト・エリアス、波

田節夫他訳『文明化の過程』下、法政大学出版会、一九七八年。
＊10　倉田喜弘『芝居小屋と寄席の近代』岩波書店、二〇〇六年。
＊11　註＊9および、ミシェル・フーコー、田村俶訳『監獄の誕生』新潮社、一九七七年。

第二章　江戸　町の記憶

この章では「江戸　町の記憶」として、いくつかのトピックを取り上げた。数多くの円朝の創作噺の中から、芸人円朝の主体的了簡と、江戸の人びとの心性が色濃く表象されているであろうと思われる内容を選択した。

第一節　職人と名人

文芸評論の分野でよく指摘されているように、モーパッサンの「親殺し」にヒントを得て、それを翻案したとされる「名人長二」[*1]という噺がある。円朝に関する評論・評伝には、根拠もなく再現性を担保しえない〝神話〟が数多くあり、歴史学徒は困惑するばかりである。円朝は、モーパッサン原作の『親殺し』を福地桜痴経由で知り、それを翻案し「名人長二」を創作した、という語りもその一つである。しかし一方、古くは馬場孤蝶と村松定孝が論拠を示し、以下のように論じている。モーパッサンの〝Un Parricide〟を有島幸子（有島武郎の実母）が翻訳して円朝に与えた。[*2]最近では、宮信明が円朝から有島幸子に宛てた礼状を紹介しつつ、「名人長二」が創作される経緯と円朝の話法についても詳細に紹介している。[*3]論拠も明確である。

明治二六年（一八九三）、円朝は人力車から落ち怪我を負い、その治療のため湯河原に逗留、その際、現地で取材を行い、明治二八年（一八九五）から『中央新聞』に連載した噺がこの「名人長二」である。さて、噺の由来に関する紹介はこのくらいにして、『円朝全集』第一〇巻によって、あらすじを述べておきたい。

江戸の高名な指物師・清兵衛の弟子に長二郎（以下、長二）という指物師がいた。文政年間（一九世紀初頭）、長二は「豪商・大名たちの贔屓を蒙ったほどの名人」となる。長二の腕前を伝え聞いた浅草蔵前の豪商・板倉屋助七は、長二に仏壇の製作を依頼する。のち、長二と助七とは親密な関係となり、助七の娘お島は長二の嫁となる。

長二を手伝っている職人の兼松が怪我をして、長二も「背の旧傷」が痛むため湯河原に湯治に出る。この湯河原で、長二は赤ん坊の時に両親に捨てられたことを知る。

江戸に帰った長二は亀甲屋幸兵衛・お柳という富裕な夫婦と知り合う。長二の身の上話を聞いたこの夫婦は長二を格別贔屓にする。これに不審を抱いた長二は幸兵衛夫婦の「素性を探索」し、二人が自分の実の親であると確信する。幸兵衛夫婦を詰問すると、幸兵衛は激怒、お柳は「色蒼ざめて」震え出す。この直後、長二は誤って幸兵衛・お柳を殺害してしまう。

長二は親方の清兵衛一家に迷惑を掛けないようにと「縁切の書付」を出し、奉行所に「駈込訴訟」＝自首する。幸兵衛・お柳を実の親と信じている長二は、親殺しの極刑を覚悟している。この吟味を担当した南町奉行・筒井和泉守は、長二の人柄と腕前を知っていて、なんとか「救う途があるなら助命させたい」と考えている。吟味が進むうちに、幸兵衛夫婦の身の上に怪しい事実が浮かび上がり、筒井は美濃屋・茂二作夫婦を証人として尋問する。すると、亀甲屋のもとの主人は半右衛門という人物であり、幸兵衛は長二の実父ではなかったことが明らかとなる。また、お柳はもともと半右衛門の妻であり、長二の実父はこの半右衛門であったことも判明する。同時に、幸兵衛はもと亀甲屋出入りの職人で、お柳と密通していたこと、さらに幸兵衛・お柳、美濃屋夫婦は、鍼医玄石に頼み半右衛門を殺害させていたことが露見する。これらの事実により、長二は実父殺しからは免罪されることになるが、実母（お柳）殺しの罪は消えない。そして、この裁許は以下のように、幕閣・将軍まで達することとなる。

悪人ながらお柳は実母でございますから親殺しの廉はどうしても遁れることができませんので、町奉行筒井和泉守様は、拠所なく夫々の口書を以て、時の御老中筆頭・土井大炊頭様へ伺いになりましたから、御老中青山下野守様・阿部備中守様・水野出羽守様・大久保加賀守様と御評議の上、時の将軍家斉公へ長二郎の罪科御裁許を申上げられました。

老中たちは、幸兵衛殺害を長二による実父半右衛門の仇討ちであった、という解釈を行っている。問題は実母（お柳）の殺害であった。老中たちの議論は以下のような方向に傾いていく。

お柳は「奸夫幸兵衛」と謀り、夫半右衛門を殺したのであるから、長二にとっては「幸兵衛同様、親の仇に相違なし、然るに実母だからといツて復讐の取扱が出来ぬというは如何にも不条理」である。

老中たちはこの見解を補填するため、中国にこのような事例が存在するかを、林大学頭に諮問する。長二の吟味が始まるより以前、林大学頭は板倉屋助七から名人長二の話を聞き、「伎倆の非凡なる事」や親に「孝行なる事」「慈善を好む仁者なること」などと長二を褒める文章（折紙）を作成しており、その内容は江戸の人びとに知れ渡っていた。親孝行の長二が親殺しをしたのでは、この褒めた文章（折紙）が「虚誉」となり、自己の権威が失墜してしまうことを恐れた林大学頭は、「道理において」親の仇をうった長二には「御褒美の御沙汰あって然るべう存奉る」と将軍家斉に言上する。これによって、幸兵衛・お柳殺害は、長二による実父の仇討ちであるとの解釈が行われ結審、長二は無罪放免となる。

その後、長二は「大身代」の亀甲屋を相続し、公儀からも「指物御用達を仰付けられ」、さらに板倉屋助七の娘お島と夫婦となる。

以上の勧善懲悪の噺を確認した上で、ここに出てくる職人・名人に関する叙述を紹介しよう。円朝は、上手と名人の違いや、至高の位置にいる名人とは稀有の存在であることを語っている。以下には、円朝の名人観や芸への意識が表象されている。


上手というのは昔から随分沢山ありますが、名人という者はまことに稀なものでございます（中略）、名人といふ所へは、たゞ勉強したくらいでは中々参ることは出来ません、自然の妙というものを自得せねば名人ではございません、此自然の妙というものは以心伝心とかで、手を以て教えることも出来ず、口で云て聞かせることも出来ませんゆえ（中略）、師匠が弟子に譲る訳にもまいりませんから、名人が二代も三代も続くことは滅多にございません。


いうまでもなく、江戸時代は世襲の身分制社会であった。名人とは身分ではなく自己の研鑽の結果、社会的評価をうけた相対的な存在であり、もちろん世襲とはならない。職人身分であっても、名人ともなれば「大名方の愛顧」を受けることが出来た、という主張がこの噺のテーマとなっている。ただし、職人一般は、職種ごとに集団（組合）を形成し――その中においても階層分化を遂げ――幕藩領主に把握されていたのであり、[*4]「大名方の愛顧」を受けられるような職人は芸術家とでもいうべき稀有の存在であったと言える。

円朝の噺に登場する腕の良い職人の典型は「文七元結」（第三部第四章）の左官長兵衛、そして「名人長二」の指物師長二といってよいであろう。以下の長二の台詞には円朝の職人観が示されている。

画でも彫物でも芸人でも同じ事で、銭を取りたいという野卑な根性や、他に褒められたいというおべっかがあっては美い事は出来ないから、其様な量見を打捨って、魂魄を籠めて不器用に製えて見ろ、屹度美い物が出来るから。

「金持に贔屓」にされる弊害を理解し、「金持」との関係を忌避している長二は「野卑な根性」がないがために、顧客に対してろくな説明をしない、という場面が多く見られる。そして、「職人でも芸人でも」という台詞があることに注目したい。この噺が創作された明治二六年（一八九三）とは、三遊派の再興もなしとげ円熟し、絶頂期にあった円朝が寄席から引退した頃である（第一部第二章）。この時期、円朝の創作噺は高座での話芸ではなく読み物として誕生しているが、彼は自己の芸の集大成を意識し始めていたと言える。円朝は「名人長二」の中で、職人に仮託しながら芸人としてのこだわりと、芸の神髄を語っていたのである。噺の舞台が江戸時代であることに注意を向けたい。長二の裁判に関して町奉行・老中ら江戸時代の為政者たちが、みな職人の矜持を貫く長二に好意的であった点も重ねて注目したい。文明開化期、円朝は元勲という明治の為政者へと接近、明治政府の国民教導という〝呼びかけ〟に〝振り向き〟、いままで向き合ってきた慾と暴力への視点をずらして「塩原多助一代記」という噺を創作してしまった。円朝は、長二のように権力や世間から超然として自己の芸を貫くことができなかったのである（第三部第三章）。その屈折した思いが「名人長二」に底流している、江戸時代へのノスタルジーとして。

ところで、指物師長二と左官長兵衛の二人には、社会性と協調性に乏しく私慾がないという点が共通している。そして、「文七元結」「名人長二」は大団円で終わっている点にも注目したい。円朝の噺は勧善懲悪で一貫しており、「悪党」は無慚な最期を遂げる一方、誠実で無慾、そして孝行や仁義という儒学的徳目の体現者には成功が待っているのである。文明開化期、多くの職人が寄席にいた（第二部）。「文七元結」や「名人長二」が連載された明治二〇年代の現実とは、松方デフレの渦中、勤勉や努力や道徳の実践などでは貧困から抜け出せない、というものであった。円朝はこの二つの嘶で江戸時代へのノスタルジーを語っていたのであるが、それは、一種の現状に対する消極的な抵抗をしめす心性なのである。貧困とは社会的脱落を意味し、ここから抜け出すことは至難であるという厳然たる現実に生き、文明開化を経験した人びとは、江戸時代へのノスタルジーという〝たまゆらの夢〟に拍手したのであろう。

第二節　喧嘩・侠客

主人公・業平文治の暴力が全面を覆っている「業平文治漂流奇談」（第一章）という嘶には、喧嘩の場面が多く描かれている。円朝は、文明開化期とこの嘶の舞台であった安永年間（一八世紀後半）とを比較して、後者を「其の頃は腕力家の多い世の中でございます」と語っている。揉め事の解決は腕力（暴力）に頼るのが前代の社会であった、というわけである。さらに、江戸の「腕力家」の職人たちが身体に「刺青」を入れていたことに触れ、これが「開けない野蛮の世」の有様であるとも語っている。そして、円朝は以下のように文治の社会的立場を説明していく。

侠客と云うものは寛永年間の頃から貞享・元禄あたりまでは、チラ〳〵ありました、それに町奴とか云いまして、幡随院長兵衛、または花川戸の戸沢助六、夢の市兵衛、唐犬権兵衛抔というものがありまして、其町内〳〵を持ていて、喧嘩があれば直に出て裁判を致し、非常の時には出て人を助ける様なものが御座いましたが、安永年間には左様なものは御座いません（中略）、業平文治は町奴・親分と云うのではありません、浪人で田地も多く持ておりますから、活計には困りませんで、人を助けるのが極く好きです。

寛永から貞享・元禄のころまで「任客・町奴」という連中がいたが、文治の生きた安永年間にはそんな者はいない、文治は「町奴親分」などではなく、経済的見返りなど期待せずに人を助ける人物であった、というのである。

噺の舞台である安永年間から約一〇〇年遡った江戸時代初期、町奴や旗本奴という連中が徒党を組んで乱暴狼藉を働き、都市の治安を悪化させていた。幡随院長兵衛（町奴）は、明暦三年（一六五七）に対立する旗本奴の水野十郎左衛門に殺害され、貞享年間には大小神祇組と町奴が一斉に逮捕された。先の引用文で「町奴」として語られる幡随院長兵衛らは歌舞伎の世界では著名で、江戸時代の人びとには馴染みのあるヒーローであった。円朝の時代認識には誤謬が多いが、この噺の場合、事実に近い時代状況を把握していたといえる。幡随院長兵衛が登場する著名な歌舞伎作品は、鶴屋南北の「浮世柄比翼稲妻」（文政六年〈一八二三〉、市村座初演）である。[*5]「業平文治漂流奇談」の情報源を確定することは至難であるが、円朝は南北の影響を受けたかもしれない。

第三節　見附・湯屋

「業平文治漂流奇談」には江戸市中の様子も描かれている。ここでは、見附と湯屋の様子を紹介しておこう。

俗に「江戸城三六見附」と呼ばれた一つである「浅草見附」は、文治郎と左官の亥太郎とが「大喧嘩」した場所とされ、「浅草見附」の「見張所には幕を張り、鉄砲が十挺、鎗が十本ぐらい立て並べてありまして」と紹介される。亥太郎は喧嘩の際に「此処にある鉄砲を貸してお呉んねえ」と役人に断り、勝手に鉄砲を持ち出している。亥太郎は、鉄砲を飛び道具として使うのではなく、喧嘩の道具＝「棒」として持ち出したのであった。その後、亥太郎は「天下の飾り道具」を持ち出した廉で入牢、百敲きとなる。見附には役人が鎮座していたが、そこに掛けてある鉄砲は飾り物である、ということを江戸の庶民は知っていた、という噺となっている。

文明国入りを目指す明治政府は、江戸時代に存在していた湯屋の混浴を、西欧への体裁から野蛮かつ淫蕩な行為として、違式詿違条例等によって取り締まった、ということは多く論じられてきた。しかし、江戸時代においても松平定信が混浴を禁止していた、という事実はあまり知られていない。この禁令は寛政三年（一七九一）正月、江戸町触として発令された（「御触書天保集成」八十一、風俗之部）。そこに「入込湯之儀は、一体風俗之ためニよろしからさる事ニ付、相止候間」とあるように、儒学者定信による江戸風俗統制の一環としての意味があった。

「業平文治漂流奇談」では、混浴の湯屋は「入込みの湯」と表記され、その様子が詳述されている。円朝は「只今では風俗正しく、湯に仕切りが出来まして、男女の別が厳しくなりました」としつつ、「其昔は場末の湯屋は、皆入込み」で「男女一つに湯に入るのは何処かに愛嬌のあるもので」あったと語っている。「入込みの湯」では、下心を持った男性が女性に「引付」くこともあった、と言うのである。「浮草のお浪」という「小股が切り上つて居る、上等物」の女性がこの「入込みの湯」に通っている――円朝はこの湯屋を本所中の郷の「杉の湯」としている――。薬問屋の番頭九兵衛が、彼女に「岡惚れ」しており、お浪はこれを承知で、湯の中でわざと「男の方へくっついて」いく。ところがこのお浪は「小強請を騙り、筒持せをする、まかなの国蔵といふ奴の女房」であった。そうとは知らない九兵衛が「増長」して、お浪の「背中を撫でたり、お尻を抓ツたり」し始めたところで、お浪は九兵衛を引きづり出し「あんな馬鹿な事をされちゃア、亭主に済まねえ、お前の家へ行くから」と凄む。強請の始まりである。この揉め事をその場にいた文治が解決していく――といっても、やはりお浪を殴り付けるだけであるが――。お浪は「亭主は男を売る商売ですから」こんな事をされては「亭主に対してうっちゃっておけません」と言い始める。すると、文治は「それ程大切な女房なら、入込みの湯へよこさねければいゝ」と返している。

よく言われるように、江戸時代の人びとは性に対しておおらかであり、その一環として混浴＝「入込みの湯」という風俗もあったとされる。しかし、だからといって湯屋がすべて「入れ込みの湯」であったわけではなかった。「入れ込みの湯」とはあきらかに猥褻な場所であり、「大切な女房」を入れるような空間ではなかったのである。

中井信彦は、先に紹介した定信の混浴禁止令を江戸貧民・場末対策の一環として位置づけている。[*6] わたしも、その面を否定するものではない。しかし、江戸貧民・場末対策がなぜ混浴禁止として現出したのか、という点にこだわるならば、やはり儒学的禁欲主義からの風俗統制という意味は捨てきれないと考えている。儒学的信条が強固な松平定信や、欧化・文明開化の途を是とする明治政府にとって、混浴という行為や「入れ込みの湯」という空間は許しがたい猥雑なものであったのである。

明治五年（一八七二）一〇月、東京府布達として発令された違式詿違条例は「男女入込ノ湯ヲ渡世スル者」を処罰の対象とした。しかし、「入れ込みの湯」＝混浴とは、江戸時代では是認されていたが、文明開化の明治時代に入り否定された、という時代差に単純に回収すべきものではなく、上位文化と下位文化の抑圧と軋轢という次元として理解すべきであろう。さらに、定信の禁令程度では禁圧できなかったものを明治政府は実行できた、という事実に注目するならば、近代国民国家における権力の庶民社会への介入の強さを示している、とも理解できる。M・フーコーの生権力論を当てはめるならば、まさにそれは、監視・分析・介入として現出する権力機構による管理の〝成果〟といえる。[*7]

第四節　心中

「業平文治漂流奇談」には、お村・友之助の心中場面が出てくる。お村はのち友之助を裏切ることになるが（第一章）、当初は友之助と「深いなか」であった。この頃、お村は「慾の国から慾を弘めに」来たような母親お崎と関係を悪化させ、さらに「義理の悪い借金」をしており、紀の善の番頭・友之助も「旦那の金を二百六十両を遣ひ込ん」でいた。友之助は、

主人の金を使い果たして、高恩を無にするような事をして、実に済まねえ、どうも仕方がないから、死なうと覚悟はしても死にきれねえ、と云ふのは、お前を残して行くのはいやだ（中略）、おめえ本当に覚悟を極めたら我と一緒に死んでくれないか。

と語り、お村は「お前さんと一緒なら、妾ゃ本当に死花が咲きます、友さん本当に死んで下さるか」と答えている。その後、二人は向島の武蔵屋という料理屋兼茶屋に夜中まで留まり、「牛屋の雁木」（隅田川東岸の船着き場）から隅田川に飛び込もうとする。この場面での二人の会話は以下となっている。

友之助「此処はねえ、浪除杭が打てあって、杭の内は浅いから、外へ飛込まなければならんが、飛べるかへ」
お村「飛べますよ、一生懸命に飛び込みますから」

そして、二人は「南無阿弥陀仏〳〵と唱へながら」、

友之助がトーンと力に任せてお村の腰を突飛すと、お村はもんどりを打て、浪除杭の外へドボーンと飛込ん

だから、続いて友之助も飛びましたが、お村を突飛ばして力が抜けましたか、浪除杭の内へ飛込んだから死ねません。

ということとなり、死におくれた友之助は、

おいお村〳〵、オイお村、もう死骸が見えなくなったか、勘忍してくんな、我だけ死におくれたが、迚も此処じゃア死ねえから、吾妻橋から飛び込むから。

と言い訳を始める。まるで落語「品川心中」の逆バージョンのようであり、一転して笑いが起こる場面となっている。「牛屋の雁木」などという中途半端な浅瀬ではなく、吾妻橋から隅田川に飛び込めば心中は成功していたはずである。円朝はこの二人に本気で心中をさせるつもりはなかったのであり、心中を笑いの材料にしたわけである。

江戸時代の戯曲・物語で語られる心中の定番といえば、近松門左衛門の描いた世界を想起するであろう。元禄から享保期（一七世紀後から一八世紀初）、近松門左衛門は、忠義や家と私との二律背反に苦悩する男女の心中を真剣かつ凄惨に描いた。[*8] ところが、宝暦・天明期（一八世紀後半）になると、近松半二の作品に見るように、心中は主たるテーマではなくなってくる。さらに時代が下がった天明五年（一七八五）、山東京伝が富裕な商人の一人息子・艶二郎の軽い生き方を描いた黄表紙『江戸生艶気樺焼』を刊行した。艶二郎は遊女浮名を身請けする際に「狂言心中」の主人公のように派手な噂になりたいとして「嘘心中」を計画する。物語の終盤では、心中場所に向かう二人の「道行」まで語られているが、結末は間抜けな仕儀となっている――京伝は、近松門左衛門の「曽根崎心中」「心中天の網島」を茶化しているとしか思えない――。そして、文政期（一九世紀初頭）、鶴屋南北の傑作「東海道四谷怪談」が生まれる。主人公・民谷伊右衛門はしたたかであり、登場人物たちに忠義・家

をめぐる葛藤などはみられない。そして、幕末に創作されたとされる「品川心中」という噺も心中を笑いの材料にしている。[*9] 円朝が「品川心中」を知っていた可能性は高い。円朝がこの「業平文治漂流奇談」を創作した明治一〇年代（一八七〇年代）はもとより、噺の舞台となった安永〜天明期（一八世紀後半）という時代においても、人びとは金銀をめぐる揉め事やしくじり、忠義・孝行に背反する事態に直面したとしても、絶望し心中など選択しない、と円朝は見ていたのであろう。

　ところが、春陽堂版『円朝全集』第六巻（一九二七年）、角川書店版『三遊亭円朝全集』第七巻（一九七五）、岩波書店版『円朝全集』第一二巻（二〇一五）には、心中を摯実なテーマにした「心中時雨傘」という噺が収録されている。この噺は、円朝没後の大正二年（一九一三）に刊行された『円朝人情噺』（日本書院）に初めて収録された。[*10] しかし、春陽堂版『圓朝全集』（大正一五年〈一九二六〉刊行開始）は、この噺を「門人の口演か、他人の筆を加へたものであるやうに思はれます」とし、角川書店版も円朝の門人によって創られたとしている。そして最新の岩波書店版で、近世文学研究者の佐藤至子は「円朝作と決定づける根拠が示せないことも事実である」と述べている。[*11] この「心中時雨傘」には「因縁」という語彙が強調される場面がある――たしかに円朝は「因縁」という語彙を多用する――。しかし、佐藤至子は「別人が円朝を模作してこの語を持ち出したとみることも可能である」と語っている。わたしも佐藤説に賛成する。語彙の使用云々ではなく、噺の主題・物語設定、ドラマツルギーのあり方から考察する必要があろう。円朝の噺の主題には儒学の徳目が生きており、円朝の噺の最大の特徴は勧善懲悪である。そして何よりも、円朝の噺に登場する主人公は、善悪を問わずしぶといのである。たしかに「真景累ケ淵」や「英国孝子ジョージスミス之伝」[*12] に見るように、主人公や主要人物が自害する場合もある。ただしその場合「悪党」であったその人物が改心・懺悔して自害するという、勧善懲悪を優先させる展開となっているのである。「心中時雨傘」はお初と金三郎夫婦の心中で終わる。この夫婦は貧困の中、誠実かつ必死に生き、親に孝行を尽くしている。円朝は、このような善人に自死を選択させたりはしない。「心中時雨傘」は善人夫婦の心中という、気持ちのもっていき場のない悲劇となっているのであり、そこには円朝人情噺の〝におい〟はしないのである。

第五節　公権力

第三部で紹介した「真景累ケ淵」「怪談牡丹燈籠」「塩原多助一代記」、さらに第一章「暴力の記憶」でも論じたように、円朝の噺では、揉め事の場面や強盗・殺人の場面で公権力が登場することはごく少ない。その少ない事例を以下紹介していこう。

明治一九年（一八八六）『やまと新聞』に連載された「松の操美人の生埋[*13]」には、「八州の衆」＝関東取締出役が登場する。時代設定は明和二年（一七六五）、舞台の中心は相州浦賀周辺である。石井山三郎という侠客が、美人のお蘭を助け、盗賊の粥河図書を討つという噺であるが、最後に、次のように粥河は「改心」して自害する。関東取締出役らが登場するのはこの場面だけである。

「お蘭か、許して呉れ」と云ったのが此の世の別れ、前へカッパとのめる、所へ八州の衆が来て、死骸に縄をかけて引いて行きました。

推理小説のなぞ解きに似た構成となっている「名人長二」にも公権力が登場し、重要な役割を担っていく。第一節で触れたように、この噺は「御裁き」で、どんでん返しが行われるので、それを執行する奉行や、評決を合議する老中らが登場して噺を盛り上げている。

長二は板倉屋助七に頼まれ、高度な「伎倆」で仏壇を作る。仏壇の出来映えに感服した助七は、出入り先の林大学頭（林述斎）に長二のことを話す。第一節で述べたように、林大学頭が長二の裁許に大きな影響を及ぼすこととなるが、この場面がその伏線となっている。長二の「御裁き」を担当したのが、南町奉行の筒井和泉守（筒井政憲）であった。円朝は彼を「お慈悲深くて御裁きが公平という評判で、名奉行でございました」と紹介しているが、筒井が奮闘しても、長二の実母殺しという事実を曲げることはできず、老中たち土井大炊頭（土井利厚）・青山下野守（青山忠裕）・阿部備中守（阿部正精）・水野出羽守（水野忠成）・大久保加賀守（大久保忠真）らの評議となる。彼ら五人の譜代大名たちは実在し、この噺の舞台である文政年間には全員老中であった。ところが一方、円朝は将軍家斉を「文恭院様と申す明君にて（中略）、天下の御政事の公明なる様にと御心を用ひられる人物と評価している。しかし、周知のように寛政の遺老らを排除した後、文政期における家斉の政治（老中首座は水野忠成）は、質の悪い貨幣を鋳造し、賄賂・収賄の横行などを行ったため、政治腐敗が進んだことは事実である。さらに家斉個人も、実子斎省の養子先である川越藩の出羽庄内への転封運動に肩入れするなど――これが、きっかけで天保一一年（一八四〇）、三方領地替反対一揆が発生することになる。[*14]――とても「公明」な「明君」などとは言えない。

円朝は物語のどんでん返しのために、権力の頂点にある将軍を長二の吟味の最終審級者とし、将軍の判断に説得力を持たせるための理論武装として林述斎を必要とした。ゆえに、将軍家斉は公平な判断ができる人物であり、林述斎の論理を理解できる学問にも通じた英邁な名君でなければならなかったのである。「三方一両損」「大工調べ」「小間物屋政談」など名奉行によって名裁きがおこなわれる、という噺は多くあるが、「名人長二」の場合、将軍が奉行の立場となったわけである。

「名人長二」はもとよりフィクションであるが、円朝はこの長二の存在に現実味を加えるために、長二の師匠を実在した名人指物師・精兵衛とした。文政一〇年に死去したとされる清兵衛は、歌舞伎の演目にもなるほど著名な指物師であった。[*15] 江戸ッ子に知られていた伝説の名人・精兵衛を登場させ、長二を彼の弟子としたのであるから、時代設定はおのずから文政期となったわけである。時代設定が文政期である以上、将軍は家斉とせざるをえず、どんでん返しに正当性を持たせるために、家斉を「公明」な「明君」としたのである。

円朝にとって、物語設定と主人公や彼をとりまく江戸社会の描写に現実味をもたせることこそが大事であり、為政者の存在や、人格設定などは二の次であったのである。

第六節　安政の大地震・幕末の内乱

安政二年（一八五五）一〇月二日、大地震が発生した。明治一九年（一八八六）、『やまと新聞』に連載された「蝦夷錦古郷の家土産」[*16] には、この安政の大地震に関する記述が多く出てくる（あらすじは第三章を参照）。この噺は「安政二年十月二日が此お話の発端で」とあるように、安政の大地震の発生した日（安政二年一〇月二日）から始まる。円朝は以下のように、混乱の様子を詳細かつ軽妙に語っていく。

世界には天変地異ということは度々ありますが、其中でも安政の大地震は、一通りナラン大変で御座いました、火事は悪いものに違ひございませんが、又大きに陽気なもので（中略）、どうも地震は陰気なもので（中略）、実に地震はよくないもので、安政の大地震これは実に気が転倒いたします訳で（中略）、小僧坊さんは阿弥陀様を踏台にして天井を破って逃げ出す、吉原抔は一ト通りの騒ぎでは御座いません、女郎が穴蔵で蒸焼になりますと、幇間がおはぐろどぶへ落ち、遣手婆さんがぬか味噌桶の中へ転り落ち、

ここにある「女郎が穴蔵で蒸焼になります」という下りは、『藤岡屋日記』「安政二乙卯十月二日　江戸大地震下」[*17]には、以下のように出ている。

新吉原（中略）

一　江戸町弐丁目、三浦屋吉右衛門、右地震之節、穴蔵へ入候が宜敷とて、夫婦を始め、遊女五十人も有之候内ニ而、頭立候分計半分程穴蔵へ入候処ニ、上へ家潰れ落、其上焼失致し、不残穴蔵ニ蒸焼ニ相成候よし。

大規模な火災も発生した新吉原の被害は甚大であり、『藤岡屋日記』には遊女八三一人、客とひやかしの見物人四五四人など、二七〇〇人が即死したとある。遊女「蒸焼」という酷たらしい様子は、被害を象徴するものとして、文明開化期に至るも、人びとの記憶に残っていたのである。

地球物理学者の石橋克彦は安政の大地震を詳細に分析し、マグニチュード五・九の「最悪の都市直下型大地震」で江戸の東側の「低平地が、震度六〜七の激しい揺れに襲われた」とし、合計約四七〇〇余人の死者が出て（多くは圧死）、土蔵のほとんどが倒壊した、としている。[*18]また、安政の大地震の解説では、水戸藩の藤田東湖が圧死した、ということが必ず出てくる。ところが、「蝦夷錦古郷の家土産」には水戸藩邸に限らず、武家の被災の様子は全く記されていない。円朝の関心はそこにはない。

安政の大地震の日、被災した主人公お録は喜三郎と出逢い、その後「深い中」となっていく。この出逢いの場を円朝は叮嚀に語っている。

(喜三郎が　須田)虎の門を抜けまして、西丸下を通って神田橋から三河町一丁目の往来へかゝると、右の大地震で石ビヤのようナ音がして、ズウーンと響きます(中略)、たちまちに揺震動きました様子というものは地上に激波をうつ様ナ塩梅、と左右の家はガラ〱と言とたちまち瓦が落ちてきます(中略)、土蔵のはち巻が落ちまして(中略)、側面の方には門と二階家が倒れてくる、其音は恐しい事で、これは大地震だナと云ふことが漸く解ります(中略)、女・子供の泣く声はどうも実に憐れなることで御座います(中略)、とかくする間に火事は段〱大きくなり。

円朝はこの大災害を体験した(第一部第二章)。彼は、震災からの復興で大工をはじめ諸職人が斑状している様子も描き「安政三年四年と引続いて繁昌」と語っている。

安政の大地震の二年前、嘉永六年(一八五三)には、ペリーが浦賀に来航し、翌年、再度来航して、日米和親条約が締結されたわけであるが、円朝の噺にはこの幕末政治史上の重大な事件はほとんど出てこない。江戸の庶民にとってペリー来航よりも、直接、生存が問われた安政の大地震のほうがはるかに重大な出来事であったのである。

万延元年(一八六〇)以降、水戸藩尊王攘夷派は、桜田門外の変・英国公使館襲撃事件・坂下門外の変などに主体的に関与していた。文久三年(一八六三)、八月一八日の政変が勃発、長州藩を中心とする尊王攘夷派は京都から一掃された。この事態に危機感を強めた水戸藩天狗党(過激な尊王攘夷派)は、元治元年(一八六四)三月二七日、田丸稲之衛門を総帥とし、藤田小四郎(藤田東湖の子)を中心として、幕府に攘夷実行を迫るため筑波山に挙兵した。天狗党は、元治元年一一月までの約八ヶ月間、北関東地域を横断し、村・町に金銭・食糧、人足・人馬の強要を行い、さらには幕府軍と交戦、北関東各地は戦場になった。

「蝦夷錦古郷の家土産」には、元治元年（一八六四）に発生した天狗党の乱に関連する記述もある。円朝は、以下のように天狗党の乱の発端を詳細に語っていく――円朝は、「水戸の浪士」「筑波勢」という言葉を使用している――。

元治二年の三月が閏で改元あって慶応元年と成ります、其年五月には御案内の通り、水戸の浪士・田丸稲之右衛門が筑波山と大平山に栖籠って、近国の諸藩へ軍資金を借用したいとか、或は武器を借受たいとか云う強談が御坐いまして（中略）、其頃はまだ徳川家の勢いが盛んで御坐いますから、大いに其れを憚る所から致して、此筑波勢に同盟する者も少ないが、中には浪人・博徒抔が其勢いに驚いて加入をする者がありまして、夫等の者が何か近傍の豪家或は寺院などへ押込み、軍資金と云って若干の金子を強談致します（中略）、徳川家からは近国の諸大名へ追捕の命を下しましたから、是から彼の戦争の仕度に相成ります、是が彼の時分の戦争の初めで、私度もは江戸にいて、其話しを聞いても余り宜い心持は致しませんで御坐いました。

この噺には、「水戸の浪士」の面々として多くの人名が出てくる。登場人物のうち、田丸稲之右衛門・藤田小四郎・田中源蔵・飯田軍蔵らは実在していた。天狗党の乱の叙述は、軍資金の「強談」の話も含め、事実に近いものとなっている。ところが、いくつかの誤謬がある。噺には「元治二年の三月」に改元して「慶応元年」となり五月に「田丸稲之右衛門らが筑波山と大平山に栖籠つて」とあるが、天狗党の乱の発生は元治元年三月である――天狗党の挙兵は筑波山であり、大平山はその後移動した拠点である――。円朝はなぜこのように年代を間違えたのであろうか。

主人公お録は上州玉村宿の玉斎方へ売られた後、常陸筑波下の高道祖村の「同愛社」という病院に移り「看病女」として働き始める、という叙述がある。この高道祖村とは天狗党と、幕府軍監・永見貞之丞が指揮する幕府軍との最初の戦闘が行われた地であった。もちろん「同愛社」という名前の病院などはない。というか、そもそもこの時代に病院などというものは存在しない。明治一二年（一八七九）、民間の貧民救療施設として、高松凌雲が設立したものが同名の同愛社である。凌雲は幕府の奥詰医師に登用され、五稜郭の戦いでは箱館病院の頭取として敵味方の区別なく戦傷者の治療を行った。[*19] 後述するが、円朝は「蝦夷訛」という噺で五稜郭の戦いについて詳細に触れている。おそらく、この噺を創作する際に仕入れた凌雲の情報にヒントを得て、同愛社を天狗党の乱の場面に登場させたのであろう。

円朝は、天狗党の乱の情報を江戸で得て「余り宜い心持」ではなかったとしている。事実、幕府は天狗党の乱が発生すると、元治元年五月には多摩地域の村々にまでにも、天狗党浪士の捕縛・殺害を命令していた。円朝は天狗党の乱を「彼の時分の戦争の初め」＝幕末の内乱の始まりと位置づけている。明治二五年（一八九二）、『やまと新聞』に連載された円朝作「八景隅田川」[*20] には次のような叙述がある。

殊に筑波の戦争からして金の有る人は皆恐怖て、金子は皆別荘の方へ送った方が宜かろう、いっそ田舎住居が宜い抔と云って、皆近い処は向島或は目黒、王子辺に別荘を買ひ、土蔵を建て、金銀・重器を持運ぶ抔と云う。

円朝は「筑波の戦争」＝天狗党の乱以降、江戸でも金銀を強奪されるという「恐怖」が起こっていたとしている。そして同じく「八景隅田川」には幕末、天狗党の乱以降の江戸の治安悪化の問題として、主人公お秋の家（豪商島田清右衛門宅）が「御大名の若隠居」に扮した重三郎ら盗賊に襲われ、彼女はこの重三郎に乱暴されるという場面が出てくる。[*21] 重三郎は「コレ此節柄の事も心得て居るだろうが、軍用金が御入用に就き、出入町人も数軒有るから申付けたが」と語っている。天狗党の乱以降、「軍用金」を出せ、という武家たちの強請が多発した、という記憶が幕末動乱を経験した江戸の人びとにあり、円朝は幕末を舞台とした「八景隅田川」にこのような物語を導入したのだろう。天狗党の乱が発生した時、円朝は二七歳、物事の分別できる年齢に達していた。彼は、治安の悪化を恐れる江戸市中の人びと（多くは有徳人）の様子を冷静に見ていたのであろう。

円朝は天狗党の乱の発生を慶応元年と誤認し、噺を創作していた。この問題を考えたみたい。幕府の瓦解と上野戦争のあった慶応という年号を江戸の住民（江戸っ子）が間違えるはずはない。先述したように、幕末の内乱は天狗党の乱から始まる、という意識が強いがゆえに、円朝は天狗党の乱までも慶応期であったと勘違いしたのであろう。偏差はあろうが、円朝を含め幕末の内乱を経験した江戸の住民（江戸っ子）にとっても、この内戦と社会の混乱は天狗党の乱から始まった、と記憶されていたのではなかろうか。

円朝は「蝦夷錦古郷の家土産」の続編として「蝦夷訛」を創作した（明治二八年〈一八九五〉『やまと新聞』に連載[*22]）。箱館五稜郭の戦いから始まるこの噺には、旧幕府軍の中心人物として春日左衛門という幕臣が登場する。春日左衛門とは実在の人物（三〇〇〇石の旗本）で、彰義隊に参加、上野戦争後、榎本釜次郎（武揚）の旧幕府脱走軍に加わり、箱館では陸軍隊長を務め、五稜郭の激戦で戦死している[*23]。春日は、側近の室田信平に、隊員たちの遺言と形見を託し生き延びるようにと命令する。その後、室田は戦場から脱出する途中、一行庵という寺にかくまわれる。この寺の住職信浄と妙林尼は、新天地を求めて相州から北海道（蝦夷地）へと移住した綾川信夫とお録であった。円朝はこの噺の冒頭で、以下のように語っている。

嘉永の丑年に始めて相州の浦賀に亜米利加船が渡来致してから、例の勤王攘夷の論という事が起り、徳川将軍様の御上洛となりました、是が百事紛乱の基で（中略）、伏見に於て兵端を開くという大変な騒動となり（中略）、遂に奥羽北陸の戦争となり、続いて海軍奉行の榎本鎌次郎氏を頭として幕兵の脱走と相成りました（中略）、脱走の幕兵は、明治元年の十月二十四日、北海道の鷲の木へ上陸致し（中略）、遂に官軍は（明治二年　須田）五月十一日の払暁より五稜郭に攻寄せんと人数を繰出しました。

ここにある「是が百事紛乱の基」にある指示語「是」が示す箇所が「例の勤王攘夷の論」か、それとも「徳川将軍様の御上洛」なのかを特定することは難儀であるが、いずれにしても、円朝はペリー来航から「勤王攘夷の論」が始まったと語っているのである。王政復古の大号令に記された「抑癸丑以来未曾有の国難」という認識は為政者だけのものではなかったと言えよう。ただし、それはいわば〝標語〟のようなものであり、先述したように円朝ら庶民にとっての〝一大事〟は何であったかという問題は別にある。また、円朝は、徳川慶喜の上洛から政局が緊迫したことを理解していたことも重要であろう。

円朝は鳥羽伏見の戦いのみならず、「脱走の幕兵」の存在に触れ、「奥羽北陸の戦争」や五稜郭の戦いを一連のものとして語っている。主要登場人物の一人、室田信平（もと大畠外記）は「隊長」春日左衛門と「別懇の間柄」で「大平山の戦争」を経験したと紹介されている。ここにある「大平山」とは天狗党が立て籠もった場所であり、大畠外記（大幡外記）は天狗党のメンバーとして実在していた。室田が戦場から離脱する際に隠れた一行庵の妙林尼は、信平を見た途端「貴所は大畠外記様ではございませんか」と言い「筑波の軍の時に小尼は土浦の敵地を脱けますのに貴所が駕籠で送つてくだすつた」と語り始める。円朝は箱館五稜郭の戦いに天狗党の生き残りを登場させたのである。ここにも円朝の歴史認識の一端が示されている。円朝は天狗党という存在と天狗党の乱にこだわり続けている。彼にとって幕末の内乱とは、天狗党の乱から始まり五稜郭の戦いで終わるのである。

円朝が一連のもとの認識した天狗党の乱から五稜郭の戦いのなかで、彼が実際に体験したものは上野戦争（慶応四年〈一八六八〉五月一五日）であった（第一部）。この市街戦を円朝は噺の中でどう語っているのであろうか。「八景隅田川」の「白鬚の幕雪」という場面に上野戦争の記述が出てくる。裕福な江戸の町人・井上年雄は、白鬚（現・墨田区東向島）の別荘で宴席を設けていたが、この座に門付けの女芸人（お秋）が呼ばれる。その時の彼女と年雄との会話が以下である。

年雄「なるおどイヤそんな事だろうと思った、親父さんは彰義隊で討死をなすったと、ウムやっぱり上野の火で御徒士町辺はみんな焼けたとねえ、なるほど代物は皆な分捕になった、そうだろうねえ、あの辺は酷かったそうだね」

女「ハイ、同胞は一人も御坐いません、私しに養子をすると申しましたが、其の内幕府の瓦解で、親類と云うものは皆下総・野州辺へ脱走をいたしまして、まだ養子も致しませず只今の処では親類といふ者は一人も御坐いません」

年雄はお秋に深く同情して、番頭に、

イヤ今ナウ、段々此の娘の身の上を聞た処が、以前は五百石の旗本のお嬢さんで、阿父さんは彰義隊へ加はって討死し、家は兵火の為に焼かれて所持の金や代物は分捕になって、先頃眼病で目が盲れ、今また阿母さんが痰で苦んでいる処から、門附に出て幾らかの銭を貰って阿母さんに薬を服せるという哀れな咄し。

この後、年雄はお秋の家を訪ねようとする。その途上、人の良い年雄は金銭目当てのお秋に刺殺されてしまう。お秋の実父は、江戸の豪商・島田清右衛門であり、彼女の身の上話は裕福な年雄の関心を引くためのまったくの出鱈目であった。父親が五〇〇石とりの旗本で彰義隊に参加して薩長と戦い敗れ、親戚も北関東で戦っている――文脈からはこのような状況が読み取れるであろう――、ということが年雄の同情を引くための重要な要素となったのである。ここには、彰義隊びいきの江戸の人びとの心性が表象されている。しかし、お秋の身の上話が出鱈目の創り話であったこと、さらにそれを信じた年雄は殺される、という物語設定をどう考えたらよいであろうか。先述したように、円朝は天狗党の乱以降騒然とする中、治安の悪化を恐れた江戸の裕福な商人たちが、別荘を建て私財を持ち出し疎開し始める様子を描いていた。年雄もその一人である。彼ら裕福な〝疎開組〟は上野戦争とは無縁でいられた。一方、これに対して円朝を含む江戸の庶民は内戦の渦中にいたわけである。「八景隅田川」では上野戦争という内戦の経験をめぐる二元論が展開されている。当事者であった円朝は、安全地帯にいることができた裕福な人びと（非当事者）の安易な同情を処断しているのである。

第七節　江戸から東京へ

「江戸の町の記憶」として「職人と名人」「喧嘩・任客」「見附・湯屋」「心中」「公権力」「安政の大地震・幕末の内乱」をトピックとして取り上げ、円朝の了簡・江戸の人びとの心性を考察してみた。これら幕末を舞台とした噺においても、ペリー来航に関しては「蝦夷錦古郷の家土産」に「嘉永の丑年に始めて相州の浦賀に亜米利加船が渡来いたしてから」と触れている程度であり、安政の大獄・桜田門外の変に至ってはまったく登場しない。それら政治史上の大事件に円朝は関心がないのであり、それは寄席の客や円朝の読者も同様に興味がない、ということでもある。文明開化期の人びとの心性、民衆世界とはそのようなものであったと言えよう。

円朝は時代設定などに関して無頓着なところがある。ところが一方、彼は「蝦夷錦古郷の家土産」が創作された明治一九年（一八八六）――安政の大地震からすでに三〇年が経過している――に至るも、一七歳の時に経験したこの大災害を円朝は詳細に語っていた。そこには、円朝の大震災の記憶が強く反映されていると言える。そして、それは東京の人びとにとっても同様のことであったろう。江戸（東京）に生きた人びとにとって、安政二年一〇月二日の大地震とはペリー来航よりも強固な記憶として残っていたのである。当然であろう。ところが、現在の高校日本史教科書の記述は、近代の幕開けとしてペリー来航に多くの分量をさいている一方、安政の大地震に関する記述量はごく少ない。制度史・政治史偏重の弊害といえる。二〇一一年、東北大震災以降、災害史への喚起を促す声は大きくなっている——例えば東京歴史科学研究会は「歴史教育で災害史をどうとりあげるか」という特集を組んだ[*24]——。それを、一過性のものとならぬようにすることはわれわれ歴史学徒の使命である。

幕末の内乱を素材とした円朝の創作噺の中で、天狗党の乱の描写の割合は多い。元治元年（一八六四）に発生した天狗党の乱は、北関東地域を内乱に陥れ、恐怖をもたらした。同年、幕府は「水戸浪士」＝天狗党の捕縛を多摩地域の村々に命じている[*25]。また、武州多摩郡小野路村の名主小島鹿之助が残したいわゆる『小島日記』には天狗党の動向が詳しく記されている。そして、この騒乱の延長として多摩地域において江川農兵銃隊が結成されていった[*26]。このように、天狗党の乱は北関東にとどまらず、江戸周辺農村に影響を及ぼしていたことは、研究成果により自明のものとされていた。ところが、天狗党の乱は江戸の町にも影響を及ぼし、その頃から町は騒然としていったというのである。円朝の記憶にはそのことが強く残っていて、それを噺に仕立てたのである。

『藤岡屋日記』には、天狗党の乱に関する大量の情報が時系列に従って掲載されていた。日記の書き手の藤岡屋由蔵は上州の出身であるため、北関東が戦場となったこの事件に関心が強かった可能性は高い。元治元年三月、北関東では天狗党の乱が発生、七月には京都で禁門の変が勃発する。『藤岡屋日記』にはこの二つの事件が交互に登場する——天狗党の乱は「筑波浮浪一件」、禁門の変は「長州一件」と記されている——。江戸の東北と西南で時勢は大きく動き出したのである。そして、天狗党の乱に関する記載は正確かつ詳細である。とくに注目すべきは、天狗党と幕府軍との最初の戦闘となった七月七日の高道祖の戦いと九日の下妻の戦いの描写であり、由蔵はこれを「実以三百年来未曾有之義ニ御座候」と記している。先述したように、円朝も「蝦夷錦古郷の家土産」の中で高道祖の戦いを印象的に語っている。円朝は、藤岡屋由蔵と同じように、北関東への関心が深いのかも知れない。いずれにしても、天狗党の乱の情報を得ていた江戸の人びとも、由蔵が記したようにこの事件を「三百年来未曾有之義」＝内乱と認識していたのではなかろうか。

政治史の常識を取り払い、藤岡屋由蔵や三遊亭円朝など当時の江戸の人びとの心性に寄り添うならば、幕末の内乱は鳥羽伏見の戦いからではなく、天狗党の乱から始まったと見ることも可能ではなかろうか。換言すれば、幕末の内乱を慶応四年（一八六八）からはじまる戊辰戦争ではなく、その初発を元治元年（一八六四）まで遡らせるということである。「甲子・戊辰戦争」とまでは言わないにしても。これを政治史と社会史・民衆史とのズレとして提起するには、戊辰戦争という名称が歴史認識として定着するまでの経緯を明らかにしつつ、政治史との本格的な格闘が必要となろう。残念ながら本論では不可能である。

註

＊1　倉田喜弘他編『円朝全集』第一〇巻、岩波書店、二〇一四年。

＊2　馬場孤蝶「名人長二になる迄」有島生馬『有島幸子家集』一九三五年、村松定孝「三遊亭円朝と有島幸子」『ソフィア』三七巻三号、一九八八年。

＊3　宮信明「モーパサン、有島幸子と三遊亭円朝」『立教大学日本文学』第一一〇号、二〇一三年。

＊4　塚田孝編『職人・親方・仲間』吉川弘文館、二〇〇〇年。

＊5　この作品から歌舞伎一八番の「鞘当」「鈴ヶ森」が生まれた（浦山政雄「解説」郡司正勝他編『鶴屋南北全集』第九巻、三一書房、一九七四年）。
＊6　中井信彦「寛政の混浴禁止令をめぐって」『史学』四四、一九七二年。
＊7　とりあえず、ミシェル・フーコー、田村俶訳『監獄の誕生』新潮社、一九七七年、ミシェル・フーコー、蓮實重彦他監修『ミシェル・フーコー思考集成Ⅵ』筑摩書房、二〇〇〇年をあげておきたい。
＊8　須田努「諦観の社会文化史」関東近世史研究会編『関東近世史研究論集　二（宗教・芸能・医療）』岩田書院、二〇一二年、中臺希実「近松世話物から読み解く「家」存続と血縁優遇のジレンマ」『比較家族史研究』二九、二〇一五年。
＊9　「品川心中」の原話は『井関隆子日記』天保一一年（一八四〇）二月の条とされる（延広真治編『落語の鑑賞二〇一』新書館、二〇〇二年）。
＊10　国立国会図書館近代デジタルライブラリー『円朝人情噺』。
＊11　倉田喜弘他編『円朝全集』第一二巻、岩波書店、二〇一五年。
＊12　倉田喜弘他編『円朝全集』第二巻、岩波書店、二〇一三年。
＊13　倉田喜弘他編『円朝全集』第三巻、岩波書店、二〇一三年。
＊14　青木美智男『藤沢周平が描ききれなかった歴史』柏書房、二〇〇九年。
＊15　池澤一郎校注「名人長二」倉田喜弘他編『円朝全集』第一〇巻、岩波書店、二〇一四年。
＊16　倉田喜弘他編『円朝全集』第三巻、岩波書店、二〇一三年。
＊17　小池章太郎他編『藤岡屋日記』第一五巻、三一書房、一九九五年。
＊18　石橋克彦『大地動乱の時代』岩波書店、一九九四年。
＊19　菊池勇夫『五稜郭の戦い』吉川弘文館、二〇一五年。
＊20　倉田喜弘他編『円朝全集』第一〇巻、岩波書店、二〇一四年。
＊21　「八景隅田川」を典型に、円朝の噺には性暴力の問題が出てくる。今回は時間と紙幅の都合から、これに論及することができなかった。

＊22　倉田喜弘他編『円朝全集』第一一巻、岩波書店、二〇一四年。
＊23　函館市史編さん室編『函館市史』通説編第二巻、函館市、一九九〇年、菊池勇夫註＊19。
＊24　『人民の歴史学』一九七号、二〇一三年。
＊25　福生市史編さん委員会編『福生市史』上巻、福生市、一九九三年、田無市史編さん委員会編『田無市史』通史編第三巻、田無市、一九九五年。
＊26　武蔵村山市史編さん委員会編『武蔵村山市史』通史編上巻、二〇〇二年、詳細は、須田努『幕末の世直し』吉川弘文館、二〇一〇年に依られたい。

第三章　差別の記憶

明治一九年（一八八六）、『やまと新聞』に連載された「蝦夷錦古郷の家土産」という噺には、江戸の被差別民（穢多・非人）が登場する。[*1] この噺のテーマは差別である。ところがどうしたわけか、円朝の先行研究・評論・解説はこの点にまったく触れていない。後世の研究者・評論家によって、円朝の差別の記憶は消されてしまったのである。本章では「蝦夷錦古郷の家土産」で語られる差別と穢れの様相を分析し、そこから明治一〇年代における東京に暮らす人びとの差別の記憶を復元してみたい。

まず『円朝全集』第三巻から、「蝦夷錦古郷の家土産」のあらすじを簡単に紹介しておく。物語の時代設定は安政の大地震後の幕末、舞台は江戸・信州・常州・相州、そして北海道（蝦夷地）である。

第一節　「蝦夷錦古郷の家土産」のあらすじ

安政二年（一八五五）一〇月、安政の大地震で遭難した「公儀の御用達島村のお嬢さん」お録を、喜三郎という「人柄の宜い柔和な男」が助ける。二年後に二人は再会し「深い中」となるが、この喜三郎は「小屋者」であった。「公儀御用達」の娘と「小屋者」とが夫婦になれるはずもないと、喜三郎はお録と別れようとするが、お録は離れない。そこで、二人はそれぞれの家や社会関係を断ち切り、木曽路へと駈け落ちする。その後、喜三郎は木曾洗馬宿で病となり、お録は「旅女郎」に身を売り、彼を助ける。しかし、看病のかいもなく喜三郎は死んでしまう。お録は、旅の女衒に引き取られて、上州玉村宿の玉斎方へ売られ、「旅女郎」の年季を文久二年（一八六二）まで務める。その後、彼女は客の好意によって、常陸の筑波下の同愛社――松本良順の弟子が設立した病院、との説明がある――の看護婦になる。慶応元年（一八六五）、天狗党の乱が発生し――天狗党の乱の発生は元治元年（一八六四）である――、筑波山周辺は戦場となる。内戦が始まる中、お録は倒れていた笠間出身の「お嬢様」お桂を助け、同愛社に運び入れる。身寄りを無くしたお桂は、相州の金持ちの伯母の所に行く途中であった。ところが、天狗党が撃った砲弾の破片が当たり、お桂は息を引き取る。

お録は、お桂から身元を証明する品を奪い、お桂になりすまし、相州足柄上郡山田村の小田原藩御用達・曾根惣右衛門家に入りこみ「お桂さんへの追善にもならん」と、お桂の伯母に孝行をつくし、同家の信用を勝ち取る。死んだと思われていたお桂は、医師・榊原養庵の介抱によって蘇生し、お録に騙されたとして相州へと向かう。所持金をも奪われたお桂は、乞食の姿で伯母の惣右衛門家を訪ねるが、まったく信じてもらえず、追い返されてしまう。その後、お桂とお録との対面（対決）となり、お録は真実を白状して懺悔し、みずからを「小屋者」であると語る。この一部始終を見ていた綾川信夫（惣右衛門の甥）は「悉く懺悔をした其心に感心して」お録を女房にする。もちろん、信夫はお録が「小屋者」であることを承知している。信夫・お録は所帯を持ったが、この夫婦に「誰も寄り附き手が無い」。そんな「猥りに人を軽蔑する」世間に嫌気がさした信夫とお録は「二人で世に知れぬ国」へ行こうと北海道（蝦夷地）へ渡り、開墾地で生きていく。

第二節 「小屋者」喜三郎

このように、「蝦夷錦古郷の家土産」では差別がテーマとなっているのである。以下、穢多・非人が登場する場面を分析していく。主人公お録と駈け落ちすることになる喜三郎は「小屋者」であり「谷中道灌山の小屋頭」重助の配下とされている。江戸において、「小屋者」とは非人の別称とされていた。享保期以降、弾左衛門の支配下に車善七ら非人頭が置かれ、さらにその配下に小屋頭がつき、非人を個別に支配していた。この小屋頭の一人が、谷中道灌山の小屋頭重助である。[*2] 円朝は彼の存在を知っていたのである。

しかし、円朝の知識はあやふやなものであった。噺の中で喜三郎は「小屋者」として登場するのであるから、制度的には非人身分のはずである。ところが以下の台詞のように、喜三郎は自らを「穢多」と語っている。どうやら、円朝は穢多と非人を混同しているようである。

私は谷中道灌山の小屋頭・重助配下で喜三郎でございます、へイ乞食でござますとも云いかねて（中略）、ただ、もじ〳〵している。

噺の前半では、次のように「素人」の姿となった喜三郎が町に遊びに出る様子も描かれている。

身なりから持ものまでそつくり入あげて、外に預る処が有ませんから、森田屋へ預けて置ては之を着ますのでございますが、喜三郎も一寸懇意の友達の所へ寄りましては雪駄直しの荷を預けて、一寸した縞ものか何かになって、

『旧幕引継書』「嘉永撰要類」に収録された天保一四年（一八四三）の記述には、当地（江戸）の非人・穢多が町

人のような身なりをしていたり、素性を隠して市中に居住している様子などが記されている。[*3]

一　当地非人・穢多共取締方之儀、先前申渡も有之候得共、平人と不紛様、風俗其外之儀、格別規定申渡等書留難調訳候間、其御地之御振合、委細承知致し度候事（中略）、

小屋頭并相続人悴共、両人髪を束、其外之悴共抱非人共、毎月髪を切、斬髪ニ仕、且又、衣類之儀も布木綿之外為着不申候（中略）、長吏・非人共百姓・町人ニ不紛様可仕旨、度々申渡置候儀ニ御座候（中略）、

穢多素性を押隠、市中ニ住居等致シ候ものは、召捕御仕置申付候儀ニ有之候処

「蝦夷錦古郷の家土産」の舞台は既存の秩序が低下している幕末であり、非人や穢多が「素人」の身なりとなり、町に溶け込んでいたという噺の内容を否定はできないであろう。もちろん、これは「ザブを着る」という一時的な偽装でしかないのであり、日常的な差別は厳然としてあり、円朝はそれを丹念に語りこんでいる。

第三節　円朝の知識　穢多・非人の混濁

円朝は弾左衛門支配について、松本良順からの伝聞として以下のような説明を入れている。

あれは（弾左衛門のこと　須田）関ヶ原の戦ひのとき、徳川家康公から源のよりと云う名乗を貰ってをります、また三代の将軍家光公より源の内記と云う名前を貰って今の主人は内記と名乗て居ります（中略）、それから、穢多〳〵という名前になりましたそうで（中略）、金持で、吉原小塚原は皆この弾の方の金を借りて居るそうでございます、宅へ抔参りますと、立派ナ暮らしでございまして。

享保一〇年（一七二五）に六代目・弾左衛門が作成した由緒書には、弾左衛門の先祖が、関東入封の際に徳川家康から褒美を頂戴し、寛永年間（家光の治世下）、北町奉行の堀直之から内記という「名」を下された、と記してある。[*4]円朝の説明は、この由緒書の内容に似ている。円朝は弾左衛門と交流があった松本良順からそれを聞いたのであろう――残念ながら、円朝と良順との関係を明確に指摘できる史料を探し出すことはできなかった[*5]――。

明治二五年（一八九二）から二六年にかけて『朝野新聞』に「徳川制度」「徳川制度続編」が連載され、江戸時代の行政・司法、諸制度、幕末の情勢など幅広い内容が紹介された。[*6]その中には「穢多の一大族制」「非人の族制」といった項目があり、詳細かつ良質な情報が載せられている。[*7]「蝦夷錦古郷の家土産」が『やまと新聞』に連載されたのは明治一九年（一八八六）であるので、円朝はこの噺を創作するにあたり、連載記事「徳川制度」を参照することは時系列的に不可能であった。

ところで、円朝の噺には北関東地域がよく出てくる。喜三郎が死んだ後、お録は上州玉村宿や常陸の筑波、そして相州へと移動している。最初に喜三郎と一緒に逃亡した先は木曽路であった。木曽路は、江戸・関東地域の穢多・非人を支配している弾左衛門の行政・司法の力が及ばぬ地域であり、円朝はそのことを知っていたのであろう。

このように、円朝の穢多・非人に関する知識には偏差があり、生活や風俗レベルのミクロな視点には齟齬が見られるのである。先に、円朝は穢多と非人の属性につき混同していると述べた。この点をさらに確認してみたい。次に見るように、円朝は「小屋者」を説明する際に、穢れは火を介在して〝うつる〟、という考えから生まれた「別火」という差別行為を紹介している。

前にも申す通り、其以前は何故か小屋者と云うと人が嫌いまして、敷居を跨がして入れる事はならない、新町へ買物に行きますると、向でも切り石を打って煙草を召し上りまし抔といって火打箱抔を出します　同じ人で左様に区別てがあるのは何か訳が有事であらうと種々伺いましたが（中略）、デェーくとはどう云う訳で、デェーくと申かさッぱり分りませんが、おおむかしは、お雪駄のお手入れを致しませうくと叮嚀に一軒く断って歩行ましたので（中略）、

重助「喜三郎は腹からの穢多で、親父はディく、母親は私の長屋に居りましたが」

「小屋者」＝非人が「別火」の対象になっていたというのである。江戸時代、穢多・非人ともに差別・蔑視されたが、穢れ意識による「別火」「別器」という接触忌避の対象とされたのは穢多である。[*8]

また、喜三郎たち「小屋者」は雪駄直しを行っていたとある。『守貞漫稿』には「非人小屋より出る詞に」「でいく」があったと記載されている。[*9] このように「でいく」とは非人にたいする蔑称の一つであり、雪駄直しは非人の生業の一つであった。ところが、喜三郎は「腹からの穢多」とされている。ここでも円朝は、穢多と非人とを混同している。そのような場面は多く出てくる。

穢多・非人の混濁は、なにも円朝だけの問題でも、明治に入ってから始まったものでもないであろうが、少なくとも、「蝦夷錦古郷の家土産」が『やまと新聞』に連載された明治一〇年代後半、江戸という空間にあった被差別の記憶はいっそう不確かなものとなっていたのである。

第四節　穢れの記憶

「小屋者」喜三郎が登場する場面で、穢れに関する記載が多く出てくる。お録は、穢多や「小屋者」といった被差別民のことを何も知らない「素人」娘であったが、喜三郎から身の上を聞き、穢れの意識を持ち始める。そして、その意識は自己に向けられていく。「公儀の御用達島村」の実家を大事とするならば、お録は喜三郎と離別する、という選択もあったはずであるが、円朝はその可能性を消している。以下のお録の台詞を確認したい。

妾が脇へ縁付いても、其脇の家も宜い身柄だから、お嬢さまと云われても、妾の身体はもう穢れて居ましょう（中略）、一端穢れた私の身体、お前さんともうこうなって見れば他へ縁付気はありません、また他へ縁付きますと、私がこれから生涯配偶夫と一ツ寝をすれば、其夫の身体を穢しては済ません。

お録は、喜三郎と関係をもった限り自己の身体は穢れており、その身体で他に嫁げば、その夫の身体をも穢してしまう、と語っている。無智であるがゆえの過敏な反応（穢れ意識）といえる。こうして、お録は喜三郎と別れることなく、夫婦として木曽路へと駈け落ちしていくのである。

接触忌避の対象とされた穢多は居住を制限され、種姓を異にした者として扱われ、他の身分からの婚姻を拒絶されていた。[*10] 円朝はこの問題を、喜三郎・お録の会話に込めたと言える。「小屋者」=非人と穢多とを混同したまま。

第五節　変わる主人公お録

「蝦夷錦古郷の家土産」前半の悲劇の発端は、「小屋者」喜三郎とお録が駈け落ちしたことにある。差別・触穢の眼差しの中で、二人は逃げざるを得なかった。円朝はこの設定に現実味をもたらすため、触穢に関する会話を具体的に語り込んでいく。この段階のお録は、穢多や非人のことを何も知らない、世間知らずの「公儀御用達」の娘でしかない。木曽路に駈け落ちした直後、喜三郎は病となる。お録は、治療費を得るために遊女屋に「身を売り」、喜三郎を看病する。ここから、お録は徐々に意志を持った女性へと変わっていく。

「一ト晩六百文位で抱かれて寝る」という「旅女郎」達は、「鼻の先の白い化物見た様なもので」あったが、お録は「無地生娘のしかも美人」のため、たいそうな評判となる。[*11] そして、喜三郎が死去したのち、孤独となったお録は、上州玉村の「玉斎」に移籍し、やはり評判の「旅女郎」として生きていく。以上を前提として、お録がいだいた穢れ意識の特徴を分析しておきたい。

お録は夫喜三郎の命を救うため、穢れた「小屋者」の妻であることを隠して「旅女郎」として客をとっていた。また、喜三郎が死んだ後には、穢れた自分は結婚することは出来ず一人で〝生きていく〟しかない、と思い込んでいる。この〝生きる〟という厳しい現実の中で、穢れという意識が霧散している、という解釈も成り立つ。しかし一方、江戸で「公儀御用達」の娘であった頃のお録は「生涯配偶夫と一ツ寝をすれば其の夫の身体を穢」す、と言い、「玉斎」の「旅女郎」となってからの彼女は、「尋常の人の所へ往くことの出来ねへ身だからサ」と語っているのである。お録の穢れ意識は、家を前提とした婚姻という行為、つまり血縁という関係性に強く反応したものであったといえよう。

円朝は、上州から常州そして相州へと、居住地を変えても、お録には「小屋者」としての意識を持たせ続けている。喜三郎・お録は、弾左衛門支配から欠落しているので、二人の婚姻は私的なものであり、また喜三郎は死去しているので、お録が制度的に「小屋者」であろうはずはない。お録がいだきつづける穢れ意識は、物語設定やドラマツルギーの都合（後述）から創られたものであり、当時の民衆の心性を反映させたものとはいいきれない。

相州へ渡ったお録は綾川信夫と婚姻をとげる。周囲はこの二人を穢れた者として見ており、そんな「猥りに人を軽蔑する」世間に嫌気がさした二人は、「世に知れぬ国」＝蝦夷地（北海道）へと移住する。円朝は、夫婦で蝦夷地（北海道）に移住し「開墾」を始めるという物語の結末を創り出すために、強引にお録に穢れ意識を維持させ、自身を「小屋者」と思わせ続けたのである。

第六節　創られる近代的な差別の習俗

「蝦夷錦古郷の家土産」を差別の記憶という視点から分析してみた。なぜ、円朝は被差別民を物語の中心人物として登場させ、差別をテーマとしたのであろうか。当時の社会情況に影響を受けた、円朝個人の問題と自意識が反映された、という二つの仮説からこの疑問に迫りたい。

当時の社会情況に影響を受けた

まず、社会情況を確認しておきたい。明治四年（一八七一）、明治政府はいわゆる身分解放令（八月二八日、太政官布告「穢多非人等ノ称被廃候條、自今身分職業共平民同様タルヘキ事」）を発令した。この直後、農民たちが「元穢多」「新平民」を襲撃する事件が発生する。[*12] これについて、今西一は、身分解放令後も、もと穢多の人びとが被差別民として差別され続けたことを問題とし、[*13] 黒川みどりは、身分解放令を経て「身分という境界は取り払われたが、代わって「異種」という眼差しが注がれ、生得的な境界が維持されてきた」と述べた。[*14] 円朝が生きた文明開化期、もと穢多は居住制限を受け、触穢の眼差しの下に置かれた。差別意識は強固に残っていたのである。[*15] このような社会情況下、不確かとなった江戸の記憶が混ざり込み、「蝦夷錦古郷の家土産」の叙述が生まれたわけである。

さらに「蝦夷錦古郷の家土産」が、『やまと新聞』に連載された明治一九年（一八八六）前後は松方デフレの最中であり、農業生産物価格は下落、土地を手放し没落した農民が都市に流入し、貧民窟が生まれた、という事実も重要である。当時「東京の貧民窟は各種雑芸能のるつぼ」でもあったという指摘がある。[*16] 明治二五年（一八九二）から翌年まで『国民新聞』に掲載された松原岩五郎による「最暗黒の東京」[*17] には、貧民窟の住人として、祭文語り・辻講釈・傀儡遣い・縁日的野師・角頭獅子・軽業師といった芸能民が登場する。彼ら都市最下層民は「異形の者として差別・他者化され」ていた。[*18] 松方デフレの渦中、都市に流入した没落農民たちは、生存のために貧民窟を形成し、雑業・雑芸能にたずさわっていたのである。この時期（資本主義形成期）、貧困は不潔と同義として語られ、[*19] それは、個人の怠惰の結果であり、生存競争に敗れた証しとされ、差別の対象とされていく。不確かとなった江戸の記憶を持つ、円朝たち〝東京市民〟にとり、彼ら最下層の貧民たちは、あたかも江戸時代の穢多・非人と近似した存在として映ったのではなかろうか。近代的な差別の習俗とは、不確かとなった江戸の記憶と、残り続ける穢れ意識、さらに貧困とが混ざりあったものであった。

次に円朝がこの物語の中で、近代的な差別の習俗に囚われない綾川信夫という人物を登場させている点に注目したい。相州の曾根惣右衛門家で、お録が「小屋者」であると知れた時に、信夫は以下のように彼女を庇い、女房にしたいと語る。

今聞けば、年のイカヌ折に小屋者と密通をして、人交りの出来んのを残念に思ひ、ドーカ人交りが仕たいばかりで是へ騙りに成って来て（中略）、ドーカ人交りが仕たいと云うので、ツライ事も厭わずに病院へ参って、見ず知らずの赤の他人の看病を致す、其苦心と云うものは実に容易ならん事で（中略）、ドーカ足を洗って私が女房にしましょう。

その時、伯母達が「ソンナ小屋者などを」として止めにかかるが、信夫は、

イヽエ小屋者でも宜い、コレでも人には違ひ無い、天子でも将軍でも矢張、天地間に生まれた人である一体小屋者だの穢多だのと云ふ隔てを付けたのはオカシナ話しだ。

と語り、お録を女房にするのである。円朝は信夫に「小屋者でも、天子でも将軍でも、天地間に生まれた人である」と語らせた。この台詞は円朝の心底を表している、といえよう。お録の「心に惚れた」信夫は、近代的な差別の習俗を確信的に破っていく。しかし、この噺はハッピーエンドとはならない。世間はこの二人に冷たいのである。円朝は、二人にそれと闘うよう仕向けてはいない。そんなことはできない現実と円朝は向き合っている。お録・信夫は傷つき、世間＝近代的な差別の習俗に敗れ、北海道（蝦夷地）へと逃げていくのである。

円朝個人の問題と自意識が反映された

明治一九年（一八八六）、円朝は井上馨・山県有朋らの御供として北海道視察旅行に同行した。「蝦夷錦古郷の

家土産」は、それを契機に創作されたのである。これから九年後の明治二八年（一八九五）、円朝は再び「蝦夷訛」[20]という北海道（蝦夷地）を舞台とした噺を発表している。この噺は、「蝦夷錦古郷の家土産」の続編の形をとるが、物語のつながりはほとんどない。しかし、それは九年後の結果であり、噺の構想段階において、円朝が二つの噺の連続性を意識していた可能性は否定できない。その場合、まず舞台を北海道（蝦夷地）とし、その新天地に主人公を移住させる必要がある。別離という選択肢を除去させ、綾川信夫・お録夫婦に強い絆を維持させるため、被差別民という存在と穢れという意識を噺に導入したのではなかろうか。

最後に噺家円朝の自意識の問題を考えてみたい。第一・二部で触れたように、明治政府の国民教導という〝呼びかけ〟に〝振り向いた〟円朝の主体は覚醒し、落語改良運動をも始めた。それは、円朝が芸能民、それも噺家たちの社会的地位向上を目指してのことであった。かつて、綾取・猿若・辻放下・浄瑠璃・物真似・物読・江戸万歳・操り・説教・仕方能・講釈・辻乞胸などを稼業とする江戸の芸能民は乞胸とされ、差別の対象とされた。[21]また、寄席の噺家は乞胸頭の仁太夫へ「心付け」を支払っていた。[22]諏訪春雄は、歌舞伎役者が被差別民と深い関わりをもっていたことを紹介している。[23]たとえば、鶴屋南北の作品の多くに非人達が登場している（「浮世柄比翼稲妻」に登場する庵崎蘭蝶は非人頭である）。

このように、江戸時代、芸能民は差別の眼差しの下に置かれていた。円朝はそのことを強く意識していたからこそ、先述した落語改良運動に邁進し、噺家の社会的地位向上を目指したのであろう。たとえば、依田学海の日記『学海日録』の明治二七年（一八九四）一月[24]には以下のような記載がある。

菊五郎、こたび雪駄直シに扮するによりて、その職のもの、名は茂吉といふものを戯場に招きて、その業を為せしを見て、針の用ひかた、補修の方法等をつばらにきゝて、その体を学びしとて、ものがたりき、この茂吉といふものは旧の非人にて、尤もその業に精し。

もと佐倉藩士で文芸評論家の依田学海（一八三四～一九〇九）は、噺家や歌舞伎役者との交流を盛んにもった。右記は、菊五郎（五代目・尾上菊五郎）が雪駄直しの役に扮する際に、もと非人の茂吉からこまかい「業」を学んだというのである。これを見る限り、歌舞伎役者・菊五郎が非人に対して差別的な意識を持っていたとは思えない。噺家円朝も同じであろう。第二部で触れたように円朝の客は、中流以上の〝市民〟や、独身の職人・職工たちであり、貧民窟で暮らす最下層の貧民ではない。そして、中流以上の〝市民〟や、独身の職人・職工たちが、貧民窟で暮らす最下層の貧民に近代的な差別の感情をいだいていたことは否定できない。これに対して、円朝は差別を難じ、被差別の民に慈悲をかけた噺を創作したのである。つまり、そこには近代的な差別の習俗をめぐる円朝と客という二項対立の構造が投影されているわけである。しかし、この噺は客の前で高座にかけられたわけではない。明治一〇年代後半から、円朝の創作噺は新聞での連載となっていたのである。また、円朝は文明開化の政府方針に積極的に関与しつつ、井上馨ら元勲へ接近していった。その目的は、三遊派の再興と噺家の社会的立場の向上を目指すものであった。これらの行動を見る限り、彼の意識が寄席の客から乖離していたことも事実であろう。

註

＊1　倉田喜弘他編『円朝全集』第三巻、岩波書店、二〇一三年。

＊2　石井良助『江戸の賤民』明石書店、一九八八年、峯岸賢太郎『近世被差別民史の研究』校倉書房、一九九六年。浦本誉至史『江戸・東京の被差別部落の歴史』明石書店、二〇〇三年。

＊3　『旧幕引継書』「嘉永撰要類集」マイクロフィルム第一集　リールナンバー七三。

＊4　「弾左衛門由緒書」『日本庶民生活史料集成』第一四巻、三一書房、一九七一年。
＊5　松本良順と一三代弾左衛門直樹との関係に関しては、小川鼎三他校注『松本順自伝・長与専斎自伝』平凡社、一九八〇年を参照されたい。
＊6　二〇一五年現在、加藤貴校注『徳川制度』（岩波書店）が刊行中である。
＊7　加藤貴校注『徳川制度』上、岩波書店、二〇一四年。
＊8　「穢多」深谷克己・須田努編『近世人の事典』東京堂出版、二〇一三年。
＊9　室松岩雄編『類聚近世風俗志』上、國學院大學出版部、一九〇八年。
＊10　今西一『近代日本の差別と村落』雄山閣出版、一九九三年。
＊11　「生娘」という語彙には、「まだ世間をよくしらない純真な娘」との意味がある。（『日本国語大辞典』ｗｅｂ版）。
＊12　「備中新古平民騒動の届書」安丸良夫・深谷克己編『日本近代思想大系二一　民衆運動』岩波書店、一九八九年。
＊13　註＊10に同じ。
＊14　黒川みどり「序章」黒川みどり編『近代日本の「他者」と向き合う』解放出版社、二〇一〇年。
＊15　今西一『文明開化と差別』吉川弘文館、二〇〇一年。
＊16　兵藤裕己「明治のパフォーマンス」小森陽一他編『岩波講座近代日本の文化史4』岩波書店、二〇〇二年。
＊17　松原岩五郎『最暗黒の東京』講談社、二〇一五年で読むことができる。
＊18　中嶋久人「泉鏡花「貧民倶楽部」の思考実験」黒川みどり編『近代日本の「他者」と向き合う』解放出版社、二〇一〇年。
＊19　同右。
＊20　倉田喜弘他編『円朝全集』第一一巻、岩波書店、二〇一四年。
＊21　石井良助『江戸の賤民』明石書店、一九八八年。浦本誉至史『江戸・東京の被差別部落の歴史』明石書店、二〇〇三年。
＊22　同右。
＊23　諏訪春雄「歌舞伎と賤民」鶴屋南北研究会編『鶴屋南北論集』国書刊行會、一九九〇年。
＊24　学海日録研究会編『学海日録』第九巻、岩波書店、一九九一年。

第四章　北関東の記憶

円朝が創作した噺の舞台には北関東が多く出てくる。また、円朝は噺を創作するにあたり、噺の舞台となる現地を取材していた、と伝えられている。たしかに円朝は「塩原多助一代記」を創る際、日光・沼田地域に取材に出かけていた。本章では、第三部で解析した「真景累ケ淵」「怪談牡丹燈籠」「塩原多助一代記」の舞台となった野州・上州・総州各地域を巡見踏査した成果を踏まえ、円朝が現地の情景を語りつづけ、北関東を描いたことの意味を考えたい。

第一節　「真景累ケ淵」で描かれた総州

新吉・お久は下総羽生村（現　常総市）へと駈け落ちした。二人は江戸から水戸街道を北上して松戸宿を通過、そこから流山街道に入り、水海道へと至る。円朝はその道筋を以下のように語っている。

駆落ちをして、其晩は遅いから松戸へ泊り、翌日宿屋を発足て、あれから古賀崎の堤《どて》へ掛り、流山から花輪村・鰭ケ崎へ出て、鰭ケ崎の渡しを越えて水海道へ掛かり。

どうやら、円朝は地理を錯覚をしている。「鰭ヶ崎の渡し」は江戸川にある渡河場所であり、ここを渡った対岸

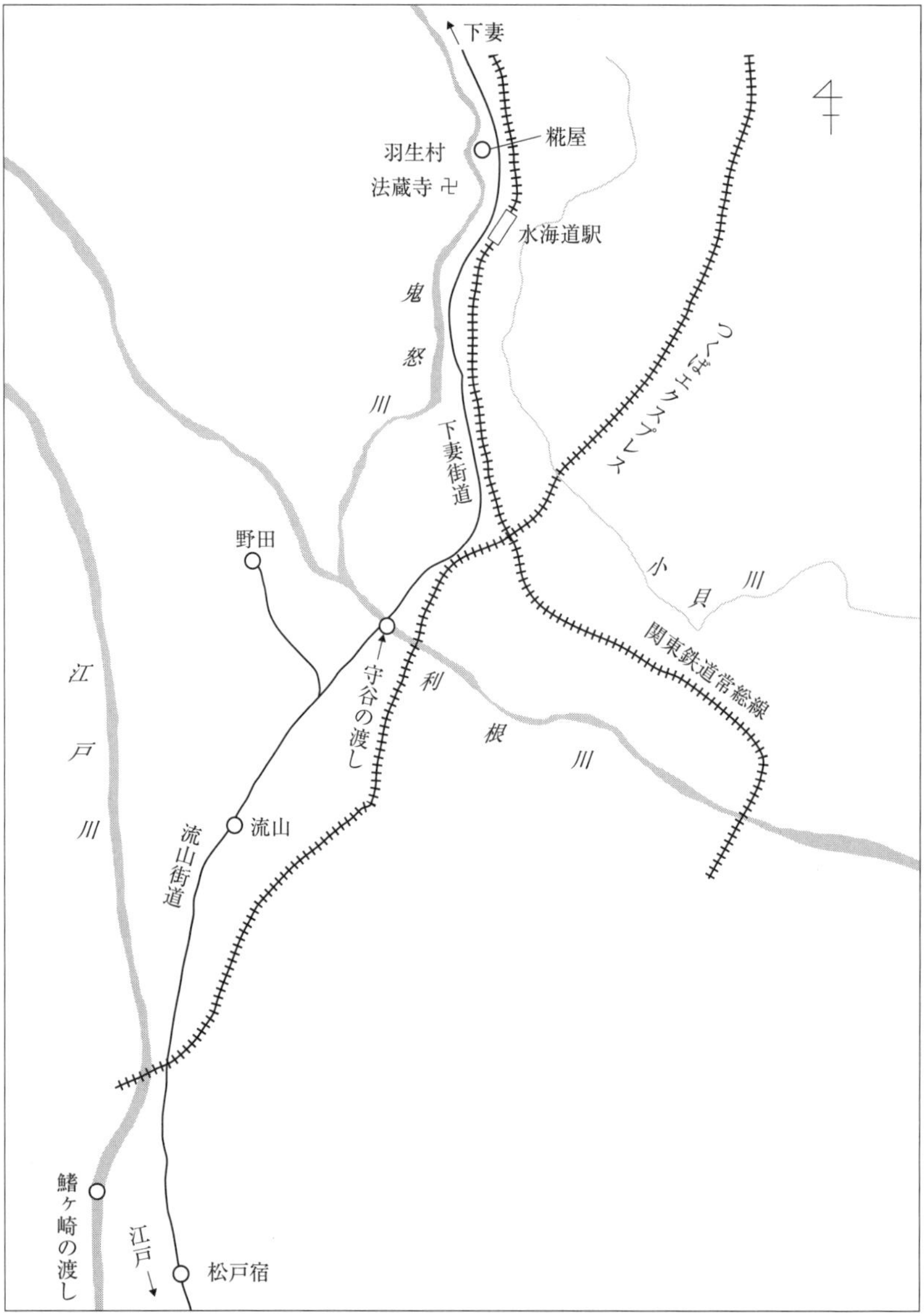

略地図１　松戸宿・水海道・羽生村

写真２　水海道　糀屋

は三郷になる。これでは江戸に戻ってしまい水海道から離れてしまう。新吉・お久が水海道に行くには、流山街道（現　県道五号線）を松戸→鰭ケ崎→流山→花輪と移動した後、流山街道から分かれ、守谷の渡しで利根川を渡河しなければならない。円朝は江戸川と利根川とを勘違いしている。

　利根川を渡った新吉・お久は、羽生村に入る前に「糀屋」という料亭で夕食を取る。この料亭は、水海道では著名な店で、安田一角と相撲取花車が登場するサブストーリーの中でもたびたび出てくる。「糀屋」は現在も水海道にあり割烹旅館として営業している。

「糀屋」で夕食をとった後、二人は鬼怒川を渡り「真の闇」の中、河原から土手を北上して羽生村（現　常総市）に入る。この場面で、円朝は以下のように、羽生村に伝わる「累」の怪談を紹介している。

　土手伝ひに廻って行くと羽生村へでますが、其所は只今以て累ケ淵と申します、何云訳かと彼地で聞きましたら、累が殺された場所で、与右衛門が鎌で殺したのだと申しますが、夫は虚言だと云う事、全くは麁朶を沢山脊負して置いて、累を突飛し、砂の中へ顔の減込様にして、上から与右衛門が乗掛って砂で息を窒て殺したと云うが本説だと申す事。

この「累」伝説は現在でも水海道（現　常総市）に残っており、法蔵寺には「累」と与右衛門の墓がある。

名主・惣右衛門を殺し、羽生村から逃げ出した新吉とお賤は物語の終盤で、松戸宿とその周辺に立ち寄っている。この場面の最初に、下総国松戸近郷の戸ケ崎村・小僧弁天にある茶店が出てくる。戸ケ崎村とは、古ケ崎村（現　松戸市）の誤記と思われる。円朝は、地名の音を聞き間違え、これに漢字表記を当ててしまったのであろう。この古ケ崎村は、松戸宿から流山街道を北に上った江戸川の左岸にある。先に紹介した「鰭ヶ崎の渡し」の場面に登場する「古賀崎の堤」とはこの古ケ崎村にある江戸川の堤のことであろう。また、小僧弁天は流山街道の少し西にあり、すぐ裏手（西）には用水が貫流している。新吉はこの小僧弁天で、累の兄である三蔵とお供の与助、さらにかつての遊び仲間であった作蔵を殺害している。そして、新吉は三人の死骸を用水に「投り込む」。この描写は現地を知らなければ出来ない。円朝は小僧弁天周辺の地形を知っている。ちなみに、文化一〇年（一八一三）、松戸北方地域の水害を防ぐため用水の堀継工事が行われ、それ以降、この用水の名称は坂川となったという。[*1]

小僧弁天で三人を殺害した新吉・お賤は松戸宿の「松新」に一泊し、翌日、水戸街道を北上して塚崎村（現　柏市）の観音堂で休息する。ここで、二人はお熊と会い陰惨な最期を迎えるわけである。そこは「真景累ケ淵」という長編が勧善懲悪の物語として終わるための重要な舞台となる。ちなみに、この観音堂は柏市の福寿院とされている。[*2] 福寿院は大きな建物ではないが、東西の谷戸にかこまれた台地の突端に位置しているため、当時は、周囲から目立った存在であっただろう。おそらく円朝は現地に赴いて福寿院を確認している。

写真３　法蔵寺　山門

写真４　法蔵寺　累の墓

写真５　福寿院

福寿院の東側の谷戸を越え台地を登り北上すると、明神山（神明山）の麓となる。ここは、水海道から出奔した安田一角が潜み、追い剥ぎを行っていた場所である。追い剝ぎを行う際、一角は「生街道へ曳張り込み、藤ケ谷の明神山の処まで伴れて来て呉れ」と語っている。この生街道とは、銚子から魚を利根川の布佐河岸で陸上げし、浦部→平塚→藤ケ谷→六実を通り松戸河岸まで運ぶための、三〇キロメートルほどの街道である。ただし、明神山が存在するのは藤ケ谷ではなく塚崎であり、生街道からは三キロメートルほども離れている。明神山を追い剝ぎの根拠地として措定するには無理がある。

円朝は、新吉・お賤の終焉の場となる松戸宿・常州塚崎村と、それらの周辺地域に関して現地取材をしていたようである。ただし、情報を斬に入れ込み、さらにそれを文字に起こした際に、瑕疵と漢字表記のミスが発生したのであろう。

写真６　二荒山神社

第二節　「怪談牡丹燈籠」の野州（宇都宮）

「孝助の物語」の終盤は野州・宇都宮が舞台となっている。孝助は江戸三崎の新幡随院で、幼い頃に生き別れた実母おりえと再会、彼女と共に日光街道を下り、宇都宮に向かう。おりえは荒物渡世の越後屋・樋口五兵衛と再婚し、宇都宮に暮らしていた。円朝はこの場面に因縁話を絡めている。孝助はおりえに、主人の仇お国という女を探し出し、討ちたいと語る。すると、おりえは、お国とは自分の義理の娘であると言い始める。彼女が再婚した樋口屋・五兵衛の連子（義理の娘）がお国だったのである。そして、おりえは、お国・源次郎を宇都宮の居宅にかくまっていると言うのである。円朝は、宇都宮という舞台を引き出すために、強引な噺の展開をとっている。

孝助は宇都宮・池上町の角屋に宿を取った。おりえの越後屋は杉原町にある。しかし、彼女は義理によりお国・宮野辺源次郎を逃がしてしまう。二人の逃亡を円朝

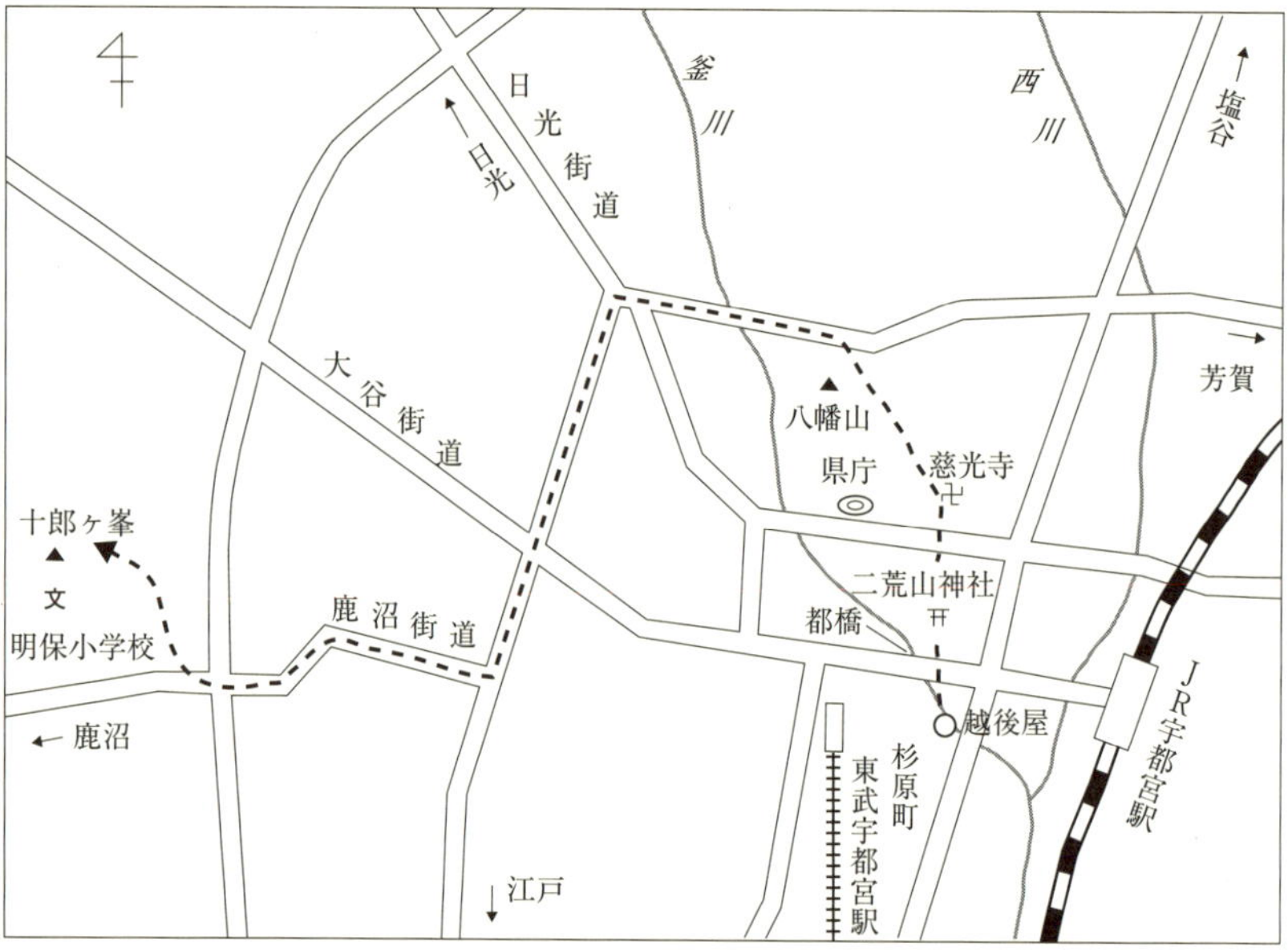

略地図２　宇都宮・越後屋・二荒山神社・慈光寺・十郎ケ峯
（点線は，お国・宮野辺源次郎の逃亡ルート）

は以下のように語っている。

宇都宮の明神様の後ろ山を越へ、慈行寺の門前から付て曲り、八幡山を抜てなだれに下りると日光街道、それより鹿沼道へ一里半行けば十郎ケ峯という所、夫よりまた一里半あまり行けば鹿沼へ出ます。

「宇都宮の明神様」とは、宇都宮の中心の小山に鎮座する二荒山神社[*3]のことである。神社の裏手の急な坂を下り北の路地を抜けると、慈光寺（慈行寺）に出る。

慈光寺の脇を登ると八幡山（現　八幡山公園）となり、それを西に下れば日光街道に当たる。しかし、そこから鹿沼道に出るには、南に山を下り、再度、宇都宮の中心地に戻らなければならない。二人が逃げるには無駄が多すぎる。おりえの居宅（越後屋）は、「明神様」＝二荒山神社の南側で、そこから一キロメートルほど西方に進めば、すんなり鹿沼道（現　県道四号線）に出られるの

写真７　十郎ケ峯（手前は宇都宮市立明保小学校）

である。おりえの居宅の北方に当たる「明神様」＝二荒山神社や慈光寺・八幡山などをアップダウンしながら通過する必要はない。この宇都宮に関して、円朝が明治九年（一八七六）に記した紀行文『上野下野道の記』[*4]には以下のような記述がある。

> わが作品の牡丹燈籠の仇討ちに十良ケ峰という所を問えば、ここより（西里山より西北の方に当たり）見ゆるという（傍点須田）。

お国・源次郎が逃げる際に立ち寄った場所＝「十郎ケ峯」の知識は伝聞にもとづいていたのである。円朝はおそらく、「怪談牡丹燈籠」に現実味を加えるために、「明神様」＝二荒山神社や慈光寺・八幡山といった宇都宮の名所を強引に噺に入れ込んだのであろう。その結果、地理的な矛盾・混乱がおこってしまったわけである。

最後に「十郎ケ峯」に触れておきたい。円朝の噺の舞台を訪ね、詳細なレポートをＷＥＢにアップしている徳利旅は「十郎ケ峯」を八幡山からから南南西に約一〇キロメートル離れた明保小学校の奥の小山である、としている。[*5]宇都宮市内から離れた「十郎ケ峯」の南側には鹿沼道が通っている。また、この山は現在も鬱蒼とした雑木林となっており、考助が、お国・宮野辺源次郎を討つ場所のイメージと合致している。しかし、おそらく円朝はそこには行っていない。

第三節　「塩原多助一代記」での上州

円朝は「塩原多助一代記」(以下、「一代記」)創作のための取材旅行を行い、それをもとに『上野下野道の記』(以下『道の記』)という紀行文を著していた。[*6]明治九年(一八七六)、円朝は屈強な酒井伝吉を供に江戸を出発、日光街道から日光に入った。円朝は湯元温泉に宿泊、そこで磯之丞という「筋骨太く見上ぐるほどの大男」を雇い、日光から沼田までの山越を行っている。この山道は「難所とは聞きしが、かくまでとは思わざりし」という険しいものであった。多助が幼少の頃、両親(塩原角右衛門夫婦)と暮らしていた小川村は、この山中にあった。

日光から山越えして上州・小川村に至り、大原村を越えて沼田に至るまで、『道の記』の記述と「一代記」で語られる情景は近似しており、円朝の情景描写は見事である。また、『道の記』には「奥州より送る石首魚《イシモチ》の干物を焼きて出す(中略)、その塩からくして、かたきこと、真の石もちなり」といった記述がある。それが「一代記」に投影され、塩原角右衛門が尋ねてきた右内に「会津辺から廻る味醂のような真赤な酒」と「奥州から来る石首魚という魚の干物」をふるまう、といった語りになっている。日光からの沼田に脱ける山道は小川村で沼田会津街道と合流する。この街道は、関ヶ原の戦いに際して、沼田城主・真田信幸が会津の上杉景勝に備えて整備したもので、尾瀬を越えて檜枝岐そして会津に至る道であり、この街道を通って会津から物資が上州に入って

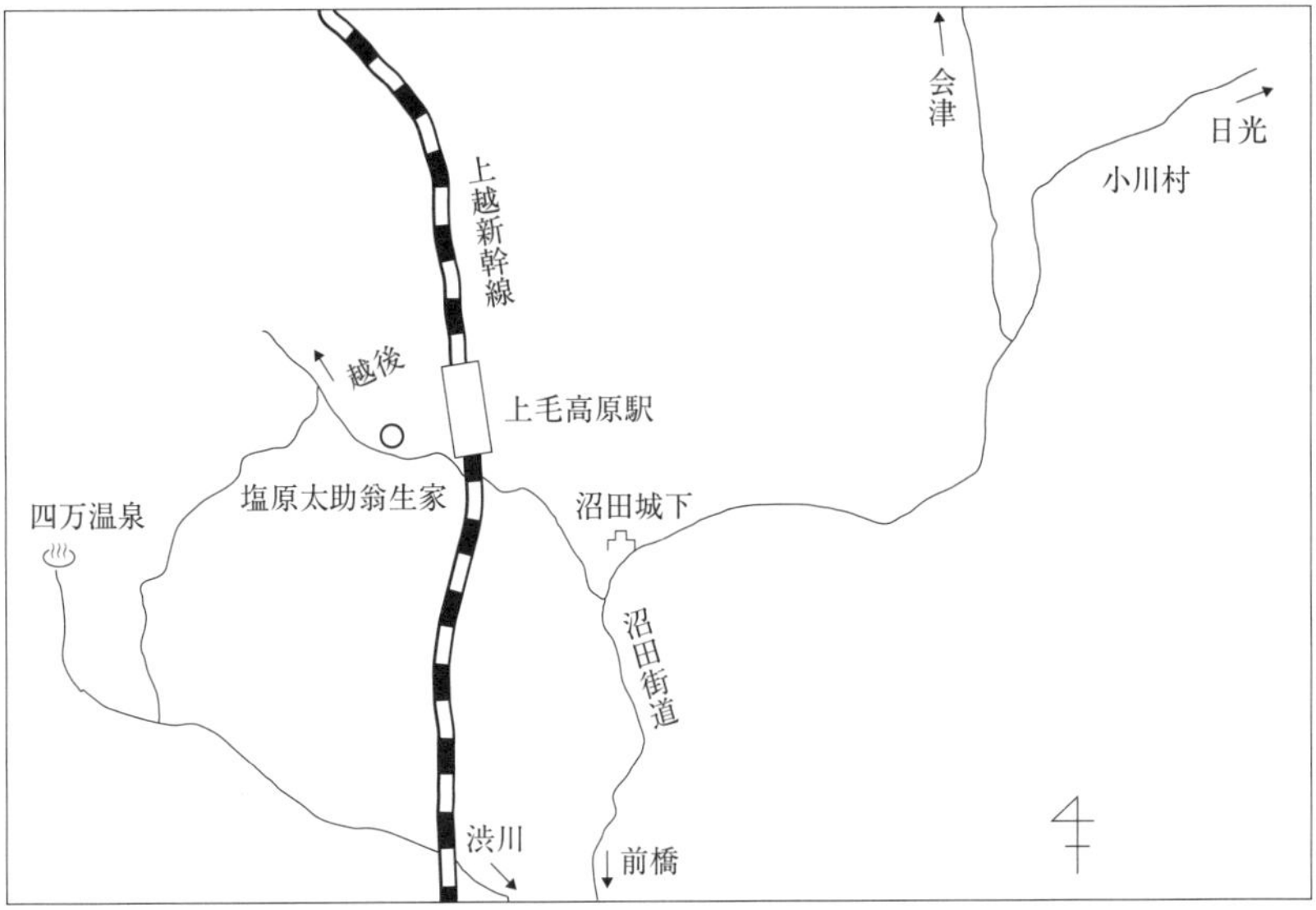

略地図３　小川村・沼田城下・四万温泉

いた。先に触れた「一代記」の記述は、これをふまえたものとなっている。

円朝は、実在した塩原太助（一七四三〜一八一六）をモデルに「一代記」を創作した。「一代記」では、多助の居住地を「沼田の下新田」「沼田城下」としているが、実在した塩原太助の出生地は下新田宿という三国街道の宿場町であり、沼田城下からは一五キロメートルも離れている。三国街道は上州と越後を結んだ脇往還で、中山道の高崎宿から分かれ利根川に沿って北上、三国峠を越えて越後に達する。

円朝の取材の旅は日光から沼田までが中心であり、沼田からは沼田街道を南下して前橋に出ている。つまり、円朝は沼田の以北や以西には行っていないのである。しかし一方、円朝は沼田で聞き取り調査を行っている。例えば、『道の記』には、円朝は沼田の「大竹屋」という宿に宿泊した際、宿の主人の知り合いから「初代塩原の家は当所より北の方へ三里余隔たりし下新田と申すなり」という話を聞いた、とある。

写真8　小川村周辺

このような情報を得ていたのにもかかわらず、なぜ円朝は多助の居住地を「沼田の下新田」「沼田城下」としたのであろうか。「一代記」の叙述を確認してみよう。そこには、「土岐伊豫守様の御家来」＝沼田藩士の丹治親子が、湯治の帰りに下新田宿に立ち寄り、多助・おかめ・おえいと出会う、とある。そしてその後、丹治親子は頻繁に多助の家に立ち寄り、おかめ・おえいと密通を犯すようになる。

江戸時代、下新田宿は羽場村の分村であり、羽場村の領主支配は沼田藩領であったり幕府領であったりと変化していた。円朝がそれほど細かい事実を知っていたとは思えないが、下新田宿が幕府領であるとすると、通常、武士（幕臣）が在地（村落・宿場）支配のために常駐することはない。ゆえに、武士が在地の下新田宿に頻繁にやって来るという設定に無理が出てしまう。そこで、下新田宿を沼田藩支配とし、さらに、わかりやすく、沼田城下に存在するとしたのであろう。これならば、沼田藩士が度々訪れるという展開が可能となる。

写真９　四万温泉への街道

多助が江戸に出た後、下新田で村の若い衆に襲われ、出奔した原丹治とおかめは、下新田から間道を抜け、須川→大戸村→岩本村→蛇平を通過して四万温泉（現　吾妻郡中之条町）に潜伏する。先述したように円朝は沼田の以北や以西の様子、地形を直接確認していない（四万は沼田の西の山中に当たる）。大戸村・蛇平という地名は存在しない。現地で確認すると、大戸村（おおどむら）は大道村（おおどむら）の、蛇平（じゃだいら）は寺社平（じしゃだいら）の、それぞれ誤記であることが分かった。

おそらく、円朝は、四万温泉地域を知っている知人から情報を〝耳〟で仕入れたのであろう。音できいた地名を文字に起こした際に、漢字表記を誤ってしまったのである。

四万温泉には開湯伝説がある。もっとも古いものが、永延三年（九八九）、源頼光の家臣が開いたというものである。また、四万温泉から二〇キロメートルほど南に岩櫃城がある。この城は斎藤氏の居城であった。上杉謙信に帰属した斎藤は永禄五年（一五六三）、武田信玄に組する地元の地侍・土豪たちによって滅ぼされ、翌年、斎藤氏の家臣であった田村甚五郎清政が、四万に土着して山口の湯を開いたという伝承もある。江戸時代に入ると、湯治客が訪れるようになり、元禄期以降盛んとなり、宝暦年間には、年間二〇〇〇人もの湯治客が訪れたとされる。「一代記」で描かれた時代は寛延年間なので、この時期に近いといえる。「一代記」には四万地域は冬になると雪が多い山深い地方であり、これを嫌った丹治・おかめは、江戸に向かうとしている。二人は吾妻川の急流を見ながら三国街道の北牧宿（現 渋川市）を目指していく。その途中の様子は以下である。

南の方には赤城山が一面に見え、後は男子山・子持山、北にあたって草津から四万の筆山、吾妻山から一面に榛名山へ続いて見える山また山の難所で、下は削りなせる谷にして、吾妻川の流れも冬の中比ゆえ水は涸れておりますが、名に負う急流、岩に当て打落す水音高くゴウ〳〵と物凄き有様でございます。

しかし、四万温泉から北牧宿までの道は、吾妻川（谷）に沿って森の中を進むので、旅人が赤城山や子持山、ましてや吾妻山から榛名山を見ることは不可能である。現地を知らない、見ていないがゆえに、皮肉にも〝明媚な〟情景描写が生まれてしまったのである。

第四節　現地へのこだわり

円朝は北関東への関心が強い。本節では紹介できなかったが、「黄薔薇」には上州高崎周辺が詳しく登場し、「後開榛名の梅が香」では常州土浦・上州安中・榛名山さらに信州が舞台となり、主人公たちは北関東を横断していく。円朝は北関東を描く際に現地取材を行っている場合もあれば、現地を知る知人から情報を得ていることもあった。

円朝は噺を創作する際の心得として以下のように語ったと言う。[*7]

一の話を作るときには、まずその地を跋渉して地理人情を観察して帰るなり（中略）、「自分の想像だけでは、ちょっと景色のお話をしても、とかく絵になりたがるもので（中略）、ひとたびその地を踏んでくれば、その誤りがございません」。と言いたることあり。

この逸話に見るように、彼が現場の情景にこだわり、それを語り続けたことの目的は、噺に現実味を加えることにあったと言える。円朝の噺の舞台を巡見踏査すると、それを実感できる。ではなぜそれほどまでに、円朝は現地の情景描写にこだわったのであろうか。

円朝が噺を創り続けた文明開化期、明治政府は芸能統制を進め、歴史的事実を無視した作品の上演を禁止した（第二部）。講談師は「見てきた様な虚言」を語らなくなり、客もそれを歓迎した。文明・科学・合理という言葉に表象される近代を体現する風潮である。教導職に就いた円朝はそれを積極的に受け入れた。その姿勢が噺を創作する場合、現地の情景描写による現実味として具現化されたわけである。[*8] ただし、誰がそれを認識するのか、という問題が残る。換言すれば、円朝は誰に対して、現実味を語ろうとしていたのか、ということである。

「真景累ケ淵」における江戸川の渡船場や明神山、「怪談牡丹燈籠」では鹿沼道と「十郎ケ峯」、「塩原多助一代記」の下新田と四万温泉などの情景描写は誤ったものであり、地元の人たちには違和感が残るものとなろう。しかし、現地を知らない東京の客は、具体的地名と現地の情景描写が挿入されていることにより、噺に現実味を見い出していく。北関東を噺に多く取り入れたからといって、それはその地元の人たちに語りかける事ではないのである。円朝が噺の先に見ていたのは東京の客であり、文明・科学・合理という文明開化の言説の受け皿として意識した東京の住民に他ならなかったのである。

最後に、なぜ北関東なのかということを考えたい。北関東は、円朝が噺の対象と認識していた客がいる東京に近い、ということが最大の理由であろう。先述したように、円朝の噺に登場する人物たちは、北関東を横に移動していくだけではなく、江戸（東京）との間も縦に移動していた。江戸時代において、すでにこの縦移動は盛んであった。渡辺尚志は、北関東の豪農経営を分析し、江戸地廻り経済圏を背景にして、江戸と関東農村とが密接に関わり合っていたことを論じている。[*9] 豪農レベルに限らず、北関東地域は都市奉公人の供給地であり、農村から多くの百姓が江戸に流入してきていた。[*10] まさに、「塩原多助一代記」の多助のように。そして、明治時代に入り、さらに多くの北関東出身者が東京に移住してきたであろう、「英国孝子ジョージスミス之伝」の主人公・清水重二郎のように。

以上を前提にすると、東京の庶民、寄席の客に北関東出身者が多いのではないか、という推論も成り立つ（証明できないことであるが）。寄席に座り続けていた円朝には、そのことが見えていたのであろう。円朝は、先祖が北関東から江戸に出てきた（親戚は北関東に居住している）人びと、または明治時代になり北関東から東京に出てきた人びと、の不確かとなった郷土の記憶に語りかけていったのである。

註

＊1　松戸市誌編さん委員会『松戸市史』中巻近世編、一九七八年。

＊2　高橋光男「「真景累ケ淵」の描写検証」『文学研究』一九八九年一月。

＊3　現在、宇都宮市馬場通り一丁目、宇都宮市街中央部に位置する。市街地から参道が始まる。鳥居から北へ石段を登り、神門をくぐると正面に拝殿・本殿がある。祭神は豊城入彦命・大己貴命・事代主命・建御名方命。宇都宮大明神とよばれ、宇都宮の地名はここから発生したという。

＊4　小島政二郎他監修『三遊亭円朝全集』第七巻、角川書店、一九七五年。
＊5　徳利旅「円朝を歩く　第一回」『円朝全集第一巻　月報』岩波書店、二〇一三年。
＊6　註＊4に同じ。
＊7　嘯月生「故三遊亭円朝」小島政二郎他監修『三遊亭円朝全集』第七巻、角川書店、一九七五年。
＊8　ここで取り上げた「真景累ケ淵」「怪談牡丹燈籠」が創作されたのは幕末であるが、これらが速記本として刊行されたのは文明開化期である。それぞれの噺の骨子の変容は無いが（第三章）、情景描写等に関する変更・更新が行われた可能性は否定できない。
＊9　渡辺尚志『近世の豪農と村落共同体』東京大学出版会、一九九四年。
＊10　多くの概説書で言及している。竹内誠『大系日本の歴史』一〇、小学館、一九九三年、青木美智男『大系日本の歴史』一一、小学館、一九九三年をあげておく。

あとがき

わたしは落語が好きで、Macには古今亭志ん生・志ん朝・馬生親子、三遊亭円生・柳家小三治・さん喬・権太楼といった師匠の噺がたっぷり入っている。落語好きが高じて三遊亭円朝の研究をしたのか、というとそれは違っている。民衆史を専門とする歴史学徒は、政治や制度ではなく人間そのものに関心があるのであり、個人史に興味を持つことはある意味、必然かもしれない。まず著名な「真景累ケ淵」「怪談牡丹燈籠」を解析し、これは怪談ではなく生きた人間の暴力と慾を描いた噺だとして、論文を発表しはじめた。最初の論文は「三遊亭圓朝の時代」（『歴史評論』六九四、二〇〇八年）であった。その後の円朝関係論文は、すべて有志舎刊行の論集に入れさせていただいた。編集者の永滝稔さんに目を通していただき、「円朝で単著を出しませんか」とのお話をいただいた。二〇一二年のことであったと思う。円朝との格闘は楽しい日々であった。噺の舞台となった東京の山の手と下町の際《きわ》や浅草、北関東などを四年かけて巡見踏査した。村落史や百姓一揆の研究にはフィールド調査を欠くことはできないが、この円朝研究でもその経験は役にたった。

円朝の主体　覚醒と転変

円朝という大衆芸能の担い手、天才噺家をどのように時代に位置づけ、切り込んでいくか、という点に関して迷いはなかった。一九世紀の歴史像を描く際、民衆史を専門とする歴史学徒としてのわたしがこだわってきた視点は、主体をagentとして理解する、ということであり、それはいまでも変わらない。問題は主体の捉え方である。民衆の主体、主体性ということを考えるには、これにつきまとっていた「変革」「前衛」という〝匂い〟を消去する必要がある。しかし一方、政治的関心もなく社会との関係も意識せず、権力に生かされるままに日常を流れる、という生き方がある。それを否定するつもりはないが、ここで問題とする主体・主体性の範疇からは除外した。そして、今回こだわったのは、いわば主体をめぐる点と線（時間）という問題であった。構造（状況）の中に包摂される諸個人が、一定の〝呼びかけ〟に〝振り向いた〟時点を、主体の覚醒と位置づけ、その後、覚醒した主体がいかに転変していくのか、ということを線として叙述したいと思った。

文明開化という状況（構造）の中で、民衆教化というイデオロギーの〝呼びかけ〟に〝振り向いた〟円朝は、「変革」「前衛」という言葉とはほど遠い、三遊派の復興、芸人の社会的地位の向上、という自己実現に動いた。それは私的な世界の問題であり、彼は、現実の政治を批判するとか、時代を相対化する、といった意識などなかった。しかし、わたしは、その時点を円朝の主体の覚醒と位置づけた。では、その後の転変をどう認識するか。慾・暴力という人間の性と向き合う、という了簡から円朝独自の世界が創られていた。〝呼びかけ〟と自己の了簡との間隙から主体としての円朝は転変していく。その所産として教諭色の強い「塩原多助一代記」と容赦のない暴力を描いた「業平文治漂流奇談」という極度に偏向した対局の作品が生まれたのである。そこには、主体・円朝の創作者としての苦悩があらわれていた。

円朝は他者によって表象された〝円朝〟という偶像を受け容れ利用し、教導職に就任して文明・科学、努力・勤勉を是としつつも、暴力と慾の世界を描きつづけ、近代的差別の習俗を暴き出す、ということも行っていた。円朝は時代の矛盾を自覚していた。二律背反する思いを内面にため、作品にぶつけていたのである。近代・反近代という二元論ではなく、それらが内面に同居し、うまく使い分けたり、苦悩したりするのが、文明開化期の民衆世界の様相ではないであろうか。

民衆世界　慾・暴力・差別

円朝の作品から文明開化期の民衆世界をどう復元するか、これは難儀であった。円朝研究・評論は数多くあるが、劇作家の吉永仁郎を例外として（第三部第三章）、円朝の創作噺における慾・暴力と差別の問題に触れたものはない。わたしは、それらに民衆の心性、民衆世界の一端を見出したかった。円朝の噺の舞台となった一九世紀、秩序は不安定となり、社会には暴力があふれていた。しかし、円朝はその噺を文明開化期にも演じ、さらにそのような噺を創り続けた。わたしはその意味こそ問うべきと考えた。人びとが娯楽として暴力作品に興味をもつということは、〝怖い物見たさ〟という超歴史的な問題となってしまい、歴史学徒の能力を超えてしまう。わたしは、それを時代の中に位置づけてみた。円朝が語る差別の意識（近代的な差別の習俗）は、まさに文明開化期特有のものであった、といえる。わたしは、そこに民衆の心性、民衆世界の様相を叙述してみたのであるが、はたして成功したかどうか。

時代との切り結び

円朝研究を始めてから、本書を完成させるまでに、九年もかかってしまった。古い論文を収録した部分には、国民国家論が出ていたり、アルチュセールが顔を出したりと〝時代がかって〟しまった。これらを収録したがゆえに、新稿部分でも言語論的転回に触れざるをえなかった。わたしは、歴史研究とは現実の社会との緊張関係から生まれてくるものである、と認識しており、そのスタンスを気負うことなく維持していこうと思っている。

ゆえに、現実社会との緊張感を意識すれば、自己の研究成果が一〇年も二〇年も影響を持つとは思っていない。語っていることが矛盾しはじめた。研究成果（個別論文）は、はやくまとめなければいけない、と痛感している。

課題

円朝を通じて、とくに暴力・差別という切り口を重視して、民衆世界を描いてみた。個人史を研究する場合、解析し考察した内容は、時代や民衆世界一般に普遍化できることではなく、その個人のパーソナリティでしかないのではないか、という問題がつねにある。「はじめに」でふれたように、その個人が大衆娯楽の担い手である場合、一線で活躍できたということは、当時の民衆の共感を得たのであり、ゆえにその作品には民衆の心性が反映されている、という理解は前提としては成り立つ。しかし、創作者のパーソナリティの問題を消し去ることは出来ないし、そうあるべきではない、と考えている。円朝という個人に重きをおくならば、そういう位置づけは必要である。一方、民衆世界に傾斜するならば、円朝と同時代に活躍した他の大衆芸能の担い手（たとえば松林伯円）との比較を行う必要があろう。青木然がすでに松林伯円を分析しているが（第二部第二章）、本書でおこなった方法論から伯円と彼の講談作品も解析できないか、と考えている。

また、本書で描いた、暴力・差別からみた民衆の心性・民衆世界は、文明開化期特有のあり方なのか、という課題が残っている（暴力の心性の超歴史性の問題はひとまず措く）。これを解析するためには、他の時代との比較が重要となる。たとえば、今回と同様の手法で、大正デモクラシー期の映画監督・牧野省三（一八七八〜一九二九年）の作品を分析することも必要かもしれない。以上、二点がおおきな課題として残ってしまった。

本書を書き始めるにあたって、全生庵の円朝の墓に挨拶にいった。三年たちようやく出来上がった。円朝はなんと言ってくれるであろうか。
「野暮なことですねえ」という、少々甲高い声が天から聞こえてきた。

二〇一七年四月一日　おそ咲きの桜の下で

須田　努

索　　引

〈事　項〉

あ　行

か　行

さ　行

た 行

な 行

は 行

ま 行

や　行

ら　行

〈人　名〉

あ　行

か　行

さ 行

た 行

な 行

は 行

ま　行

や　行

ら　行

わ　行

著者紹介
須田　努（すだ　つとむ）
1959年生まれ、早稲田大学大学院文学研究科博士後期課程修了。
現在、明治大学情報コミュニケーション学部教授。

〔主要著書〕
『「悪党」の一九世紀』（青木書店、2002年）
『イコンの崩壊まで―「戦後歴史学」と運動史研究―』（青木書店、2008年）
『幕末の世直し 万人の戦争状態』（吉川弘文館、2010年）
『現代を生きる日本史』（清水克行との共著、岩波書店、2014年）
『吉田松陰の時代』（岩波書店、2017年）

三遊亭円朝と民衆世界
2017年8月10日　第1刷発行

著　者　須田　努
発行者　永滝　稔
発行所　有限会社　有　志　舎
〒166-0003　東京都杉並区高円寺南4-19-2、クラブハウスビル1階
電話　03-5929-7350　　FAX　03-5929-7352
http://yushisha.sakura.ne.jp
振替口座　00110-2-666491
DTP　言海書房
装　幀　折原カズヒロ
印　刷　株式会社シナノ
製　本　株式会社シナノ

ISBN978-4-908672-14-9